Schattenfiguren

Schattenfiguren

100 Tiermotive mit der Hand gezaubert

Sophie Collins

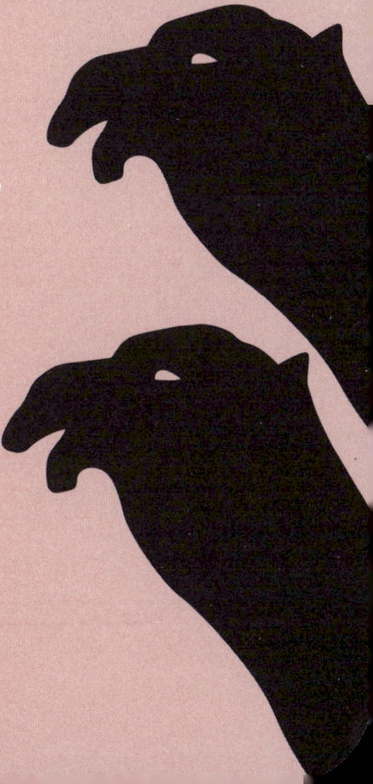

Bassermann

ISBN 978-3-8094-4466-4

1. Auflage

Die englische Originalausgabe erschien erstmals unter dem Titel *The Art of Making Shadow*.

Umschlaggestaltung: Atelier Versen, Bad Aibling
Illustrationen: John Woodcock
Übersetzung: berliner buchmacher, Vera Olbricht
Producing: berliner buchmacher

Penguin Random House Verlagsgruppe FSC® N001967

Printed in China

67423530314

FSC
www.fsc.org
MIX
Papier aus verantwortungsvollen Quellen
FSC® C016973

Inhalt

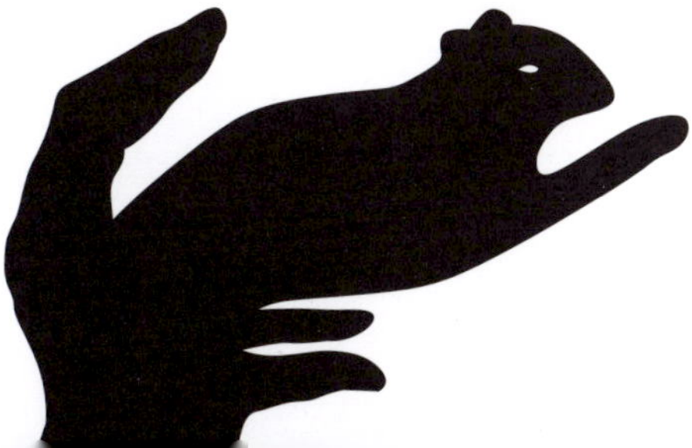

Einführung in das Schattenspiel

Schattentiere zum Leben zu erwecken ist ein großartiger Zeitvertreib. Mit etwas Beweglichkeit, einer Taschenlampe (oder einer weiteren Lichtquelle soll das Schattenspiel ausgefeilter sein) und mindestens einem Paar Hände lässt sich ein Zoo voller Tiere darstellen. Populär wurde das Handschattenspiel vor ca. 150 Jahren, als es in Handbüchern über die feine Lebensart auftauchte – lange vor der Erfindung des Radios, des Fernsehers, der DVD oder des Computerspiels. In einer 1901 erschienenen Kinderenzyklopädie ist sogar vermerkt, dass jedes kluge Kind in der Lage sein sollte, ein ca. 30-minütiges Schattenspiel für Freunde und Verwandte zu inszenieren. Das Werk machte mehrere Vorschläge für kurze Schauspiele, vom Kasperletheater bis hin zu Rotkäppchen.

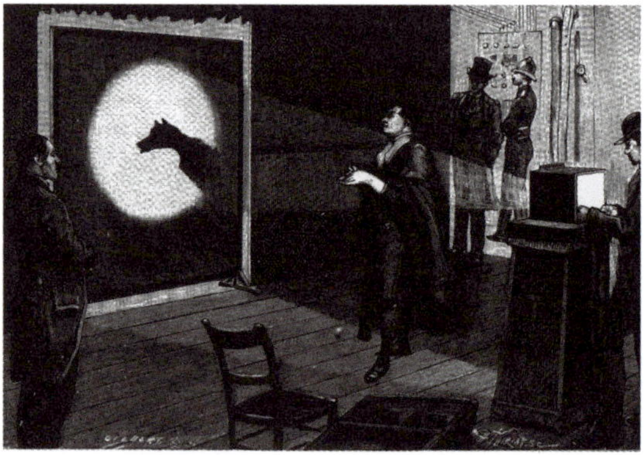

Handschattenspiel vor 100 Jahren: Das Schattentheater wirkt feierlich und der Schattenwerfer ist förmlich gekleidet – doch der Wolf auf der Leinwand ist derselbe wie der Wolf in unserer Tiermenagerie.

Doch selbst in seiner einfacheren Ausprägung kann das Schattenwerfen geradezu süchtig machen. Mit einer Taschenlampe können Sie schon ein einfaches Pferd oder einen Hund ausprobieren – und ermutigt vom lebensnahen Schattenspiel entsteht rasch ein springendes Eichhörnchen oder ein hüpfender Hase. Und plötzlich wetteifern Sie mit Freunden und der Familie: »Das ist dein Schwein? Warte, bis du meinen Hahn siehst!«, und dann lassen die Geräusche, mit denen Sie die Tiere nachahmen, nicht mehr lange auf sich warten. Das Schattenspiel ist eine großartige Unterhaltung für kleine Kinder zur Bettgehzeit und für größere, um sie vom Computer wegzulocken, denn sie werden Ihnen zeigen müssen, dass ihre Figuren die besseren sind!

Schattenfiguren umfasst alles, was Sie benötigen, um ein großartiger Schattenspieler zu werden. Als erstes kommen Hinweise und Tipps, wie man Schattenformen bildet und an die Wand wirft. Dann folgen 100 Tierfiguren, nach Schwierigkeitsgrad gestaffelt. Haben Sie die einfachen durchprobiert, gehen Sie die moderat schwierigen an. Und wenn Sie diese beherrschen, beugen Sie flink die Finger und die Handgelenke – schon sind Nashorn, Pfau und Maulwurf nicht mehr schwer. Unterhaltung ist dabei garantiert, denn selbst die kleinen Finger der Jüngsten in der Familie oder die bereits arthritischen der Älteren können einen einfachen Hund oder ein schnappendes Krokodil imitieren. Die meisten Menschen nehmen auch nur zu gern die Herausforderung der schwierigen Tierformen am Ende des Buches an. Nach den Grundlagen werden Geräuscheffekte und Szenerien vorgestellt, die für eine umfassende Schattenshow nötig sind: Requisiten für Geräusche sowie aus Karton geschnittene Hintergrundrahmen (Szenerien) machen Tiger, Kobra und Affen im Dschungel lebendig oder Kuh, Bulle und Schaf auf dem Bauernhof. Zu guter Letzt gibt es acht menschliche Schattengestalten zur Ausweitung Ihrer Geschichten.

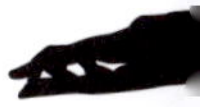

Wie Sie Schatten vorführen

Ein dunkler Raum, eine Taschenlampe oder eine andere Lichtquelle (fest stehend, nicht zu diffus, ideal ist eine abwinkelbare Arbeitslampe) sowie eine helle Wand oder eine ähnliche Oberfläche (etwa ein Rollo), auf die sich Schatten werfen lässt – mehr ist als Grundausstattung für das Silhouettenspiel nicht nötig. Wenngleich der detailgetreue Umriss und die perfekte Bewegung eines Elefantenrüssels oder eines schluckenden Truthahns schon den Spieler selbst erfreuen – die Belohnung ist doch weitaus größer, wenn auch ein Publikum atemlos Ihre Leistungen verfolgt oder wenn Sie sich mit anderen beim Schattenspielen und Zuschauen abwechseln können.

Zu Beginn

Nehmen Sie zu Beginn eine Arbeitsleuchte oder eine Taschenlampe, die fest auf einem Stapel Bücher oder auf einem Kissen positioniert ist. Beide Lichtquellen sollten auf die richtige Höhe eingestellt werden, damit sich davor die Hände mühelos bewegen lassen. Der klar abgegrenzte Lichtkreis kann einen Durchmesser von ca. 60 Zentimetern haben. Der Schatten sollte scharf begrenzt und dunkel sein. Halten Sie die Hände in unterschiedlichen Abständen zwischen die Lichtquelle und die Wand, um so den besten Abstand für einen klaren Schattenriss festzustellen. Die imposantesten Ergebnisse erzielen Sie, wenn Sie die Tierfigur außerhalb des Lichts formen und dann in den Lichtkegel bewegen.

Aufführungstechnik

Wollen Sie nach einigem Üben mit Ihrem Repertoire ins Rampenlicht treten, dann sollten Sie den Aufbau etwas verfeinern. Das begeisterte Publikum sitzt mit dem Gesicht zur »Leinwand« auf einer bequemen Couch mit hoher Rückenlehne. Sie knien, eventuell mit »Komplizen«, hinter der Couch – bereit, die Hände jederzeit als Tierfigur hochzuheben. Der obere Abschluss der Couch dient als Bühnenkante. Die Primärlichtquelle (eine Lampe oder Taschenlampe) beleuchtet die Hände so von hinten, dass ihre Schatten auf die Wand vor der Couch fallen. Wünschen Sie zwei Schattenebenen (der Elefant bewegt sich beispielsweise vor einem Zirkushintergrund), dann sollten Sie auch Szenerien einsetzen (*siehe Seite 232–267*). Sie können diese Kartonrahmen oder auch Requisiten auf einen Tisch oder eine andere ebene Fläche stellen. Platzieren Sie eine zweite Lichtquelle (zum Beispiel eine Tischlampe) wie unten gezeigt. Die Tierfigur erscheint als dunklerer, scharfer Schatten, die Szenerie mit einer weicheren Kontur dahinter.

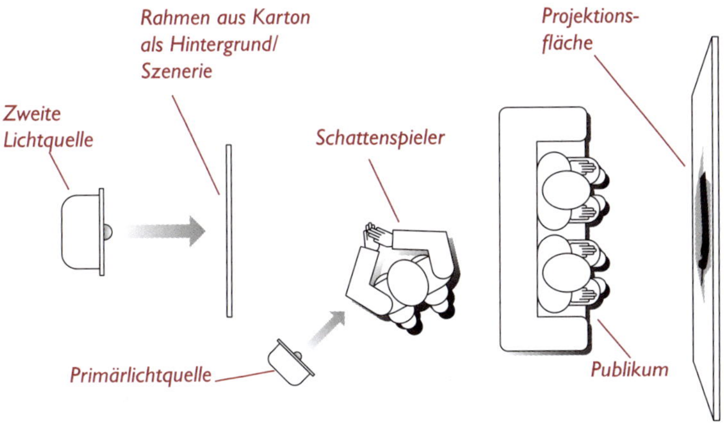

Hand- und Fingerübungen

Die einfachen Tierschatten sind leicht zu formen, doch um die gesamte Tiermenagerie abzubilden, müssen die Hände und Finger trainiert sein. Leidenschaftliche Computerspieler mögen hier einen Vorteil haben, da ihre Finger meist sehr beweglich sind. Sind Ihre Hände hingegen eher steif, dann absolvieren Sie mit ihnen flugs ein Fitnessprogramm. Bereits wenige Minuten Strecken und Beugen machen sogar steife Hände wendiger. Eine der beiden Hände wird die führende Hand sein, mit der Sie die schwierigen Teile leichter formen können. Denken Sie daran, dass Sie die gezeigte Tierposition und Bewegungsrichtung ändern können, wenn es für Sie leichter sein sollte, die Figur andersherum zu formen.

1 Beginnen Sie damit, beide Hände zu ballen und dann einen Finger nach dem anderen in voller Länge zu strecken.

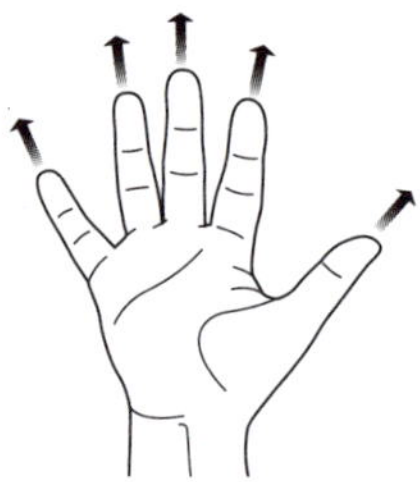

2 Bilden Sie jeweils ein Paar aus dem kleinen und dem Ringfinger sowie aus dem Mittel- und Zeigefinger. Spreizen Sie sie, bis sich eine V-förmige Lücke zwischen beiden Fingerpaaren ergibt. Die Paare selbst sollen aber eng zusammenbleiben.

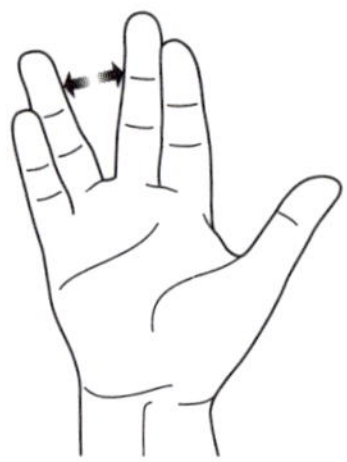

3 Klappen Sie die Finger der rechten Hand einzeln in die Handinnenfläche, die anderen Finger bleiben dabei gestreckt. Der Zeigefinger lässt sich bei den meisten Menschen leicht beugen, der kleine Finger hingegen nicht. Üben Sie mit allen Fingern so lange, bis sie flexibler geworden sind. Dann wiederholen Sie diese Übung mit der linken Hand.

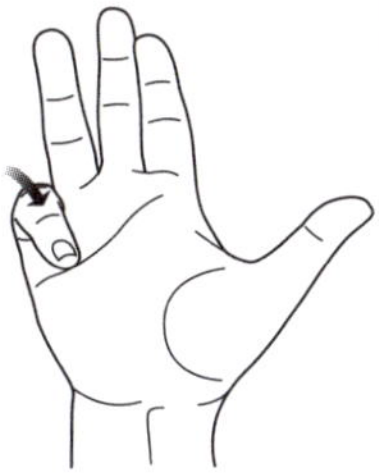

4 Klappen Sie die Finger nacheinander und paarweise in die Handinnenfläche, die anderen Finger bleiben dabei gestreckt. Beginnen Sie mit dem kleinen und Ringfinger (kleiner und Ringfinger, Ring- und Mittelfinger, Mittel- und Zeigefinger). Üben Sie so lange, bis es Ihnen leichtfällt. Dann üben Sie dasselbe mit der linken Hand.

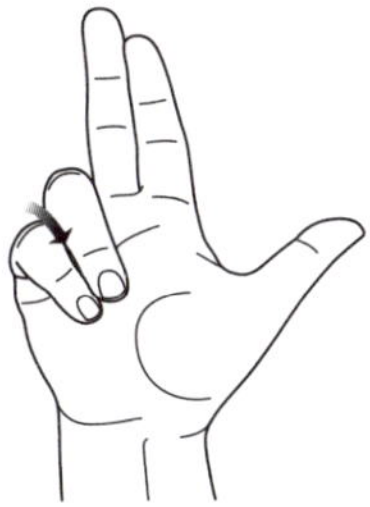

5 Wiederholen Sie die Übung 4, doch nun klappen Sie nicht die Finger paarweise in die Handinnenfläche, sondern führen die Paare mit dem Daumen zusammen. Die anderen Finger bleiben dabei gestreckt. Üben Sie mit der rechten, dann mit der linken Hand.

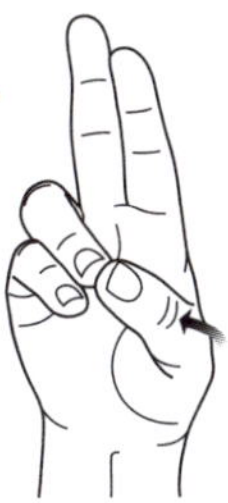

6 Zum Abschluss beide Hände schlaff herunterhängen und 6-mal kreisen lassen, um die Handgelenke beweglicher zu machen.

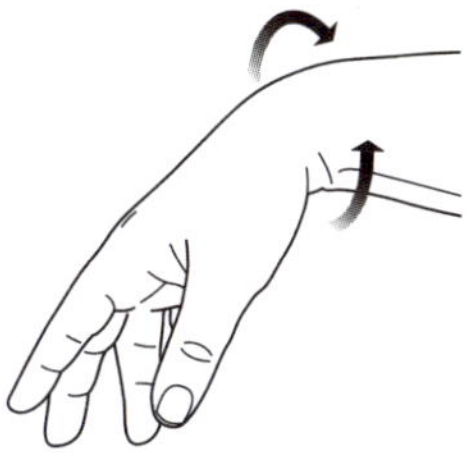

Grundformen üben

Auf diesen Seiten lernen Sie, die drei einfachsten Tierfiguren zu formen: den Deutschen Schäferhund, das Krokodil und den Elefanten. Folgen Sie den Anleitungen; sie erläutern, wie die Formen zusammengesetzt und die Finger gebeugt werden. Bedenken Sie: Hände sind häufig unterschiedlich geformt, deshalb können die Schattenrisse leicht variieren. So werden Sie manche Figuren auch als schwierig empfinden. Haben Sie breite Handflächen und kurze Finger, dann können Sie runde Formen wie die eines Bärenjungen leichter nachahmen als die schlanken Umrisse eines Kängurus. Nach und nach finden Sie während des Übens Ihre Lieblingstiere: diejenigen, die Sie leicht formen und mit denen Sie am meisten Eindruck machen können.

Auf Ihrem Weg durch den Tierschattenzoo werden Ihnen einige Silhouetten leichterfallen als andere. Daher haben wir die Tiere sozusagen in einer Übungsfolge angeordnet, von den einfachsten bis hin zu den schwierigsten Tierschattenfiguren. Dies ist keine starre Einteilung, denn manche Formen, die als schwierig eingestuft sind, können Ihnen weniger Probleme bereiten, als zunächst gedacht. Das hängt letztlich vom individuellen Bau und der Beweglichkeit Ihrer Hände ab.

Spreizen Sie beide Daumen nach oben

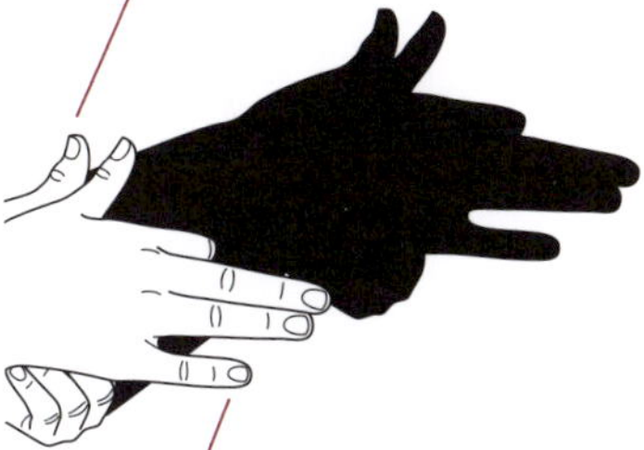

Halten Sie den Abstand zwischen dem kleinem Finger und der übrigen Hand konstant

Halten Sie den Handrücken in einer gleichmäßigen Krümmung

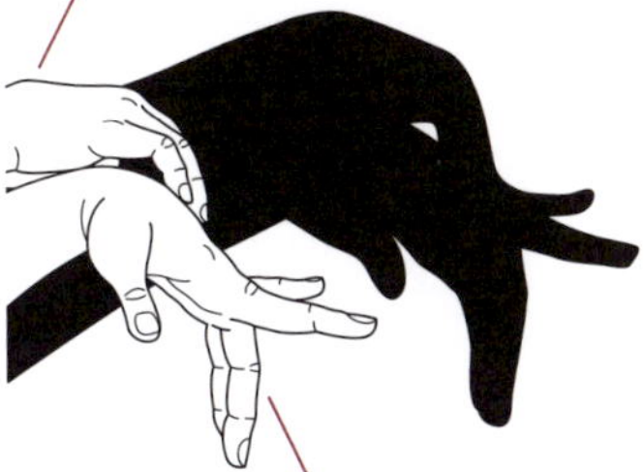

Spreizen Sie den kleinen und den Zeigefinger nach oben, der Rüssel zeigt streng nach unten

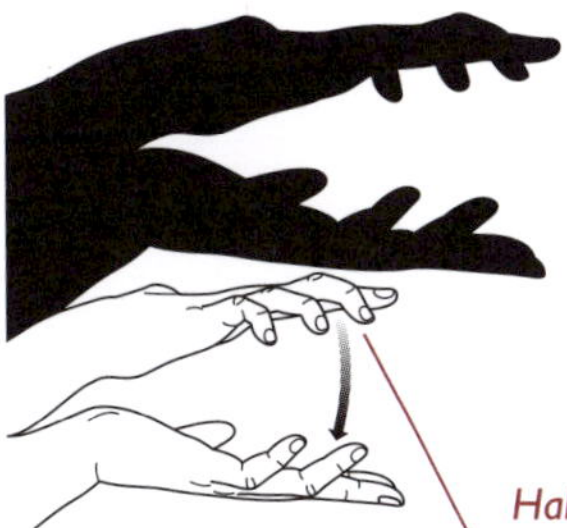

Halten Sie die Finger immer im selben Winkel gekrümmt, während Sie die Hände öffnen und schließen

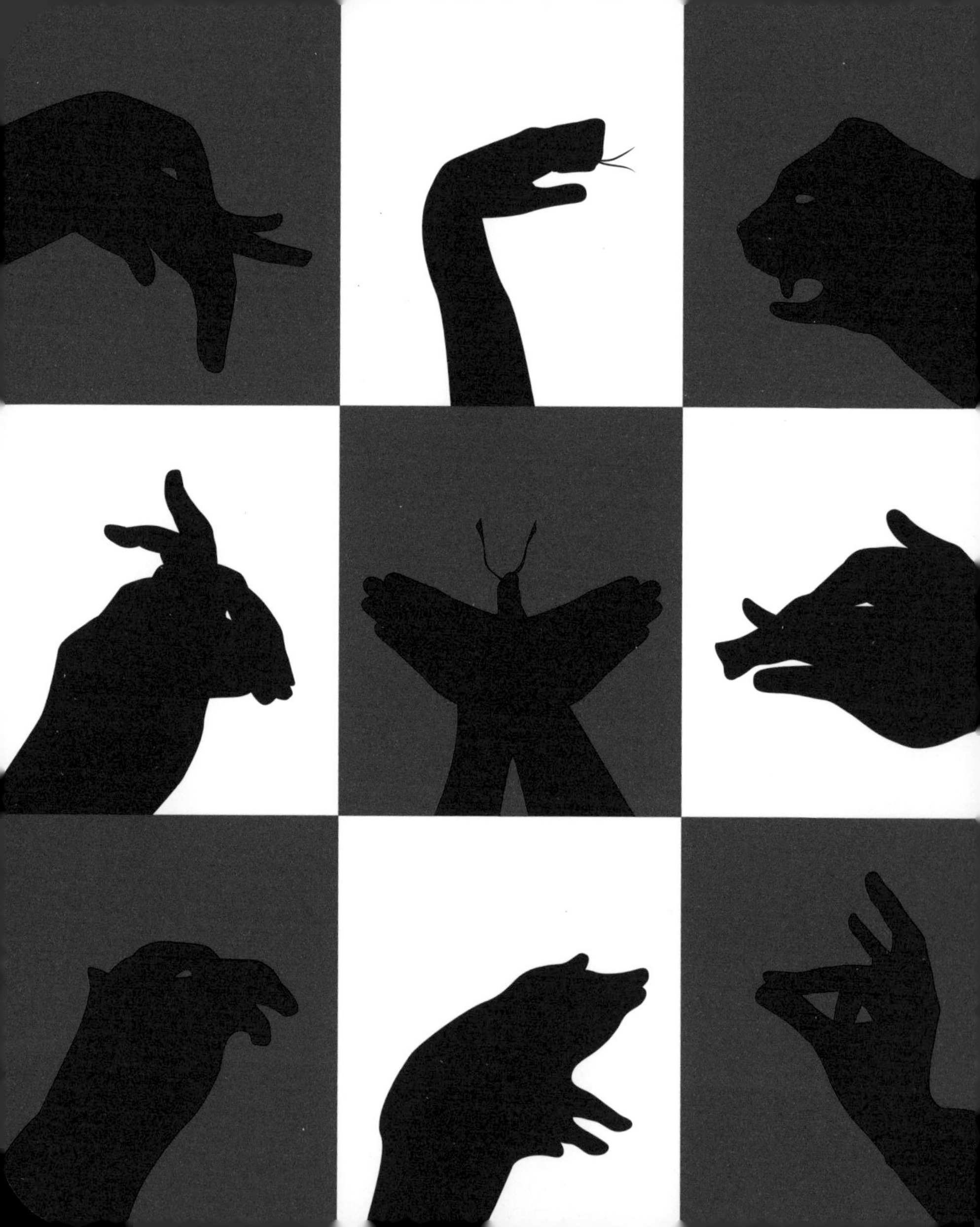

Die Tiere

Unsere Menagerie aus 100 Tieren ist in vier Gruppen unterteilt, nach Schwierigkeitsgrad gestaffelt: Das Angebot reicht von der bescheidenen Qualle über das hochmütige Kamel bis hin zum brummenden Grizzlybären.

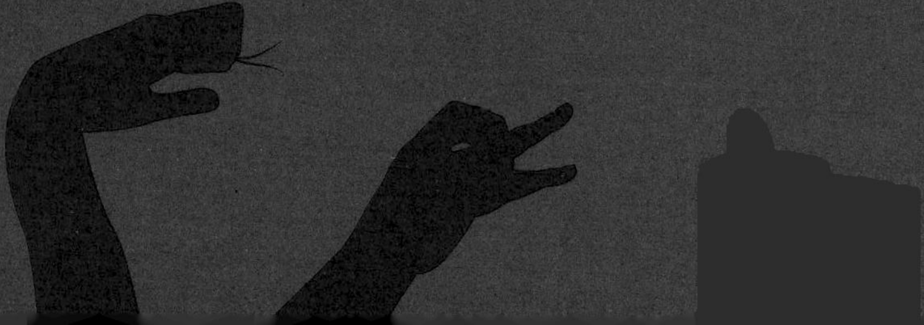

Tiere für eine Hand

Die Tiere in diesem Kapitel lassen sich ganz leicht nachahmen, da Sie sich jeweils nur um eine Handform und -haltung kümmern müssen. Achten Sie genau darauf, in welchem Winkel sich Hand und Arm zur Lichtquelle befinden, damit das Schattenbild einfach und klar auf der Wand erscheint.

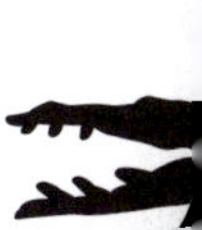

Schwalbe

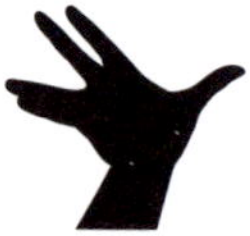

Sicherlich ist dieses das einfachste Schattenbild von allen. Führen Sie zwei Finger paarweise als Schwalbenflügel zusammen und lassen Sie die Hand in großen Bögen nach vorn »herabschießen«. Spreizen Sie den Daumen beim Flug des Vogels ab, damit sein Hals bei den raschen Flugbewegungen gestreckt erscheint.

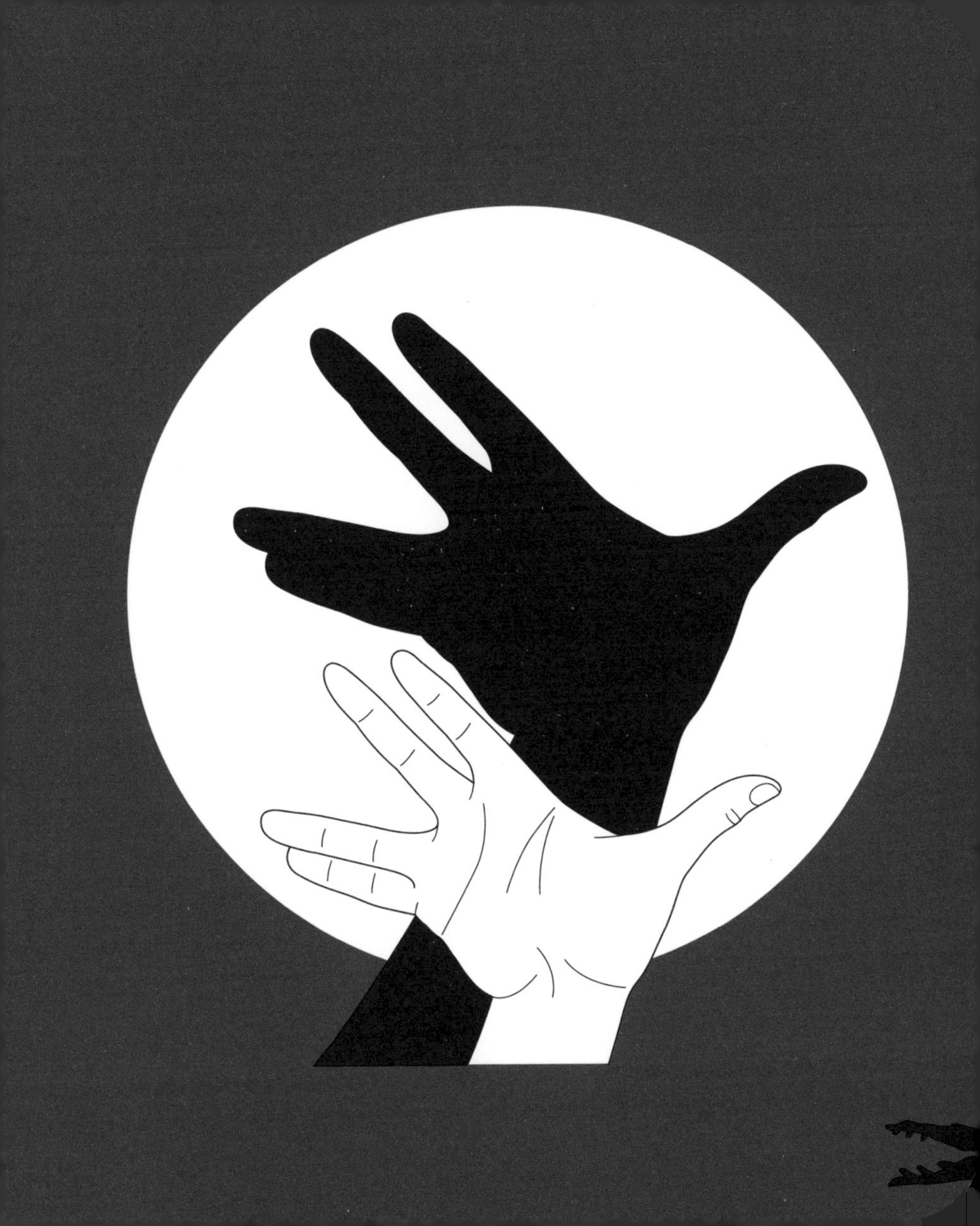

Gans

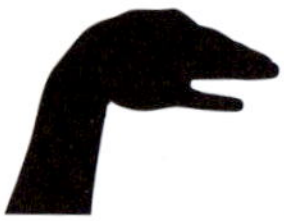

Dieses Schattenbild zählt zu den einfachsten und ist daher für Anfänger bestens geeignet. Es könnte lediglich etwas schwierig sein, den kleinen Finger zum Öffnen und Schließen des Schnabels auf und ab zu bewegen, ohne ihn gleichzeitig nach außen und innen zu schieben. Führen Sie die Hand vorwärts nach unten und ruckartig wieder zurück, um so den Watschelgang der Gans zu imitieren.

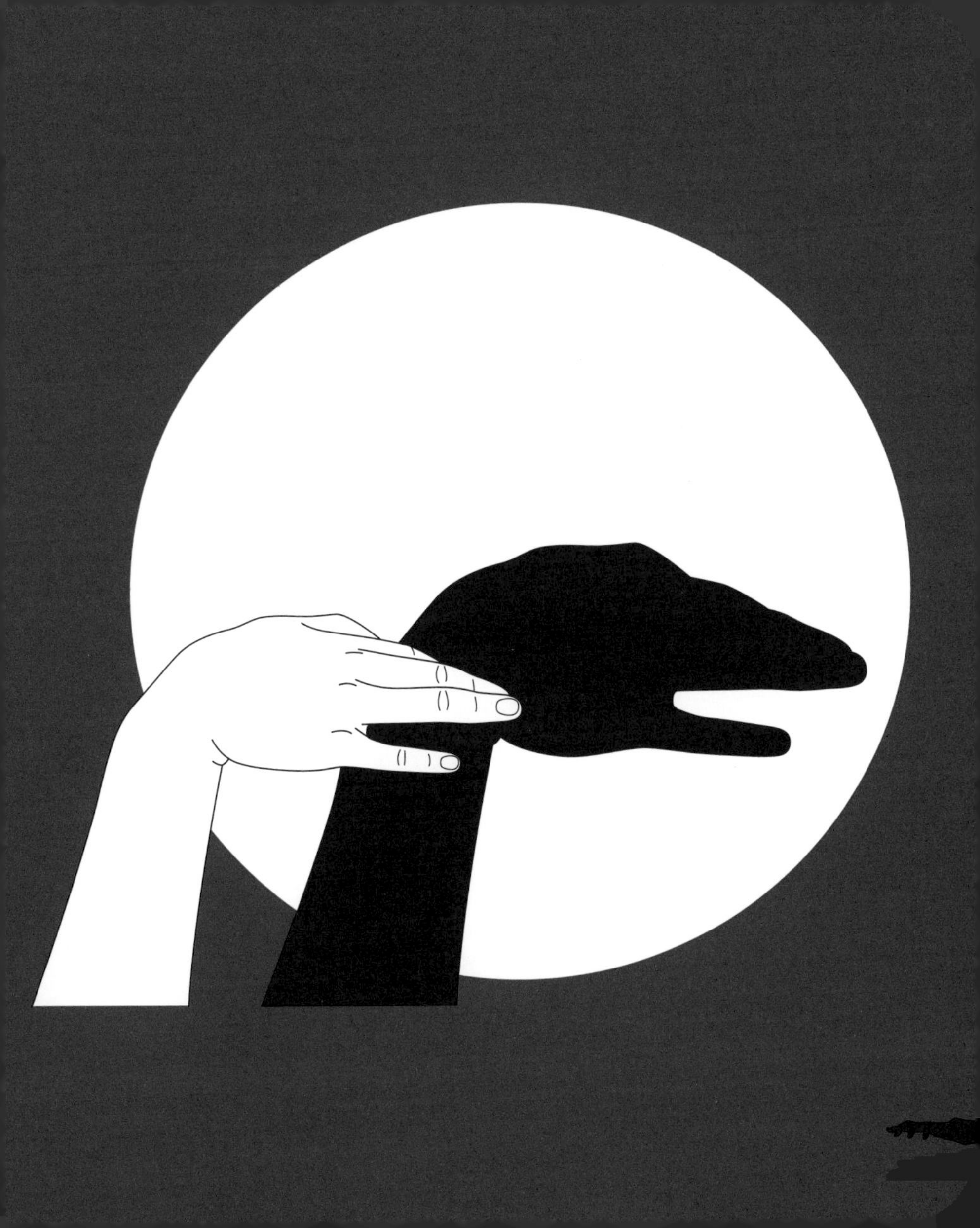

Salamander

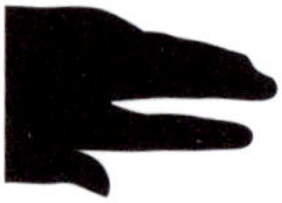

Der lange Echsenkopf des Salamanders und die herabhängende Haut unter seinem Maul lassen sich leicht mit der linken Hand bilden. Verbergen Sie den kleinen Finger und den Daumen so weit hinter der Hand, wie es die Silhouette erfordert. Um eine gute Schattenwirkung zu erzielen, muss diese einfache Form sehr sorgfältig ausgeführt werden.

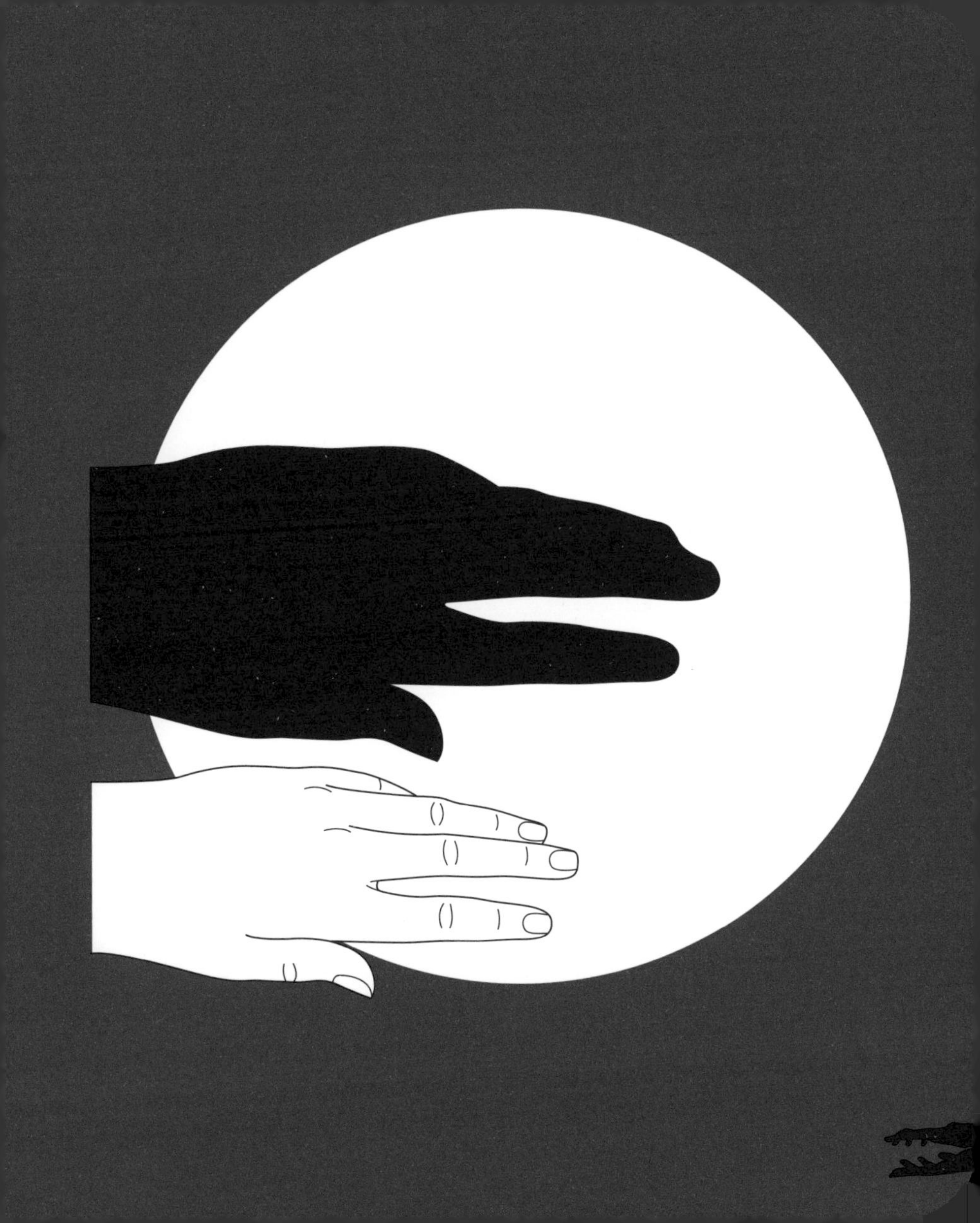

Giraffenkalb

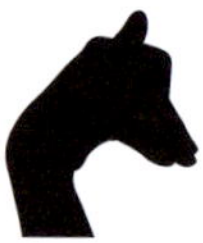

Der Schatten des Giraffenkalbs ist weitaus leichter zu bilden als der Schattenriss seiner Eltern (*siehe Seite 70–71*). Lassen Sie die Giraffe herumwandern und den Kopf drehen. Neigen Sie hierfür das Handgelenk leicht, während Sie die Hand vorwärtsführen. In einer Szenerie mit Wald (*siehe Seite 240–241*) könnte die Giraffe mit gerecktem Hals das Laub der Bäume anknabbern.

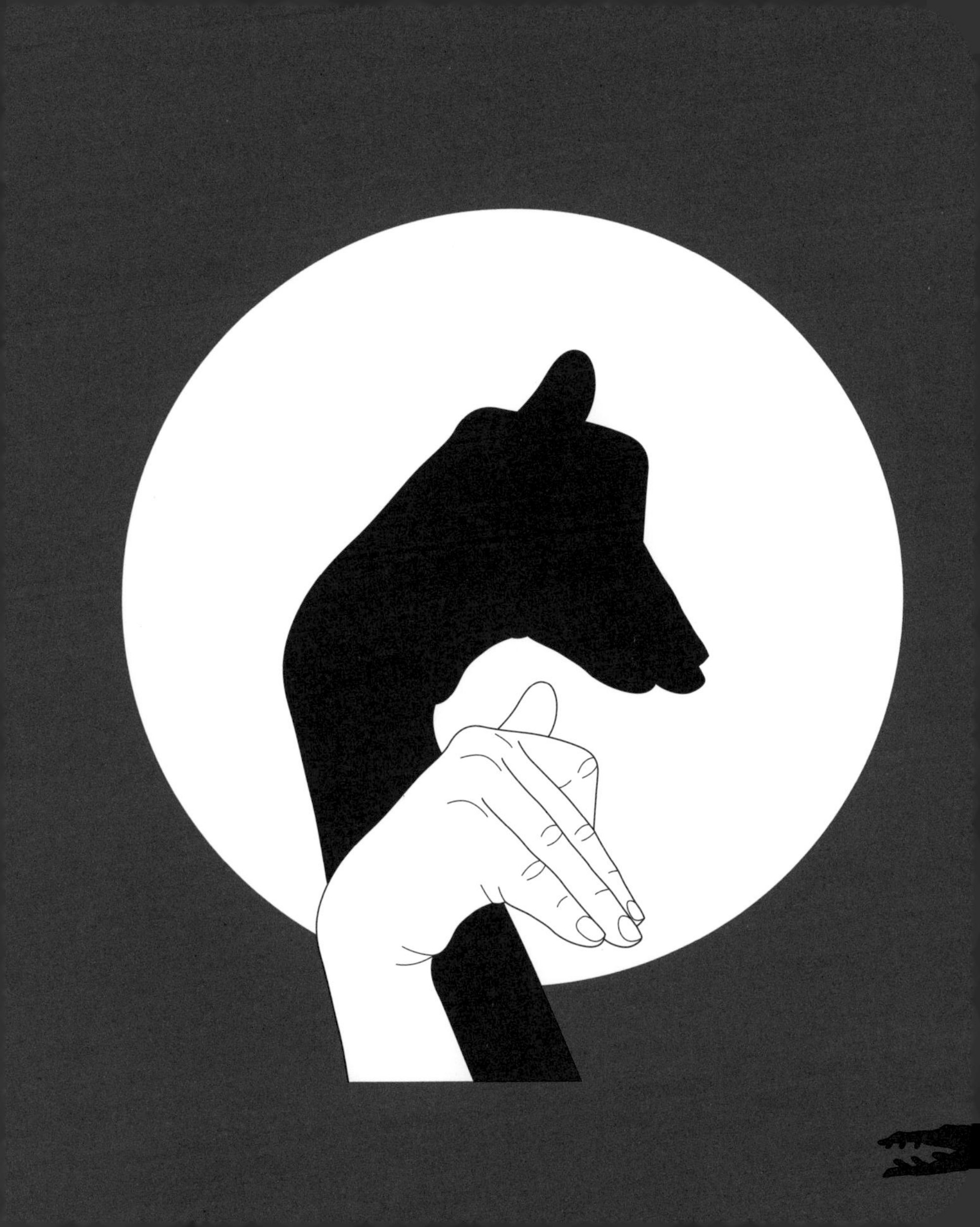

Star

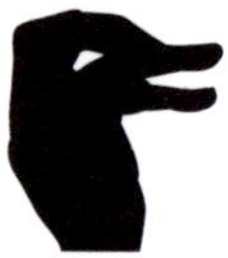

Um das fortwährende Krächzen und Kreischen der Stare nachzuahmen, öffnen und schließen Sie rasch den Schnabel des Vogels. Kurzschnabelige Arten wie Spatzen und Drosseln entstehen, indem Sie den kleinen sowie den Ringfinger etwas heranziehen und beugen. Diese einfache, effektvolle Silhouettenform diente im 19. Jahrhundert in vielen Büchern über das Schattenspiel als Universalumriss für Vögel.

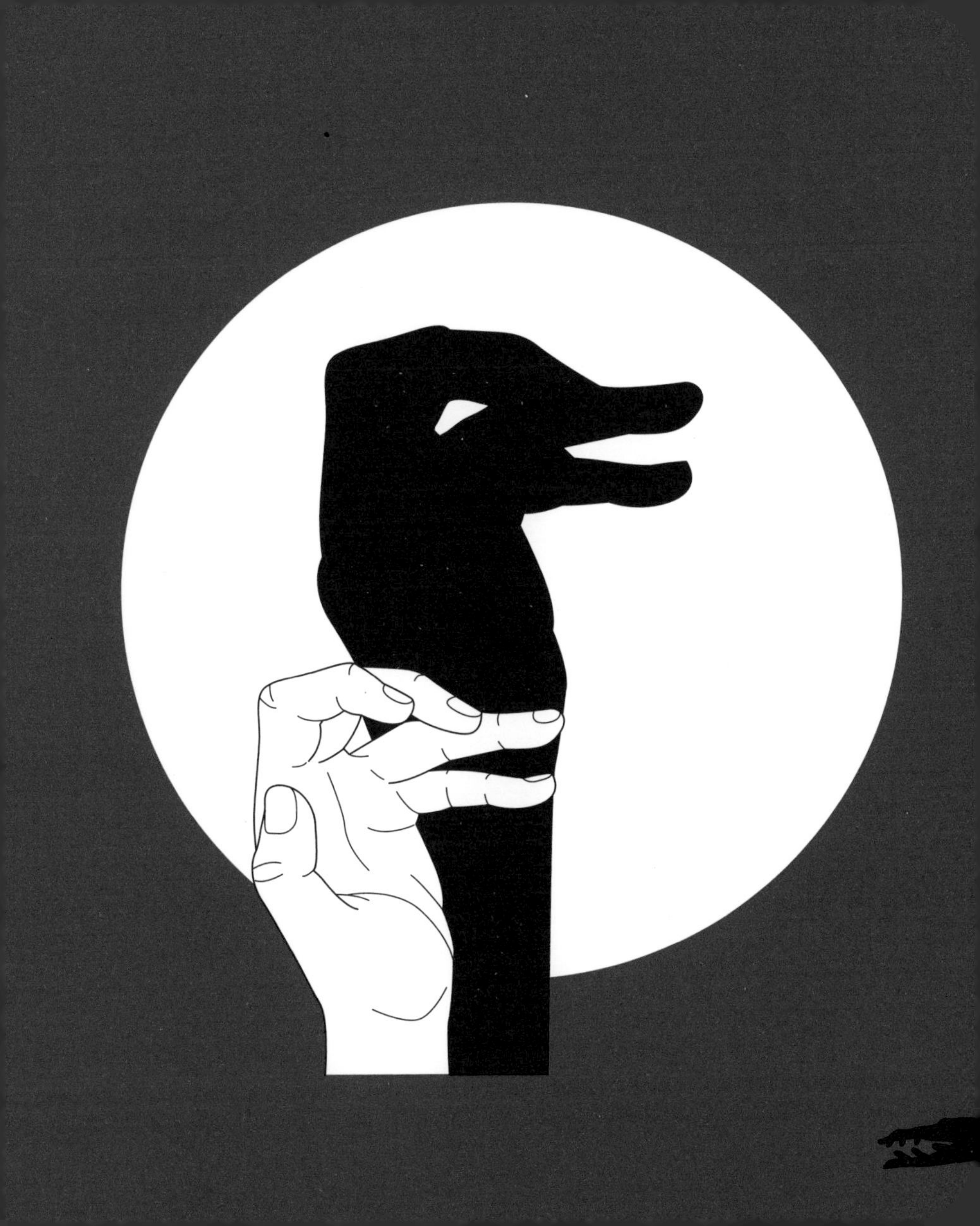

Ente

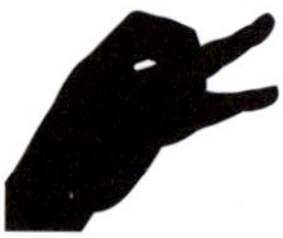

Das Schattenbild der Ente ist leicht nachzuahmen. Spreizen Sie die Finger scherenartig für den Schnabel und ahmen Sie das Quaken nach: Laut schnatternd schlägt die Ente Alarm, den Kopf, wie gezeigt, stark angehoben – womöglich kommt ihr gerade ein Feind zu nahe.

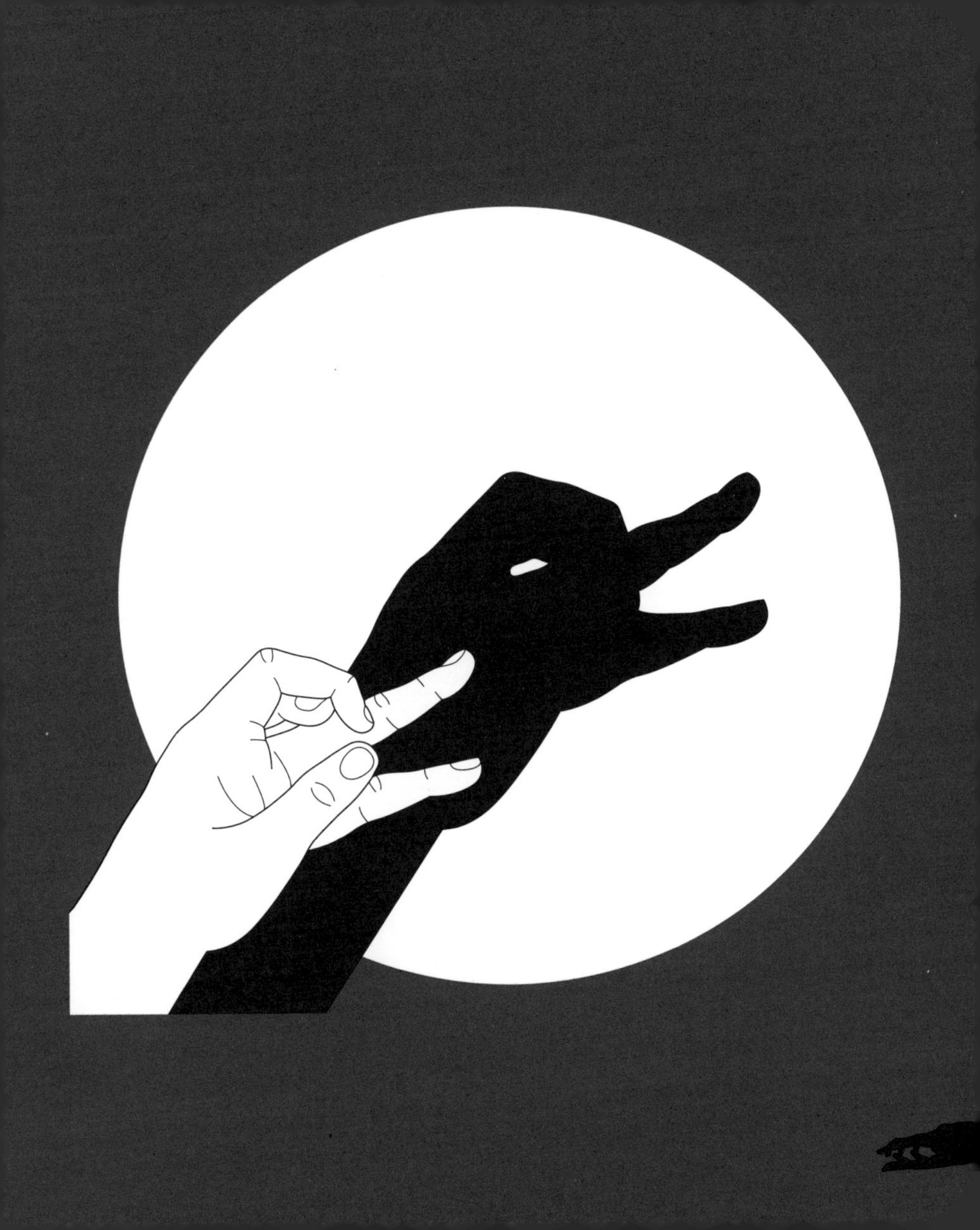

Windhund

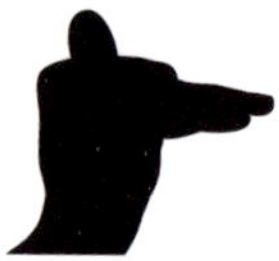

Die typische Form des Windhundkopfes lässt sich mit kurzen Fingern am besten darstellen. Sind Ihre Finger länger, wirkt der Kopf zu stark gestreckt. In diesem Fall drehen Sie die Hand leicht zur Wand, um so die Schnauze etwas zu verkürzen. Wenn möglich, kippen Sie den Daumen etwas in Richtung Wand, damit das typische kurze Ohr des Windhundes erscheint.

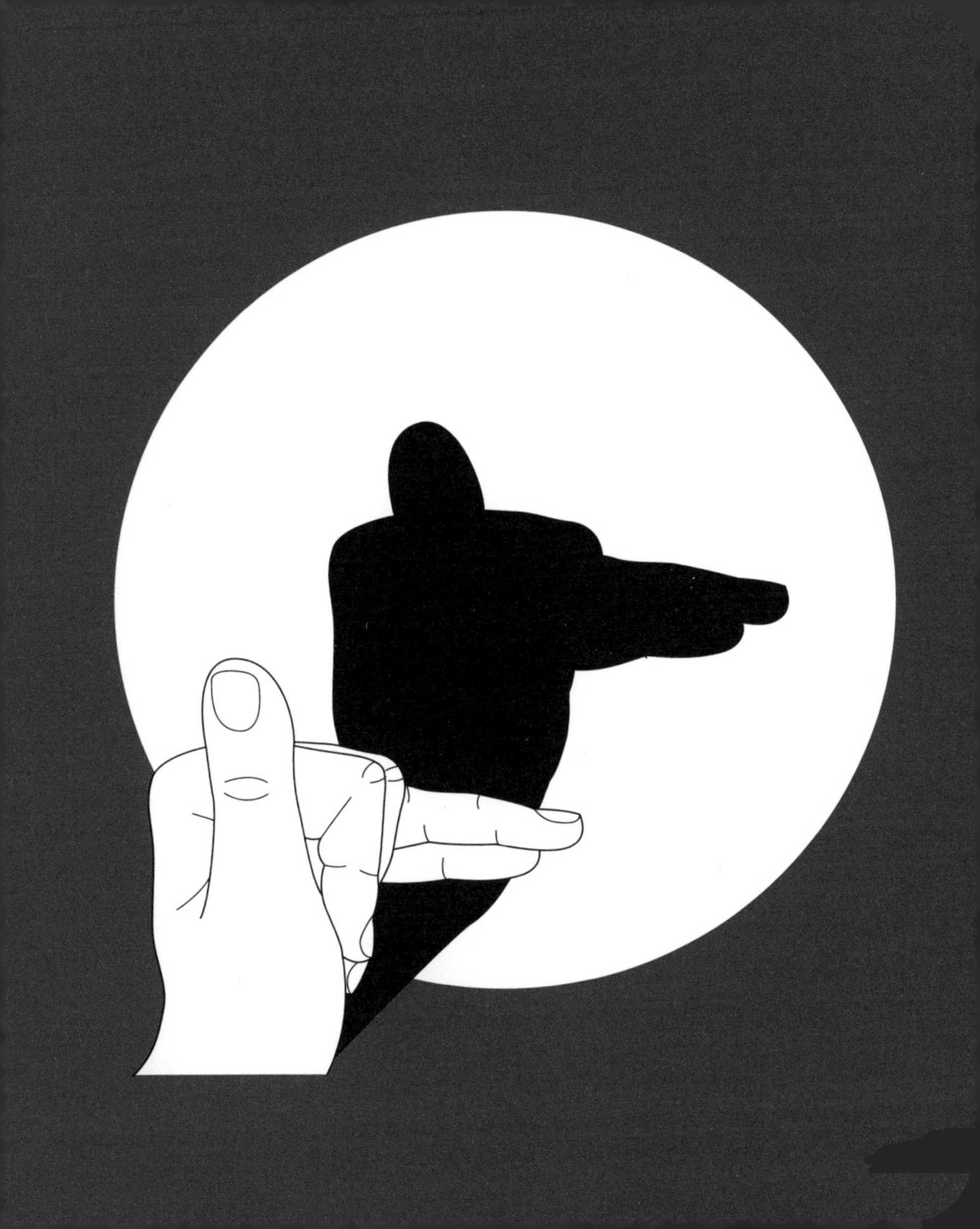

Schlange

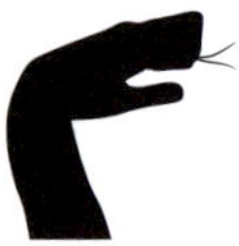

Diese Silhouette lässt sich sehr einfach erzeugen. Die gespaltene Zunge der Schlange wird aus zwei Grashalmen oder zwei winzigen Papierstreifen gebildet, die zwischen dem Mittel- und Zeigefinger der linken Hand klemmen. Durch ruckartiges Vorwärtsbewegen des Arms können Sie die Schlange zustoßen lassen.

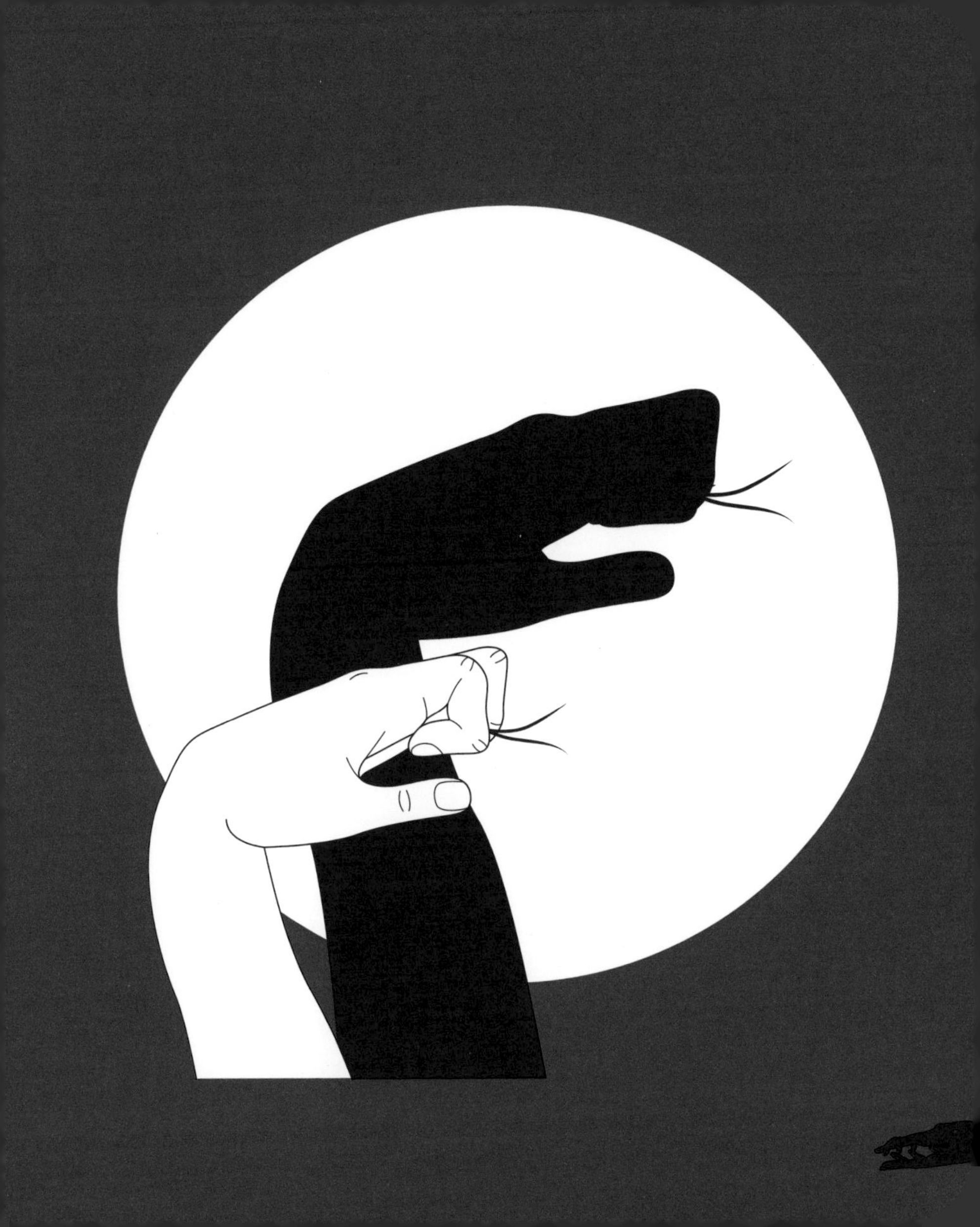

Affe

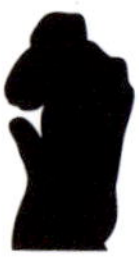

Den Schatten des Affen bilden Sie mit der linken Hand. Die Finger so perfekt zu beugen, dass die gekrümmte Form des Kopfes und der Schultern entsteht, ist etwas schwierig. Üben Sie daher eine Weile, bis die passende Silhouette erscheint. Nutzen Sie den Handballen und die Wölbung des Unterarms, um die untere Rumpfpartie des Affen auszuformen.

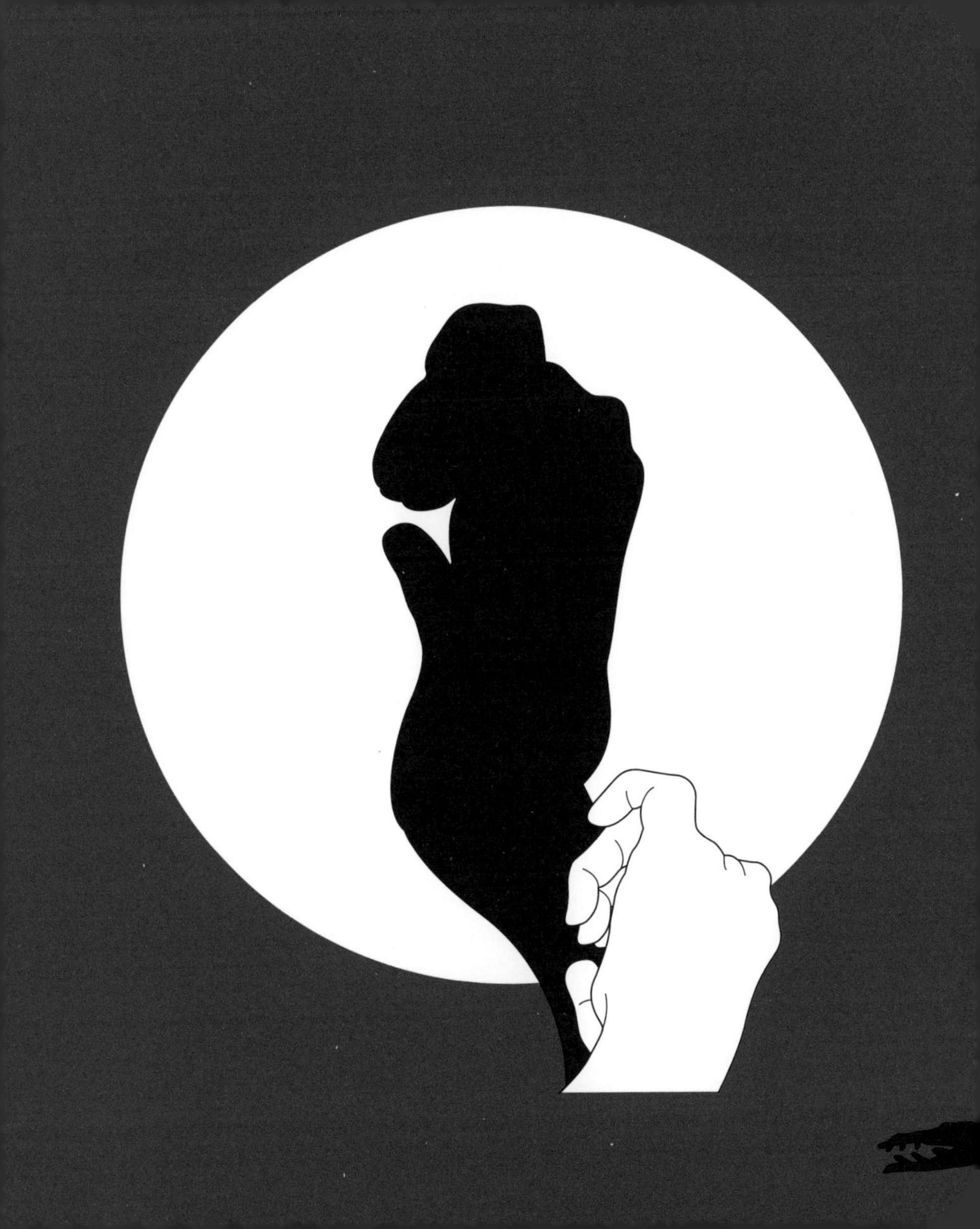

Tiere für zwei Hände

Die Tiere in diesem Kapitel brauchen beide Hände des Schattenspielers und sind dennoch recht einfach nachzuahmen. Einige wirken bereits in Ruhestellung recht lebensnah; andere hingegen sind lebendiger, wenn Sie beide Hände gemeinsam bewegen – wie beim Schnappen des Krokodils und beim Strecken des Schwanenhalses.

Hai

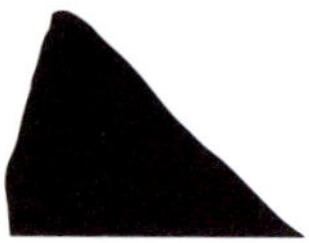

Die bedrohlich wirkende Haifischflosse ist eines der einfachsten Schattenbilder. Nutzen Sie eine feste Unterlage als ruhige Meeresoberfläche oder, soll der Haifisch durch raues Wasser gleiten, die Szenerie »Stürmische Wellen« (*siehe Seite 252–253*). Selbst ganz kleine Kinder lernen dieses Schattenbild rasch, so dass es das Repertoire einer Familien- oder Gruppenaufführung bereichert. Neigen Sie die zusammengelegten Hände etwas zurück, wenn Sie den Hai durchs Wasser führen. Auch wenn Sie selbst nicht die Titelmelodie des Films »Der Weiße Hai« summen – die Zuschauer werden dem wohl kaum widerstehen können.

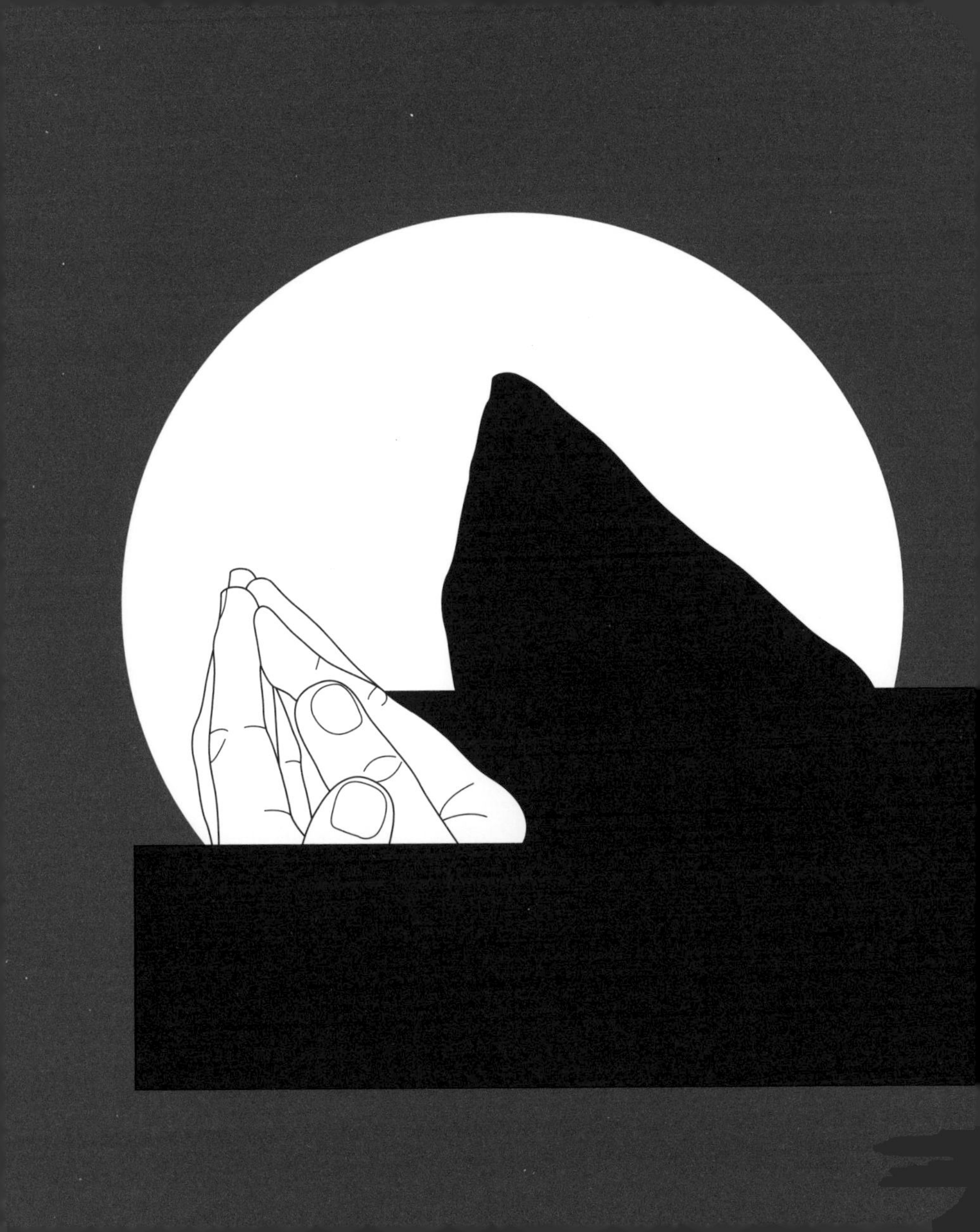

Qualle

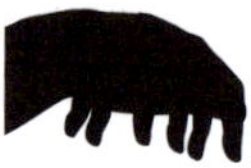

Diesen einfachen Schattenriss bewegen Sie vorwärts, während Sie die nach unten hängenden Finger leicht hin- und herwackeln lassen. So wird die Qualle zum überzeugenden Schwimmer.

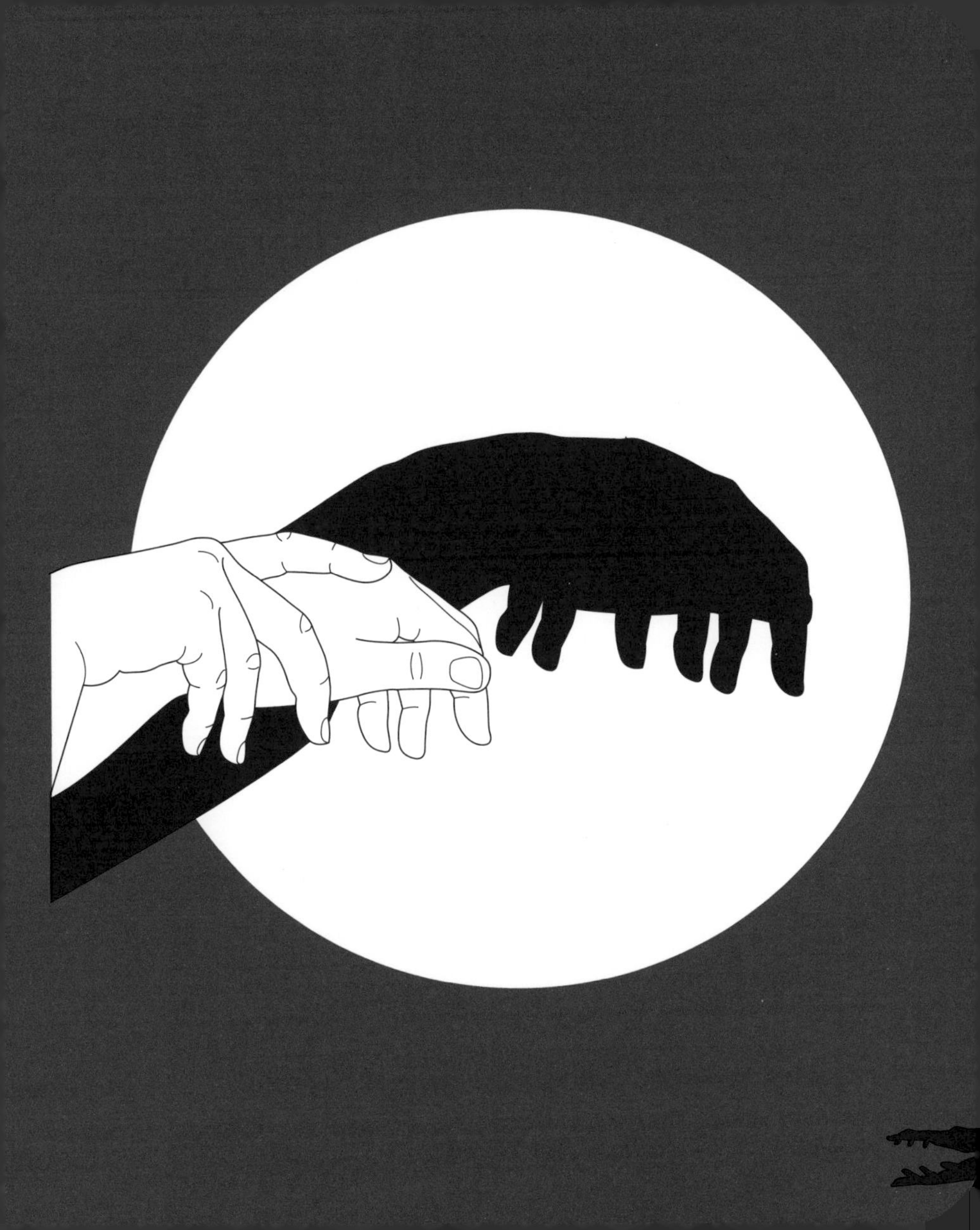

Taube

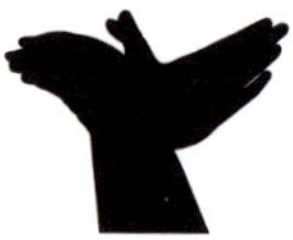

Die Taube gehört zu den einfachsten Schattenbildern. Legen Sie die Daumen etwas übereinander, um dem Vogel seinen Kopf und Schnabel zu verleihen. Tauben sieht man meist im Flug, den Sie durch Auf- und Abschlagen beider Hände andeuten. Lassen Sie die Taube aber nur geradeaus fliegen – segelt sie hoch in die Luft, zerstört dies die Illusion, da Ihre Unterarme sichtbar werden.

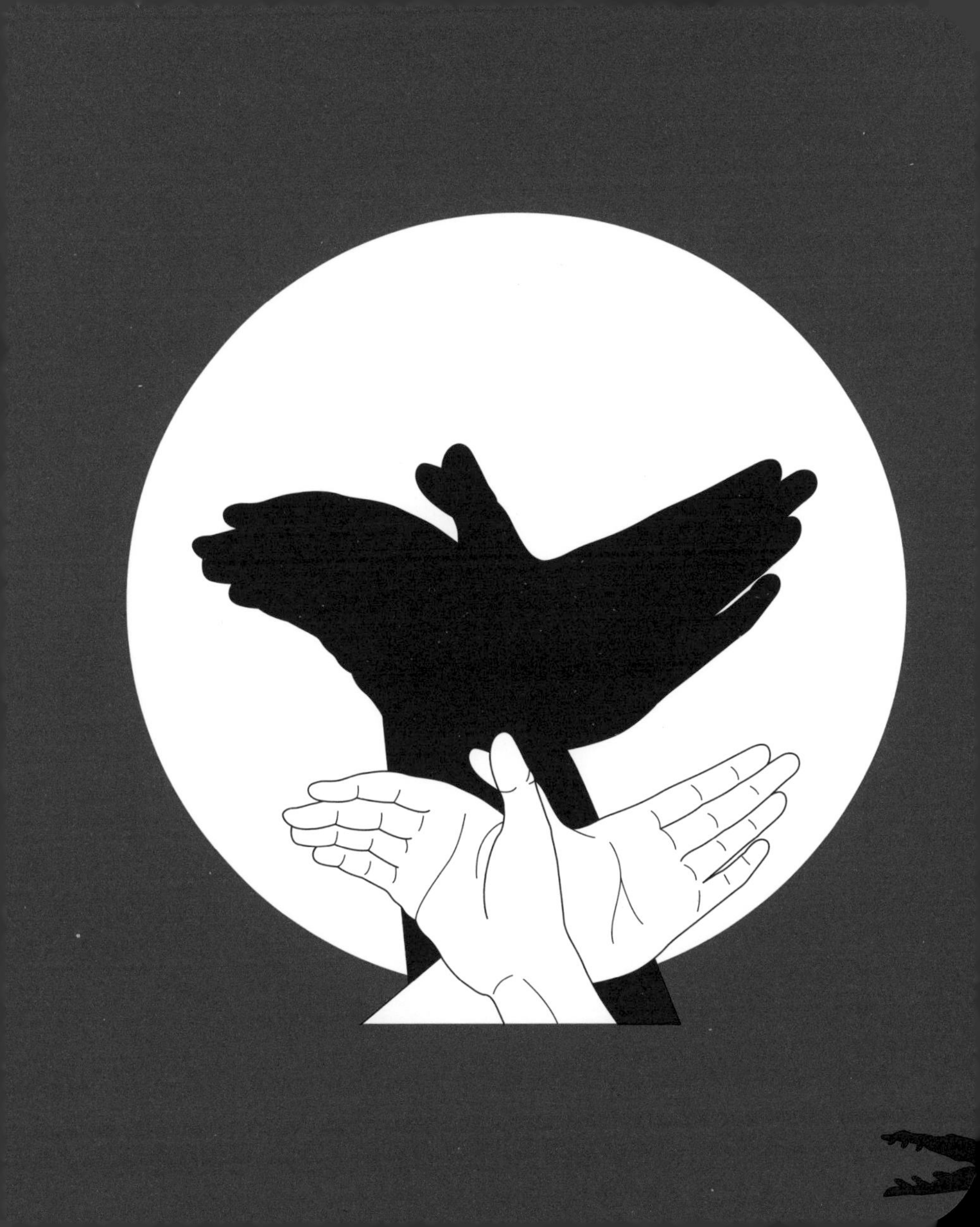

Deutscher Schäferhund

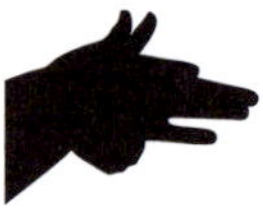

Der Deutsche Schäferhund wurde, wie schon sein Name sagt, ursprünglich für das Hüten einer Schafherde ausgebildet. Sein Schatten lässt sich äußerst leicht imitieren. Mit geöffnetem Maul hat der Hund einen grimmig zupackenden Ausdruck; mit geschlossenem Maul hingegen wirkt sein Profil zahm und nachdenklich.

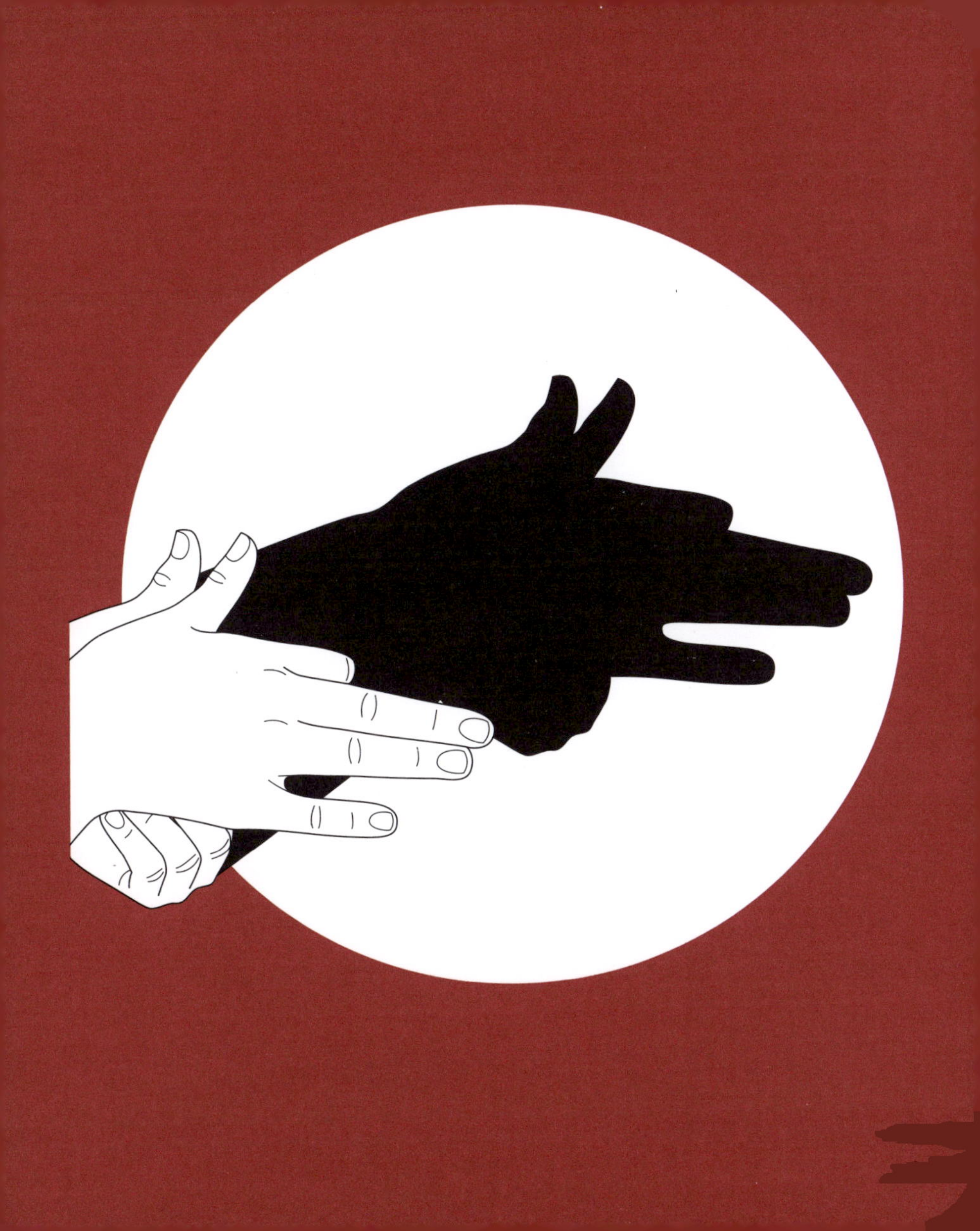

Geißbock

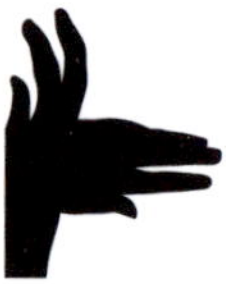

Der Geißbock hat markante Hörner, ein lang gestrecktes Profil und wie die Zicke (*siehe Seite 184–185*) einen kleinen schmucken Bart. Diese Silhouette mit ihrem ungekünstelten Ausdruck ist einfacher an die Wand zu werfen als der Schatten der Zicke. Trotzdem passt der Geißbock hervorragend in eine Bauernhof-Spielszene.

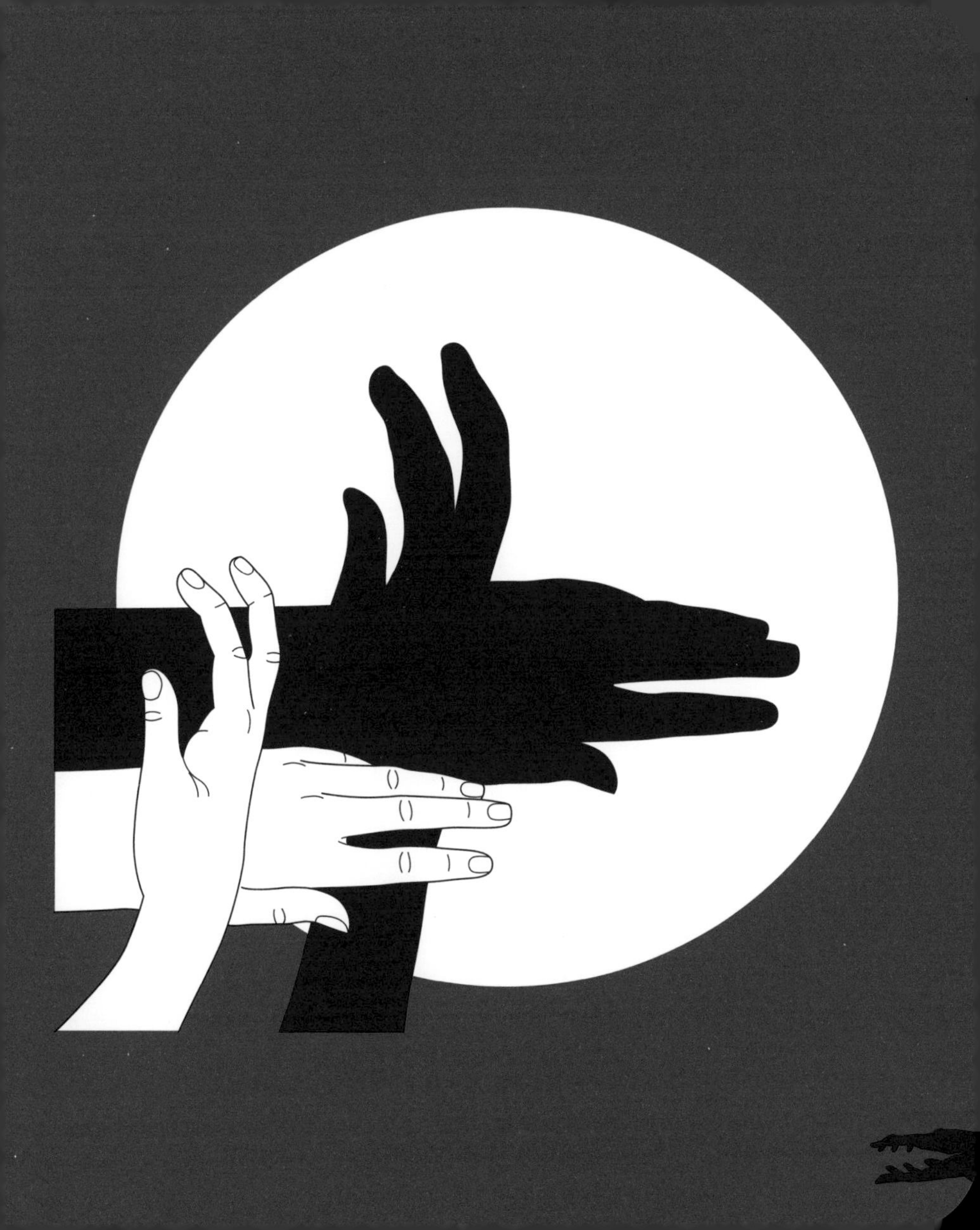

Pferd

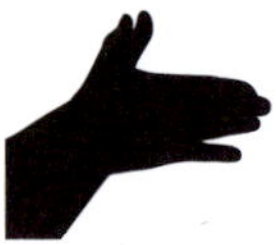

Dieser einfache Schattenriss wirkt überraschend pferdeartig – vorausgesetzt, Sie halten Daumen und Handflächen im richtigen Winkel zueinander. Bewegen Sie den kleinen Finger der rechten Hand auf und ab, um das Maul des Schattenpferdes zu öffnen und zu schließen. Die beiden unteren Finger der linken Hand verstecken Sie zwischen beiden Handflächen, damit das Schattenbild einfach und klar erscheint.

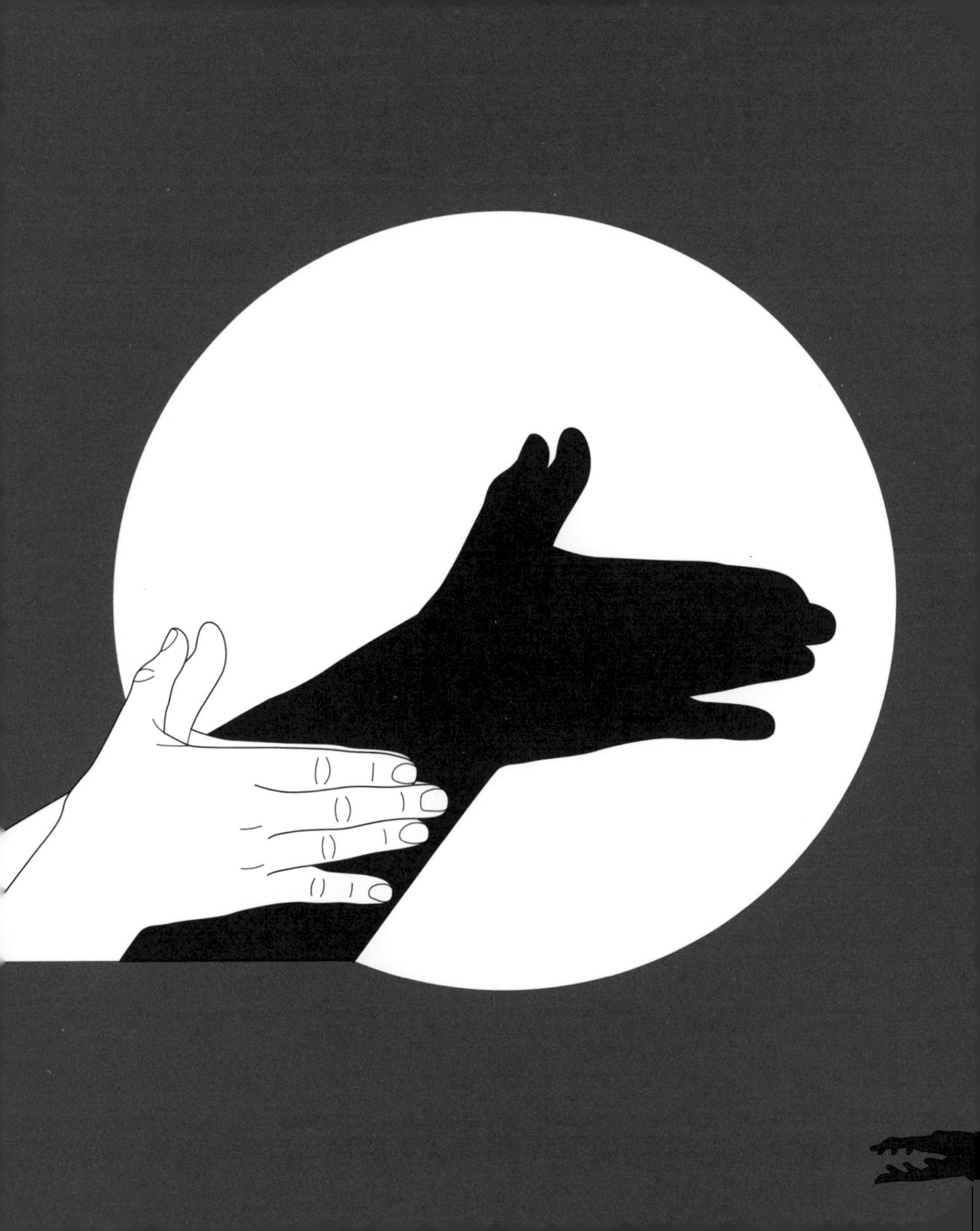

Krabbe

Die Krabbe gehört zu den sehr einfach zu formenden Schattenbildern. Sobald die Silhouette überzeugend wirkt, lassen Sie die Krabbe rasch seitwärtsgehen, indem Sie all ihre Beine gleichzeitig bewegen. Verbergen Sie dabei Ihre Arme unterhalb der Bühnenkante.

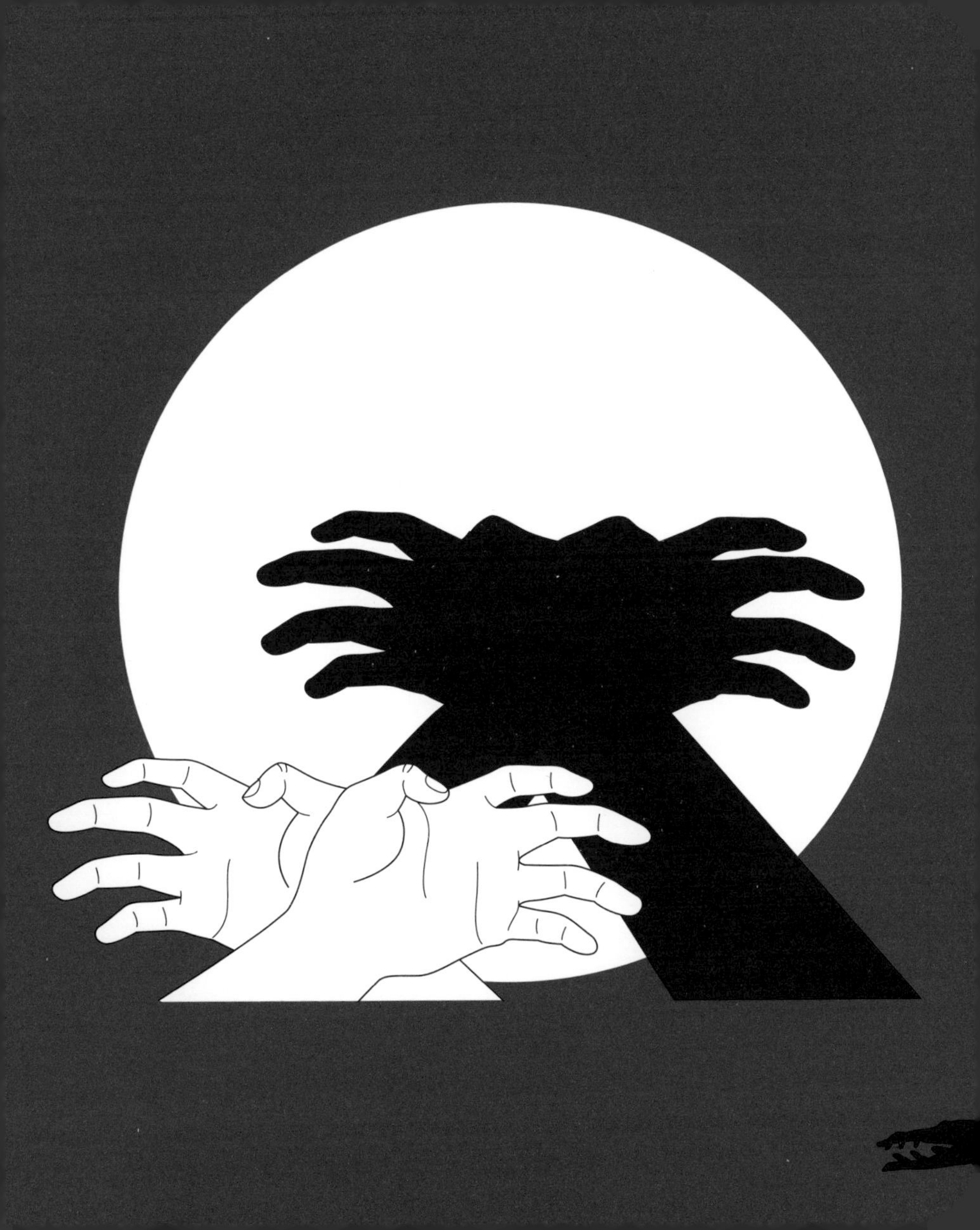

Wiesel

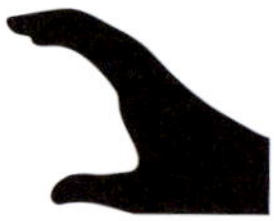

Verändern Sie den Winkel der angehobenen Finger der rechten Hand, bis das Wiesel die typisch langgestreckte und feingliedrige Kopfhaltung hat. Bringen Sie die Fingerknöchel der linken Hand auf eine Linie, um so den flachen, geschmeidigen Körper zu formen. Der gestreckte Daumen ergibt den Schwanz des Wiesels, der sich beim Vorwärtslaufen leicht schräg nach oben stellt.

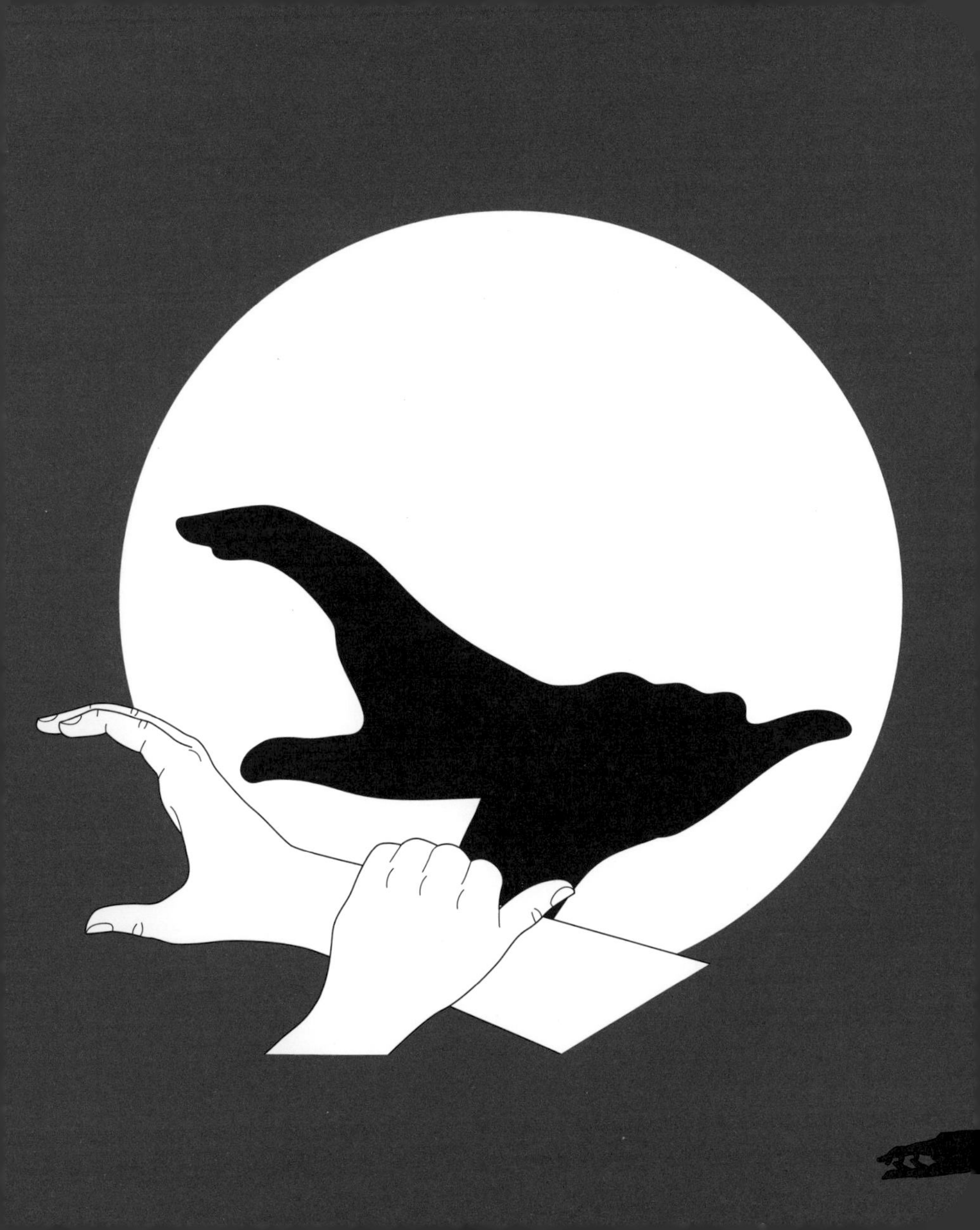

Gürteltier

Der ringförmig gepanzerte Rücken ist das typische Merkmal des Gürteltiers. Obgleich das Schattenbild einfach zu erzeugen ist, sollten Sie die Haltung der rechten Hand so lange verändern, bis die Fingerknöchel eher flache Ringe darstellen als Höcker. Behutsame Bewegungen mit den Fingern der linken Hand öffnen und schließen das Maul des Gürteltiers, während es sich langsam vorwärtsbewegt.

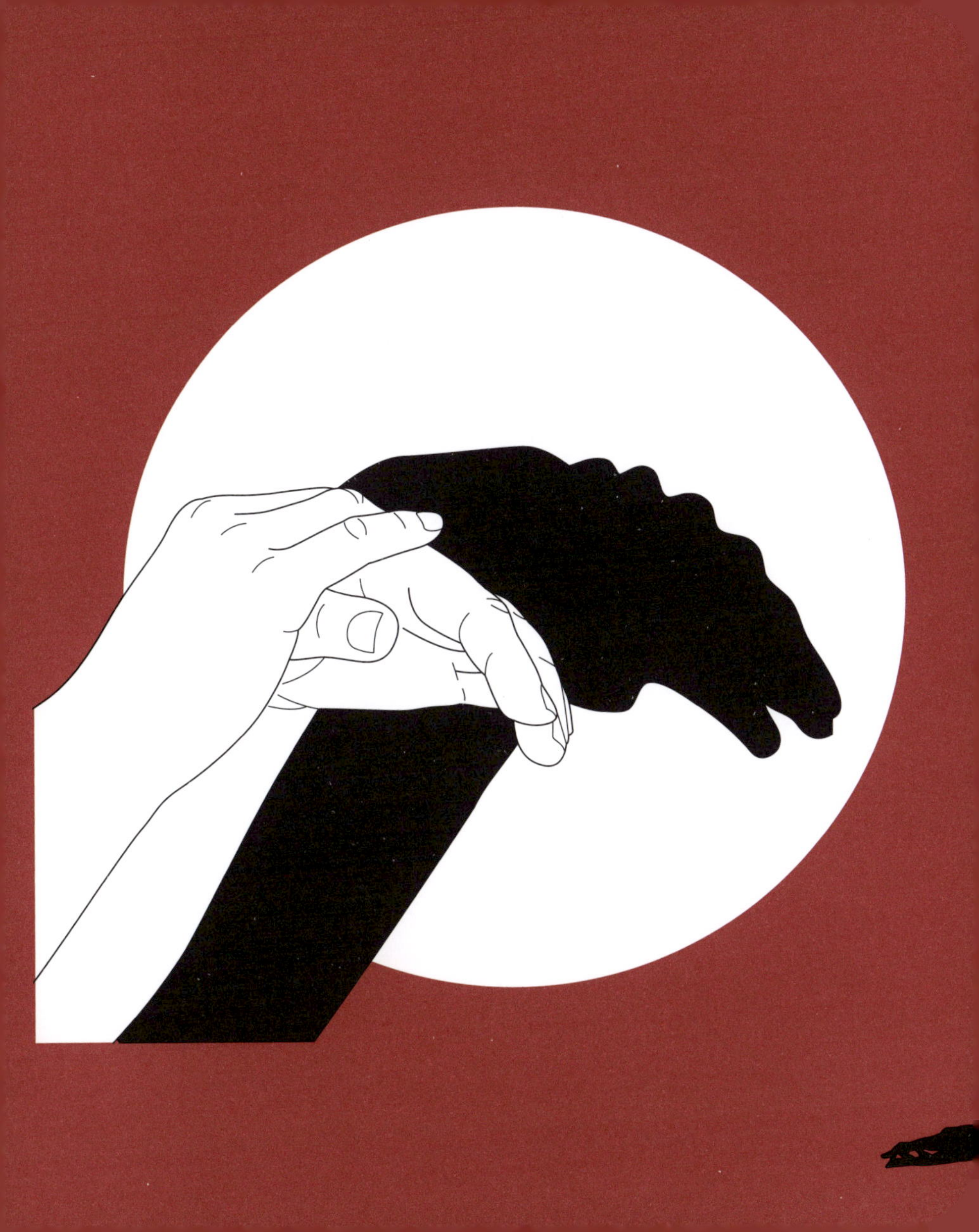

Schwan

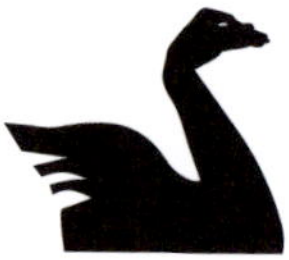

Eine äußerst anmutige Silhouette, die in imponierender Haltung am hinteren Bühnenrand entlang-»segeln« kann, ist der Schwan. Die rechte Hand, die den Flügel bildet, sollte vom Handgelenk aus hinter dem linken Oberarm verschwinden, damit der gesamte Umriss des Schwans eine ununterbrochene Linie bildet.

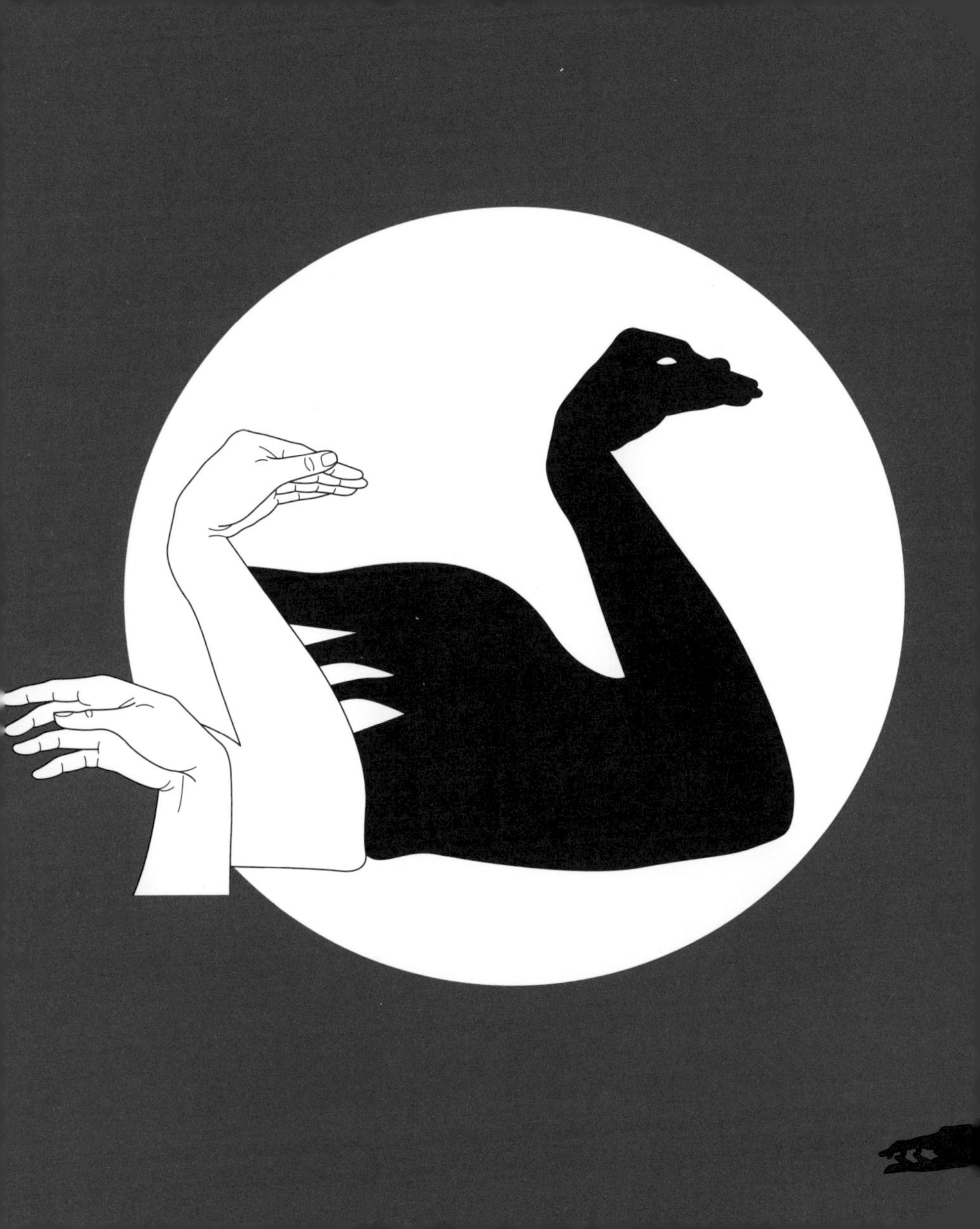

Krokodil

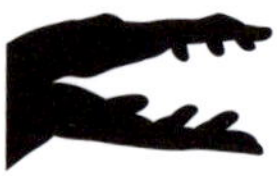

Schnapp, schnapp! Das rasche Öffnen und Schließen der Hände lässt das Krokodil mit seinen Kiefern zuschnappen. Bewegen Sie die Hände von links nach rechts über die Bühne, während Sie Schnapp-Laute machen.

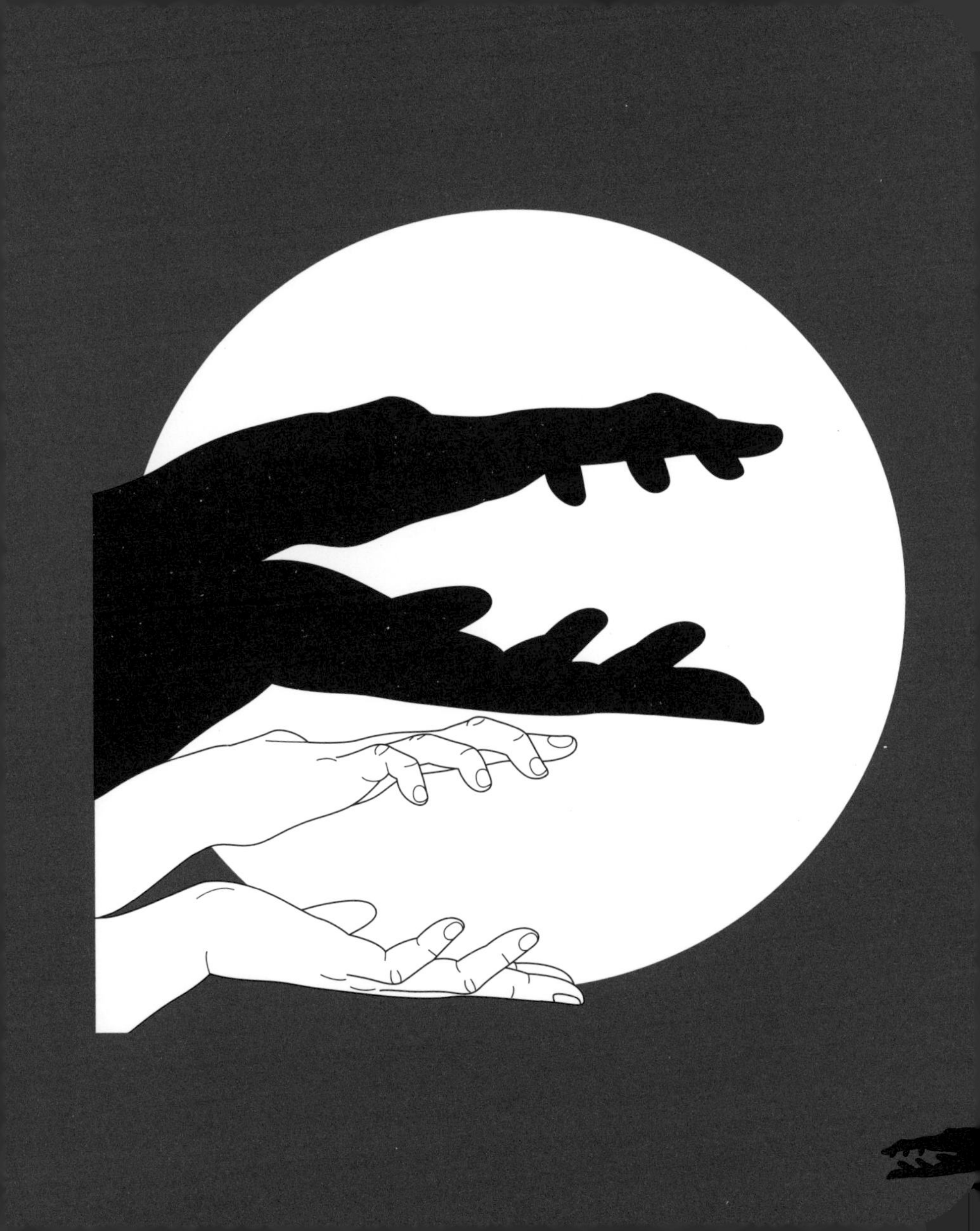

Schnecke

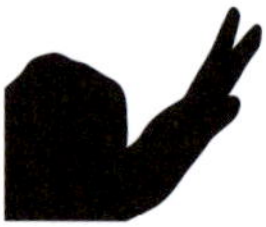

Nicht langsam, sondern rasch ist das einfache Schattenbild der Schnecke an die Wand gezaubert. Weil Sie es gleichzeitig mit Unterarmen und Händen bilden, müssen Sie Ihren ganzen Körper bewegen, um die Schnecke von links nach rechts kriechen zu lassen. Üben Sie dies auf irgendeiner erhöhten Fläche, die als Bühnenrand dient. Beim Vorwärtsgleiten bewegen Sie die Schneckenfühler ein wenig.

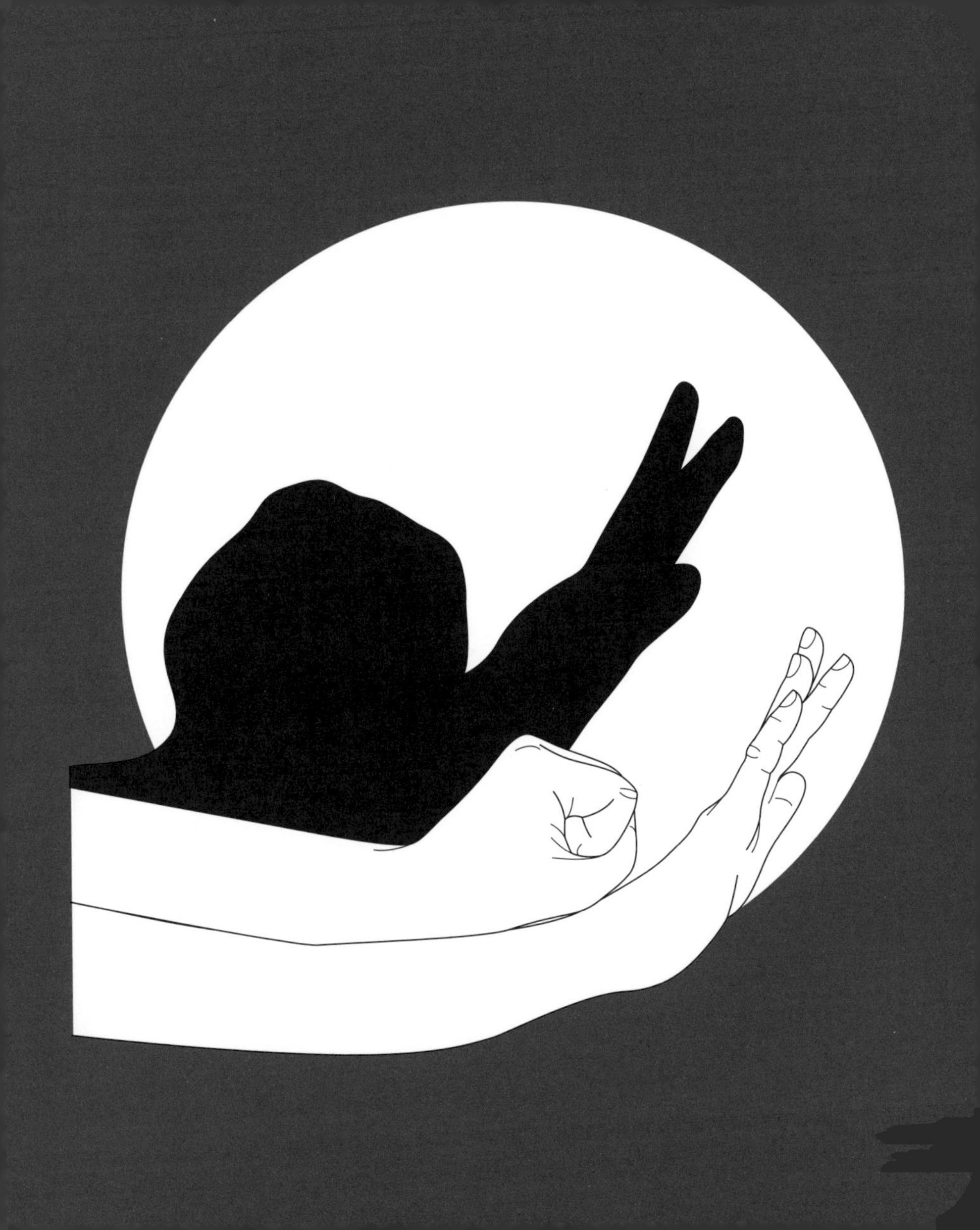

Kleiner Bär

Im Gegensatz zum grimmig blickenden erwachsenen Bären (*siehe Seite 128–129*) hat das Bärenjunge ein weiches, stumpfes Gesicht mit keck aufgestellten Ohren. Die Form des Oberkopfes lässt sich leicht mit der geballten linken Faust imitieren. Die Schnauze bilden Sie mit den Fingern der flachen rechten Hand, die Sie sorgfältig im richtigen Winkel zur Wand ausrichten. Um die Ohren zu bewegen, drehen Sie behutsam die linke Hand hin und her.

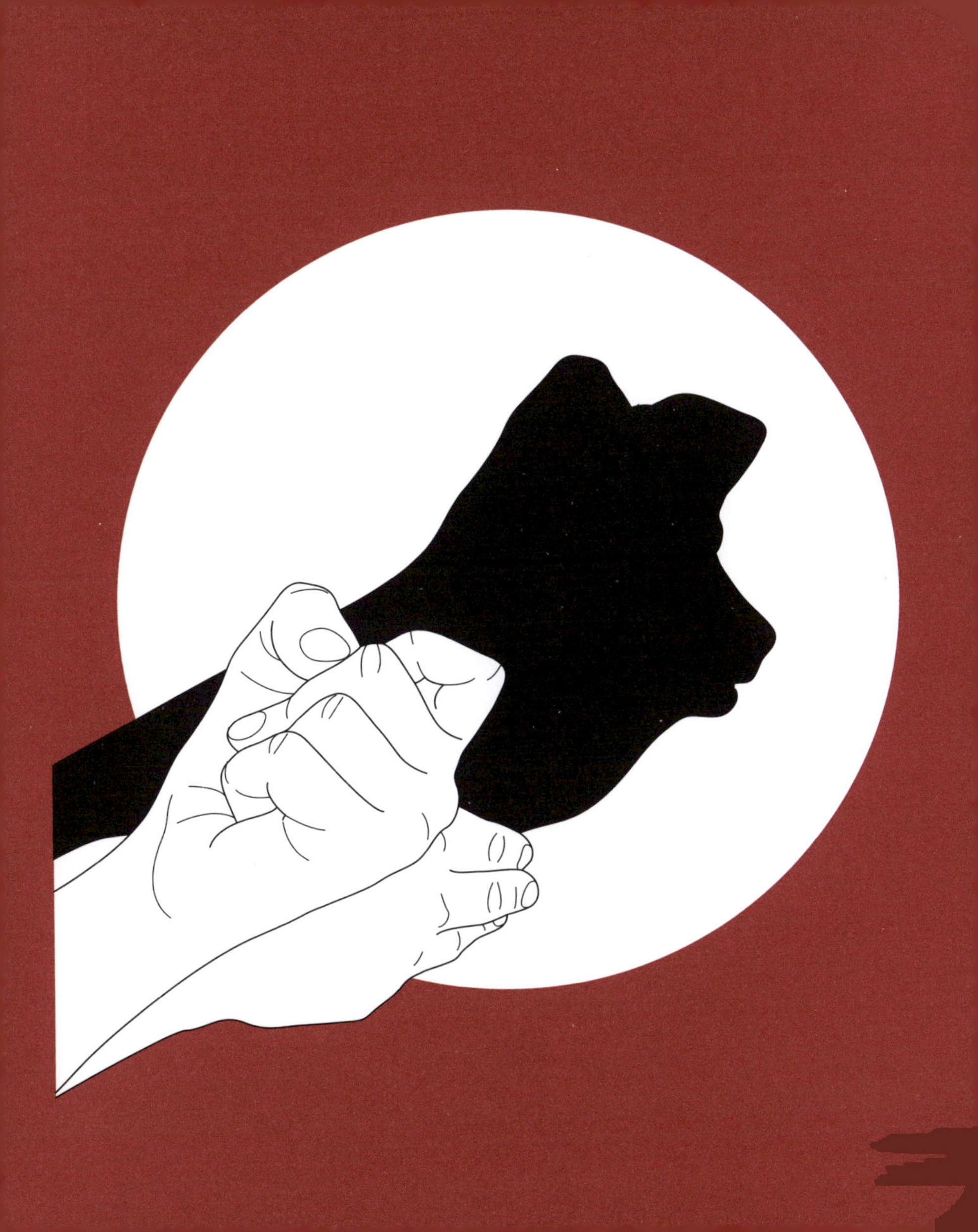

Strauß

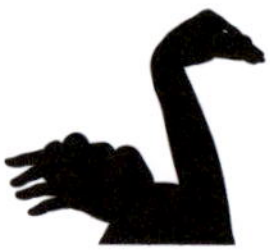

Der Schattenriss des Straußes ist dem des Schwans sehr ähnlich (*siehe Seite 56–57*) und wird fast genauso gebildet. Halten Sie jedoch den linken Unterarm senkrechter, damit der Hals gerade erscheint. Für die buschigen Schwanzfedern legen Sie ein leichtes Stück Stoff (alles was voluminös, aber nicht zu schwer ist) über den linken Oberarm und halten es gegebenenfalls mit der rechten Hand gebauscht zusammen.

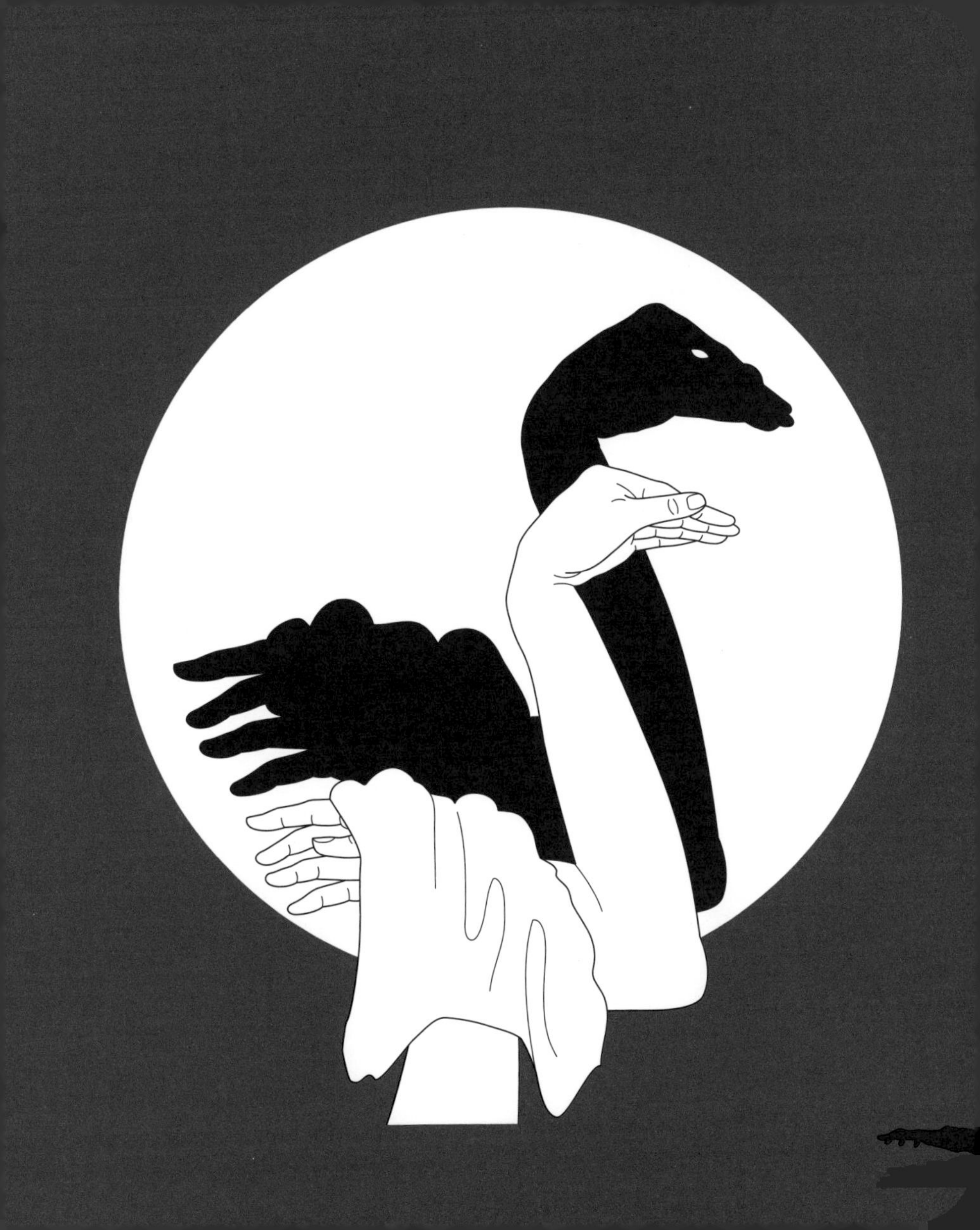

Einsiedlerkrebs

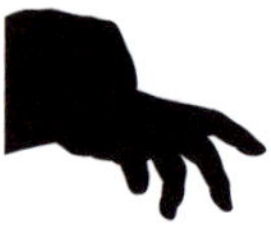

Der Einsiedlerkrebs hat einen krabbelnden Seitwärtsgang mit stoßartigen Vorwärtsbewegungen, gefolgt von einem kurzen Innehalten und einem erneuten Sturz nach vorn. Halten Sie die linke Hand über die rechte, um das Gehäuse des Tieres anzudeuten. Bewegen Sie es gemeinsam mit den »Beinen«, die von der rechten Hand gebildet werden, um den Gang des Krebses überzeugend nachzuahmen.

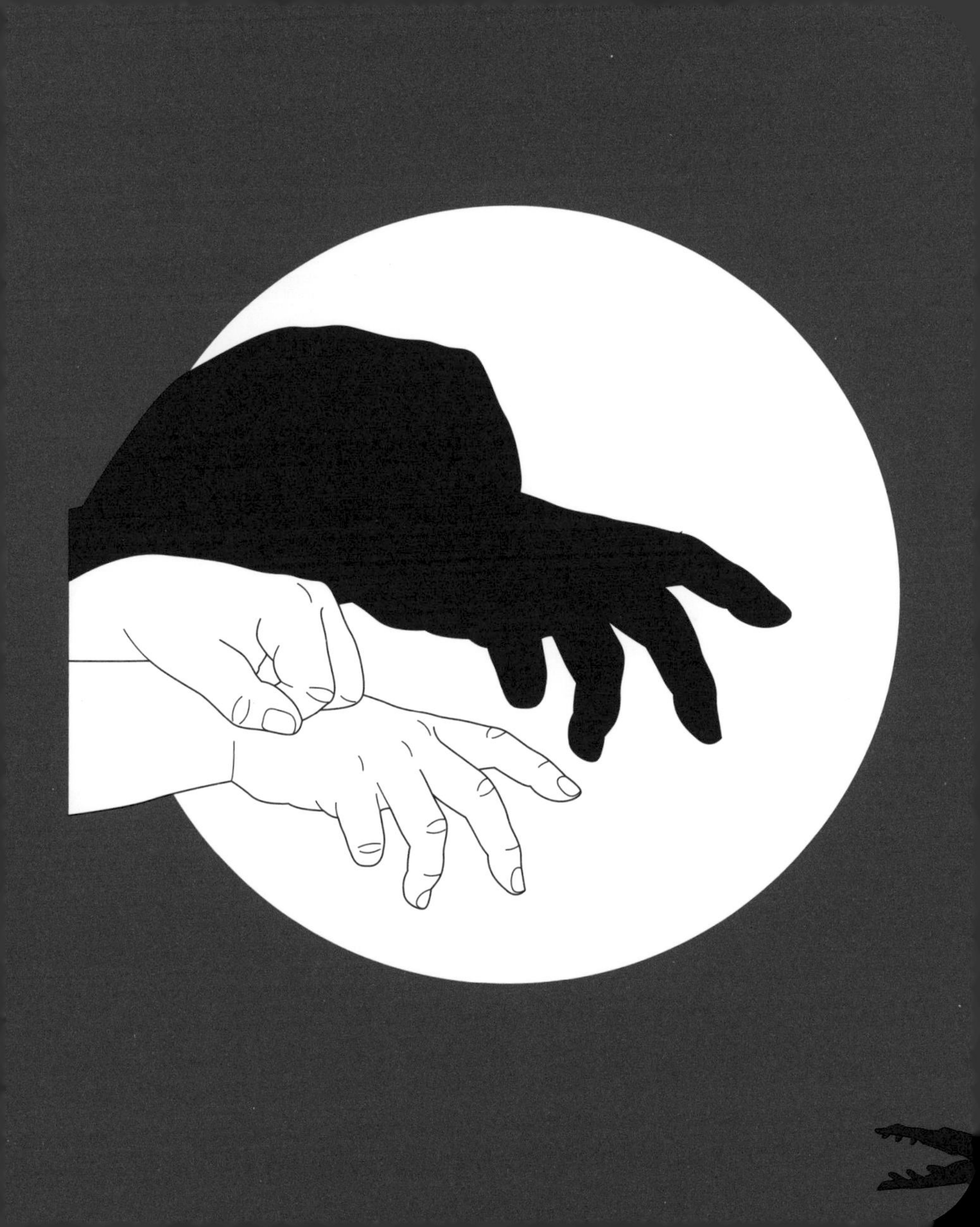

Schlafendes Huhn

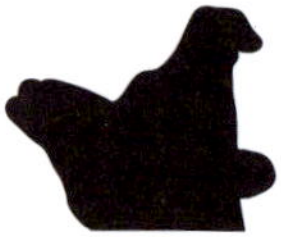

Das Schattenbild des Huhns, das auf seinem Nest sitzt, ist ganz einfach. Wollen Sie das Huhn bewegen, verstecken Sie den Daumen der linken Hand hinter dem Handballen der rechten (hier auf der Abbildung formt der Daumen den Nestrand). Dann führen Sie das Huhn in leicht ruckartigen Bewegungen vorwärts, so als würde es über den Bauernhof stolzieren.

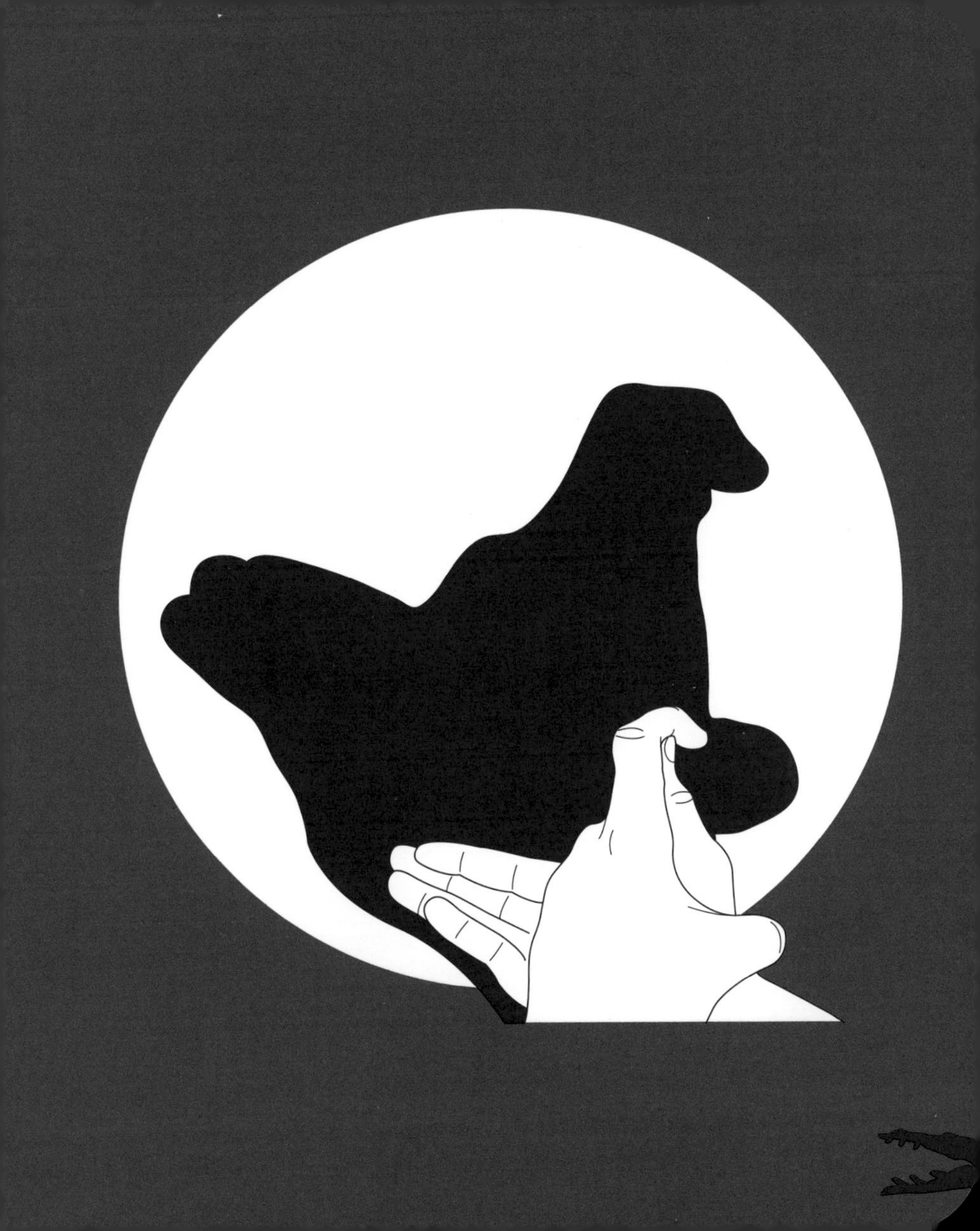

Giraffe

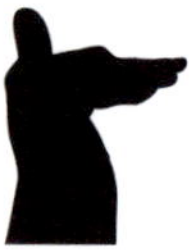

Halten Sie die Kontur der rechten Hand in einer möglichst glatten Linie, damit der Giraffenhals ebenmäßig und nicht buckelig wirkt. Heben Sie den Knöchel des linken Zeigefingers für das vorstehende Auge der Giraffe etwas an. Wenn Sie die Finger der linken Hand sacht schlängelnd bewegen, beugt sich der Kopf vorwärts – und die Nase zuckt ein wenig, während der Giraffenhals nach vorn schwenkt.

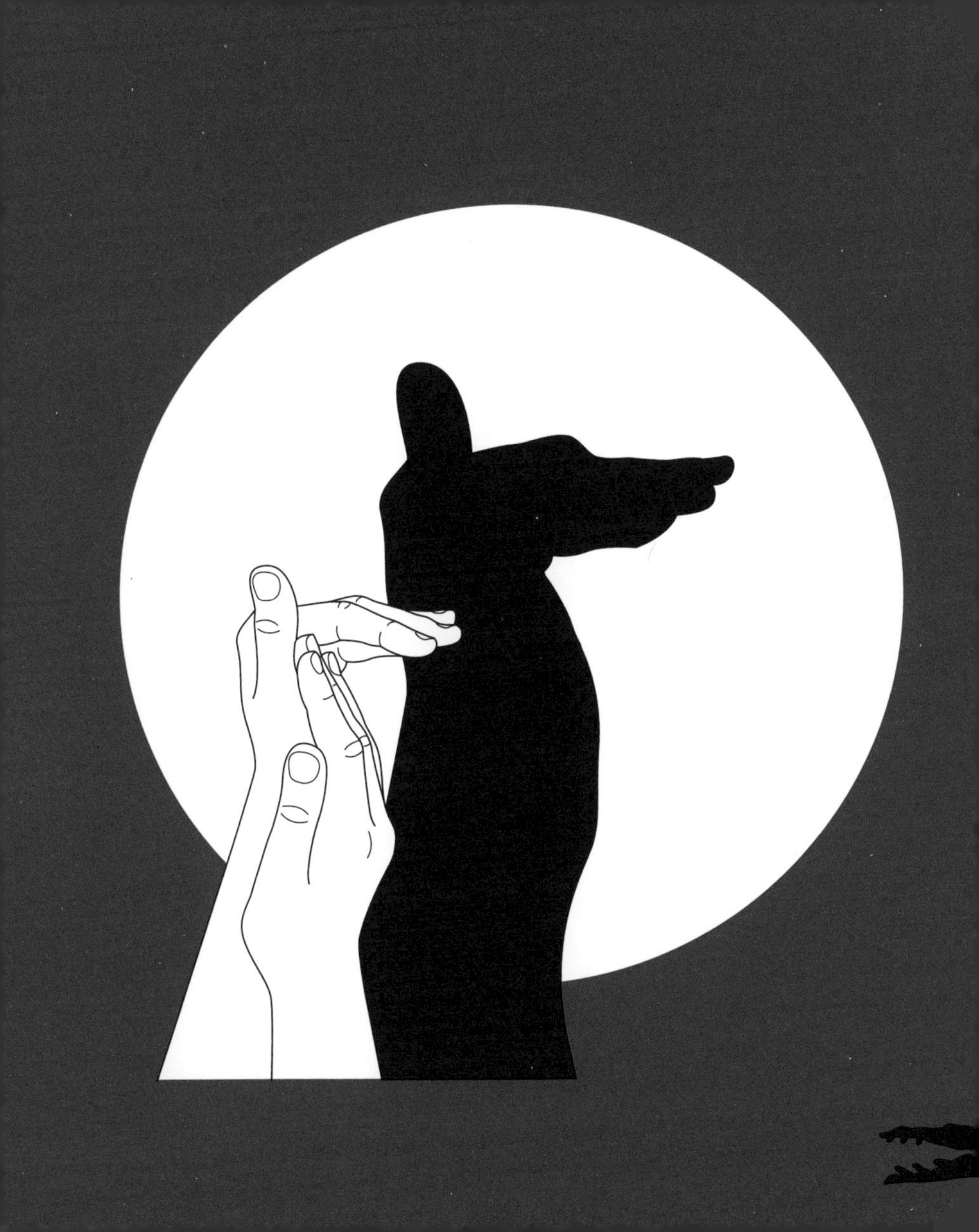

Schakal

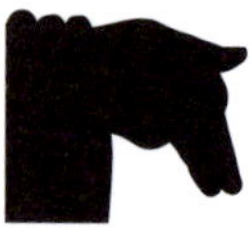

Der Schakal besitzt einen hundeähnlichen Kopf mit einer Fellmähne, die entlang des Rückens verläuft und wie ständig aufgestelltes Nackenhaar wirkt. Die Mähne stellen Sie mit den Knöcheln der rechten Hand dar, indem Sie die Finger der rechten um das Handgelenk der linken Hand legen.

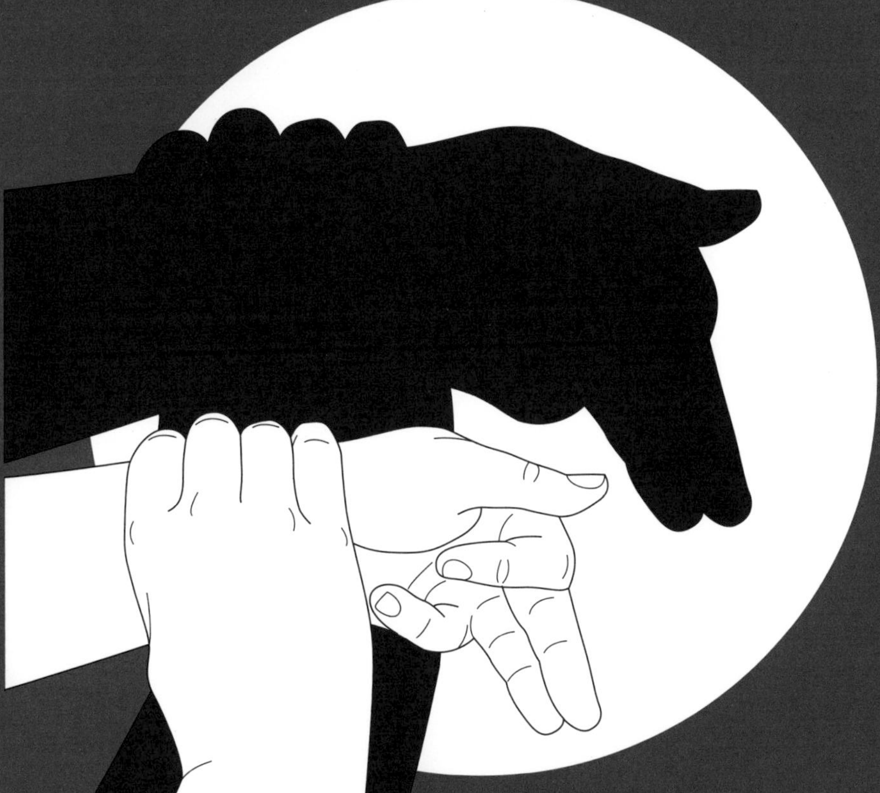

Stachelschwein

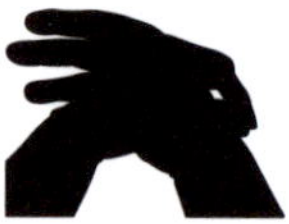

Diese Schattenfigur hat eine leicht formbare Kontur: Mit den etwas nach innen gebeugten Fingern der rechten Hand stellen Sie die typischen Stacheln dar. Sie können das Stachelschwein ein wenig drehen, indem Sie die Finger der linken Hand, welche Kopf und Schnauze bilden, bewegen. Doch achten Sie darauf, dass die Überlappung der Hände konstant bleibt, damit sich der Silhouettenkopf nicht plötzlich vom Körper trennt.

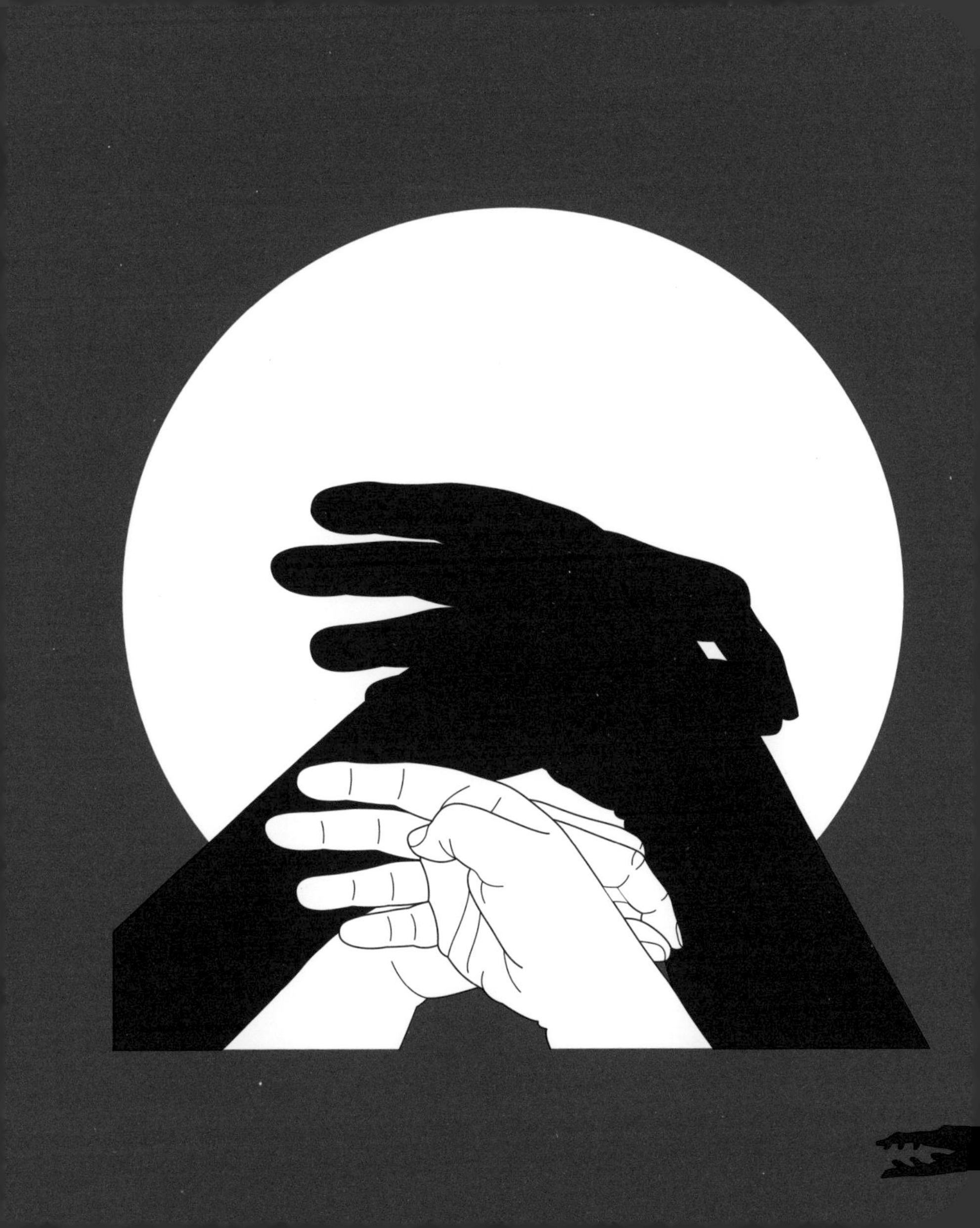

Pinguin

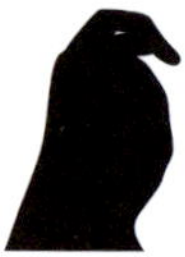

Wölben Sie den Handrücken der rechten Hand und das Handgelenk so, dass die lange, dunkle, gerundete Brust des Pinguins erscheint. Der Schnabel zeigt nach unten. Das Auge wird mit einer kleinen Lücke zwischen dem Mittel- und Zeigefinger der linken Hand gebildet. Um den schlurfenden Gang des Pinguins zu imitieren, kippen Sie beide Hände nach vorn und führen sie langsam und mühselig vorwärts.

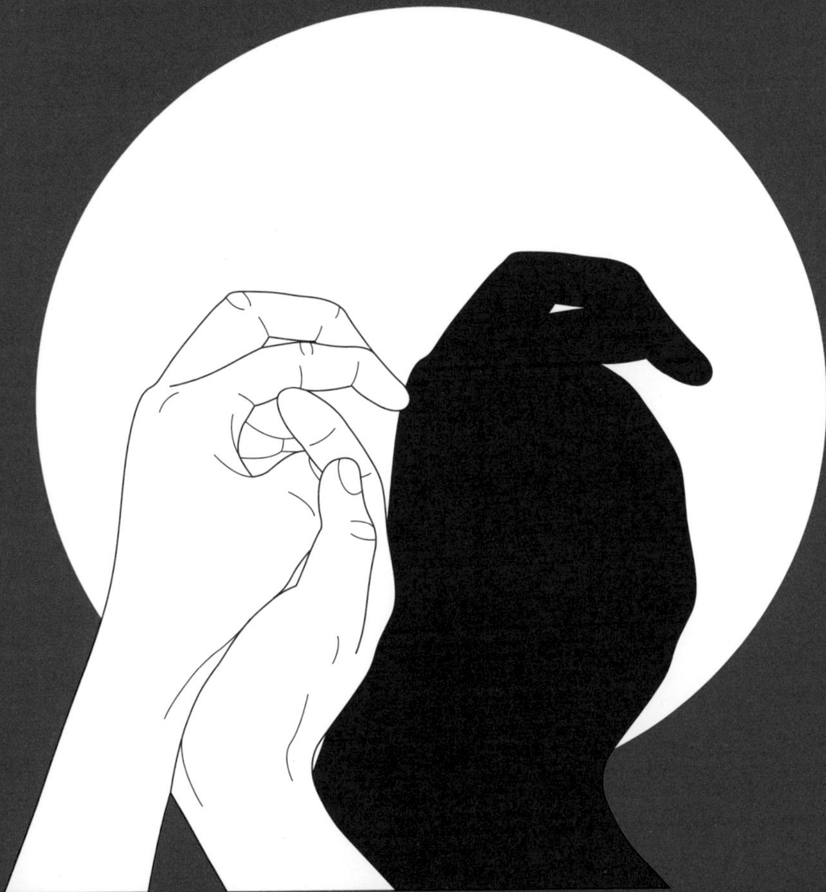

Stinktier

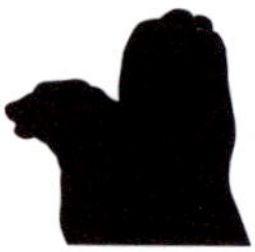

Alle Erwachsenen, die als Kinder Comics und Trickfilme liebten, können sich an den üppig dicken Schwanz des Stinktiers erinnern, der buschig über seinem Rücken emporragte. Auch das Schattenbild macht hier keine Ausnahme: Der Schwanz zeichnet sich über dem verhältnismäßig schlanken Rumpf deutlich ab. Die dicken Bäusche bilden Sie mit den zweiten Fingergelenken der linken Hand. Lassen Sie auch das Schatten-Stinktier plappern: Bewegen Sie hierfür rasch den kleinen und den Ringfinger der rechten Hand (sie stellen seine schmale Schnauze und das Maul dar), sodass diese sich überdecken und wieder trennen.

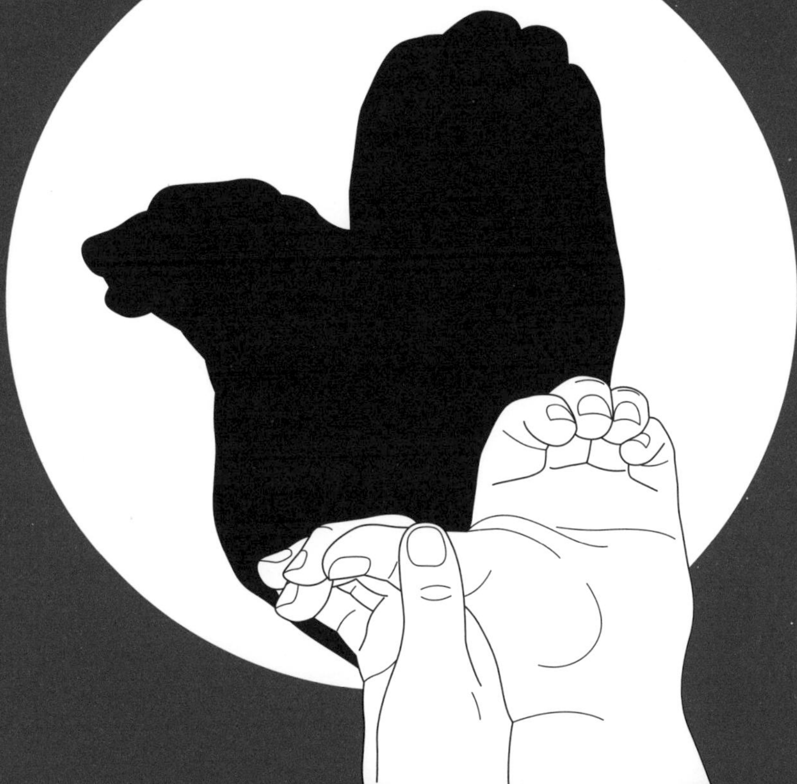

Papagei

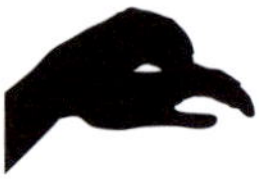

Der Papagei hat im Gegensatz zu anderen Vögeln einen höher aufgerichteten, kuppelartigen Kopf und einen tiefer herabgezogenen Schnabel. Diese Silhouette ist sehr einfach an die Wand zu werfen. Spielen Sie mit der Beweglichkeit Ihrer Finger und lassen Sie den Papagei einzelne Erdnüsse von einem Teller auf der »Bühne« aufpicken. Mit einer Nuss im Schnabel kann er seinen Kopf zurückwerfen und diese scheinbar schlucken. Tatsächlich lassen Sie die Nuss, verdeckt vom Unterarm, fallen.

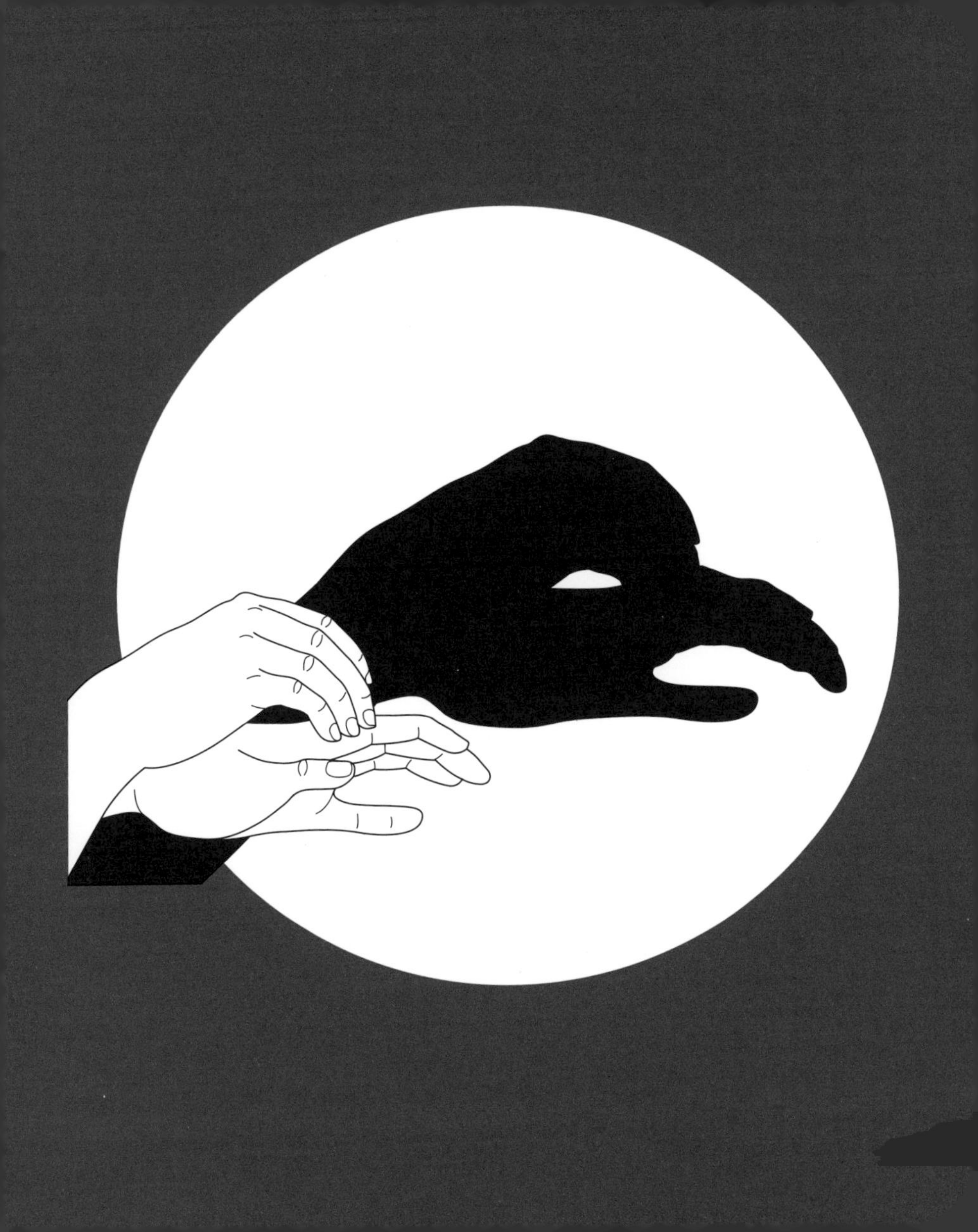

Rehkitz

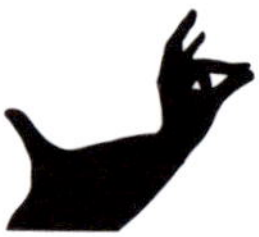

Das junge Reh besitzt ein großes, wie vor Schreck aufgerissenes Auge: ein Effekt, der durch die große Pupille erzeugt wird. Halten Sie den kleinen oder den Ringfinger gerade nach vorn und unterteilen Sie das Auge geschickt, um die korrekte Form zu erzielen. Bewegt sich das Rehkitz vorwärts, kann man den kleinen, aufrecht stehenden Schwanz heftig schütteln, so wie es Jungtiere machen.

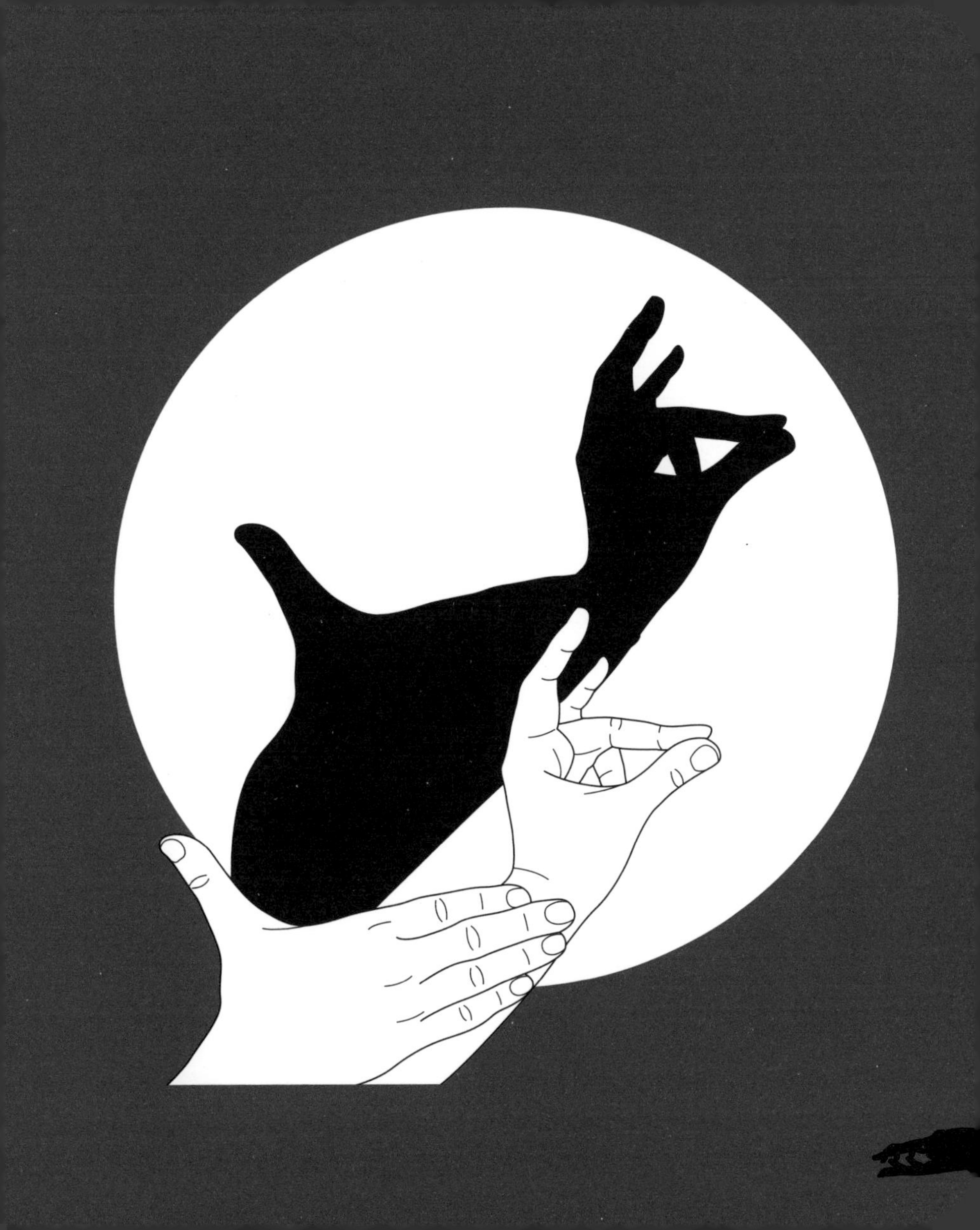

Ratte

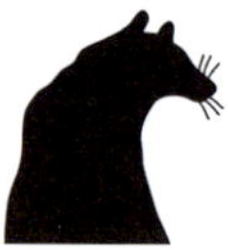

Obgleich die rechte Hand die linke unterstützt und den Nacken der Ratte verbreitert, ist dieses Schattenbild im Grunde ein einfacher Einhandschatten. Grashalme oder schmale Papierstreifen dienen als Barthaare und zucken lebensecht, wenn Sie Mittel- und Ringfinger leicht vor und zurück bewegen, so als würde die Ratte mit der Schnauze wackeln.

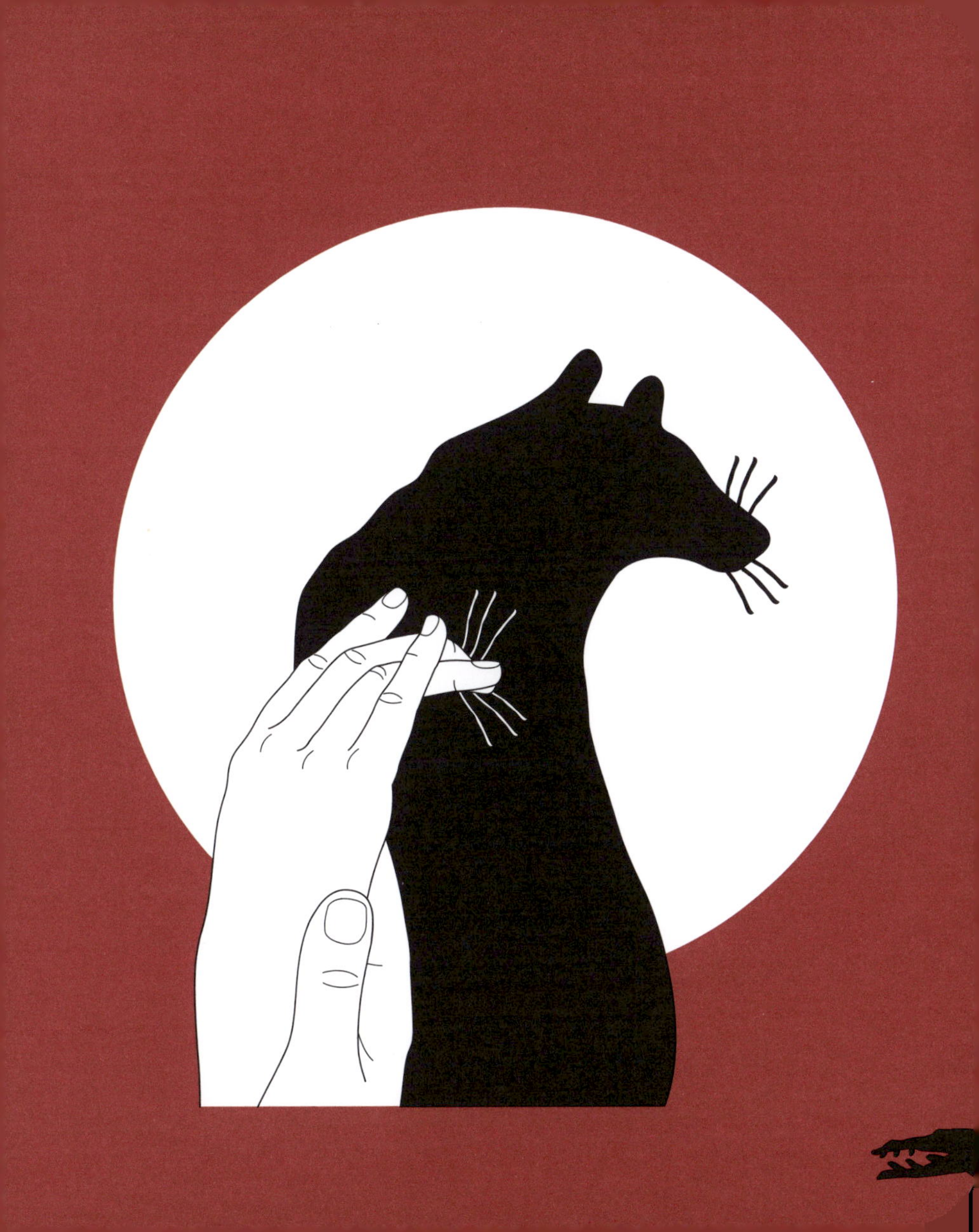

Rothirsch

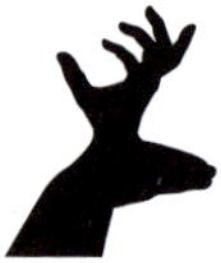

Der männliche Rothirsch zeichnet sich durch sein imposantes Geweih aus, das sich leicht mit den Fingern der rechten Hand bilden lässt. Mit zwei Hirschen lässt sich, wenn Sie einen Mitspieler haben, ein Hirschkampf imitieren. Die beiden Tiere bewegen sich hierfür mit gesenktem Kopf rasch aufeinander zu und lassen die Geweihe gegeneinander»prallen«.

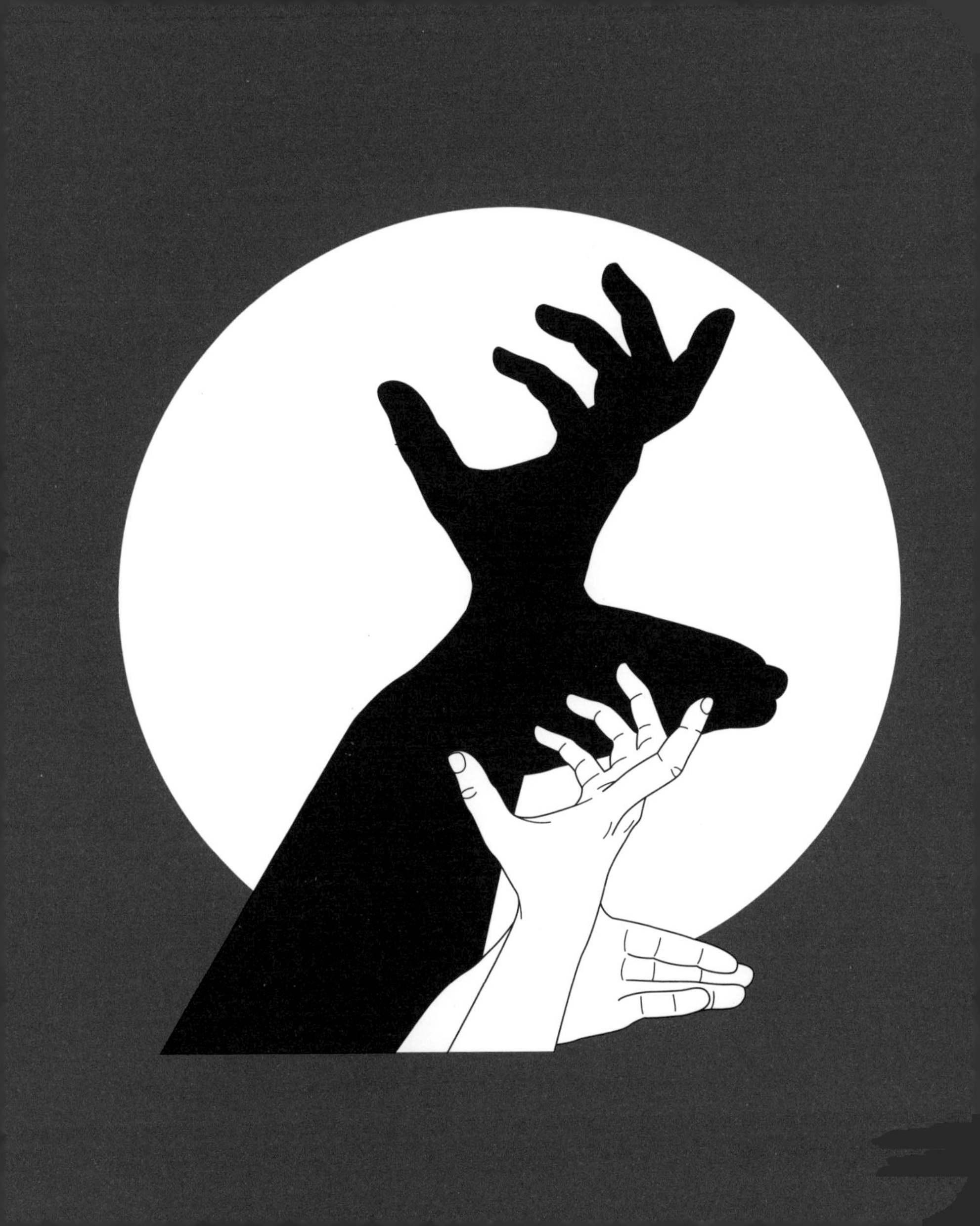

Rehbock

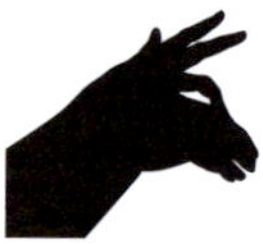

Die typischen Merkmale des Rehs sind das lange, ovale Auge und bei männlichen Tieren die beiden Geweihstangen, die nach vorn abgewinkelt vor den Ohren auf dem Kopf sitzen. Dieses Schattenbild lässt sich zwar rasch aufbauen, aber nur schwer perfekt ausführen. Üben Sie daher die Handhaltung, bis die Silhouette ausgewogen ist. Haben Sie einen lebensechten Rehbock geschaffen, können Sie ihn, ebenso wie die Hirsche, äsen und dazu an kleinen, zuvor gesammelten Grasbüscheln zupfen lassen.

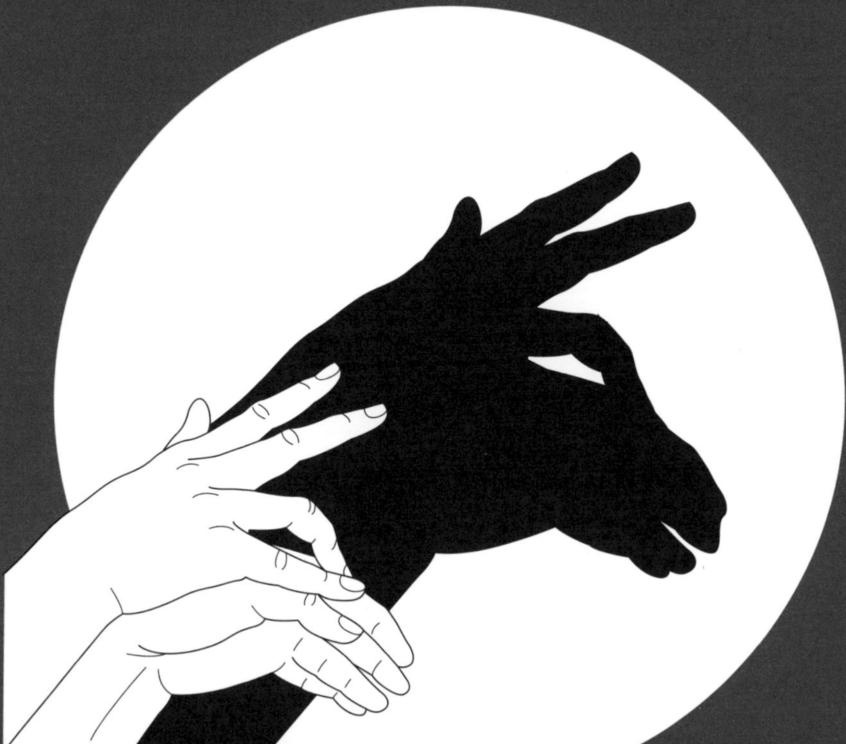

Truthahn

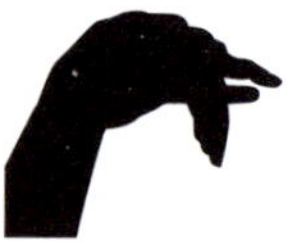

Das Schattenbild des Truthahns ist schwieriger an die Wand zu zaubern, als es zunächst aussieht. Stecken Sie die linke Hand unter die rechte, der Daumen befindet sich unter der Handinnenfläche. Ist im Schattenriss schließlich der Truthahn sichtbar, bewegen Sie die Finger der linken Hand so, als würde der Kehllappen des Truthahns beim Vorwärtsschreiten wackeln. Lassen Sie ein Kollern erklingen, damit der Vogel lebendig wirkt.

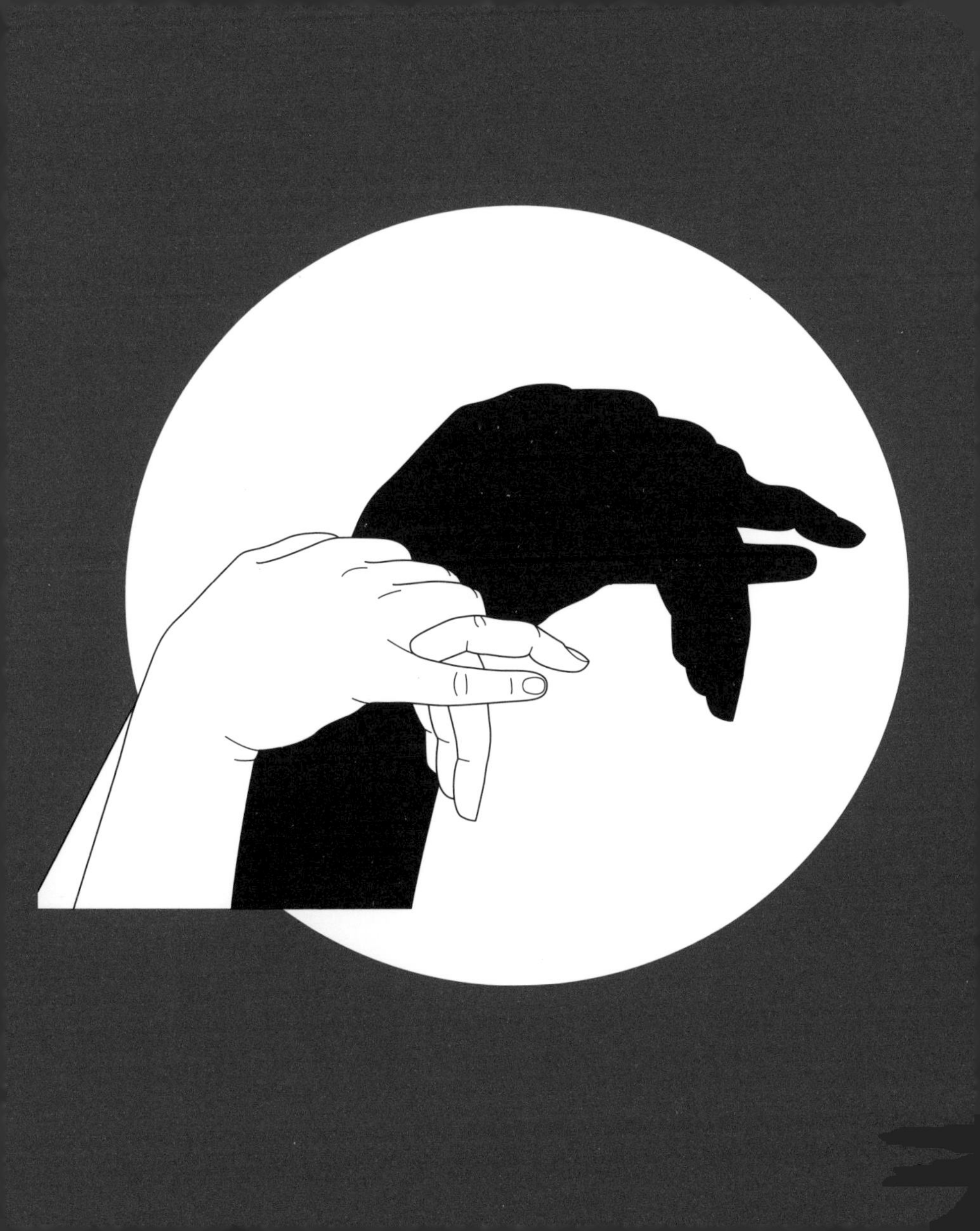

Bulle

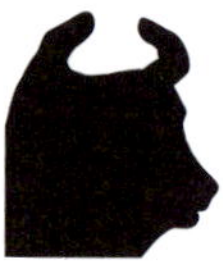

Die Haltung der Finger für diese Schattenfigur ist ähnlich wie bei der Kuh (*siehe Seite 94–95*), doch der Bulle hat ein stumpferes Profil und stärker geschwungene Hörner. Soll er einen Nasenring tragen, biegen Sie eine Büroklammer sorgfältig zu einem Ring und befestigen ihn leicht angewinkelt – damit er als Kreis und nicht als Linie erscheint – zwischen dem Mittel- und Ringfinger der rechten Hand.

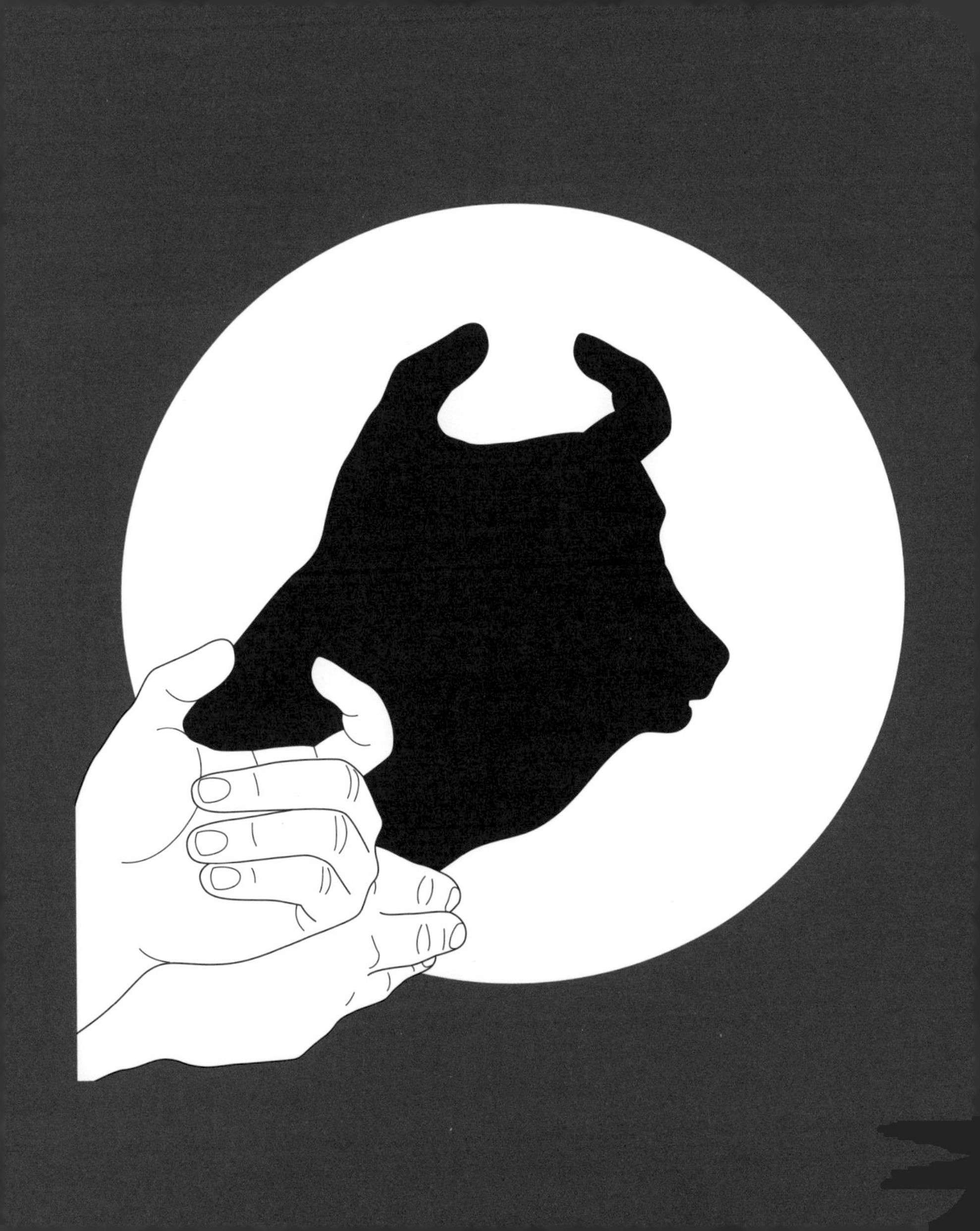

Kuh

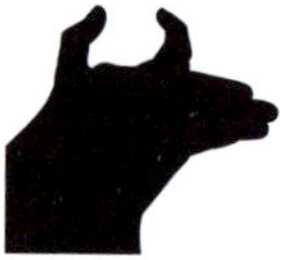

Die Kuh ist eine einfache Schattenfigur. Dennoch könnte es Ihnen zunächst schwerfallen, den linken Daumen so rundlich zu krümmen, dass er das zweite Horn bildet. Zur Übung beugen Sie vorher beide Daumen und lassen sie weit kreisen.

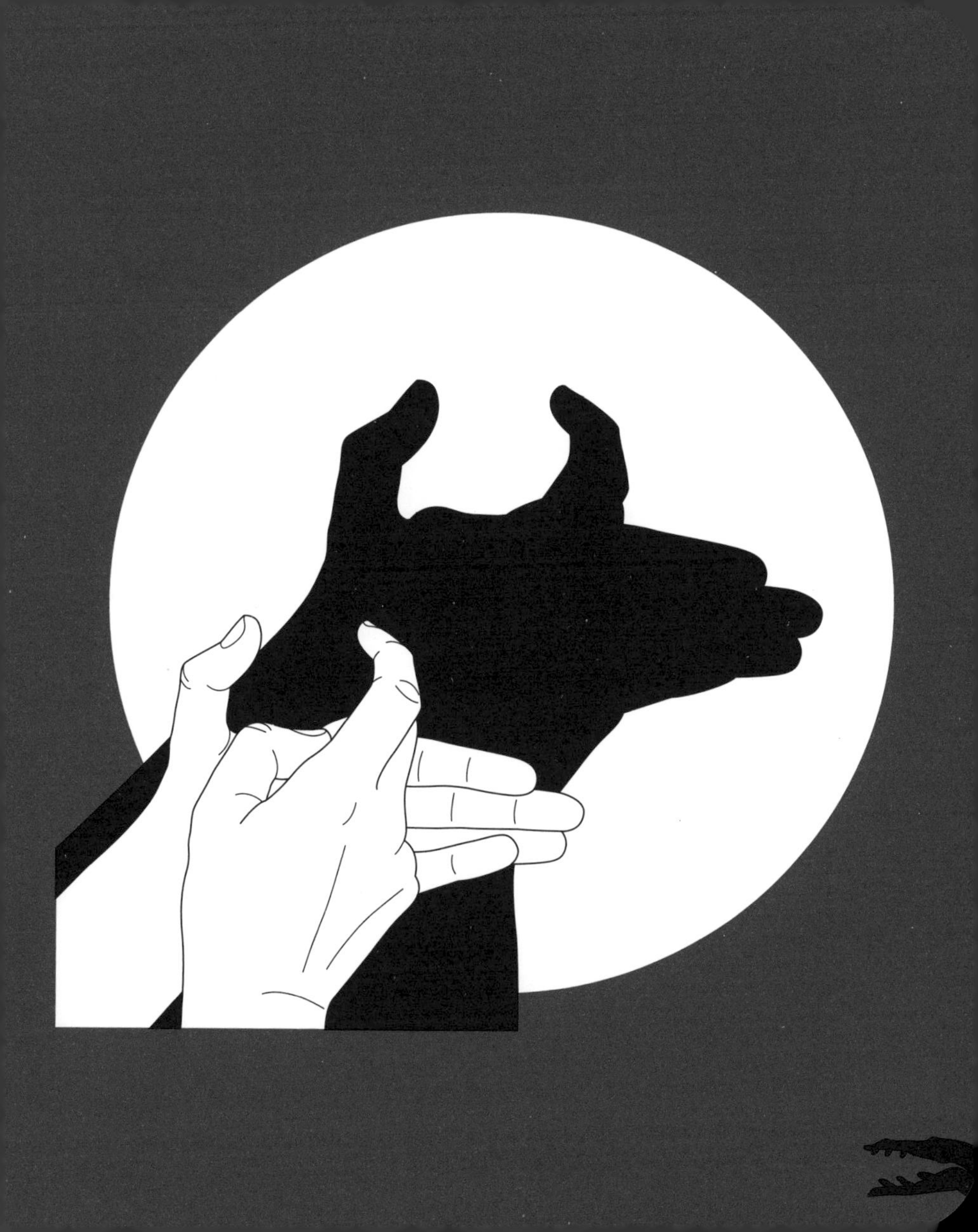

Wasserbüffel

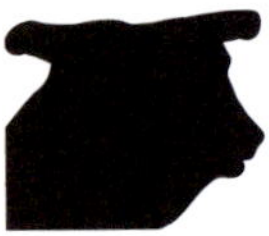

Das Schattenbild des Wasserbüffels wird ähnlich wie das des Bullen aufgebaut (*siehe Seite 92–93*). Aber die breiteren gebogenen Hörner, gebildet aus dem gebeugten Daumen und Zeigefinger der linken Hand, werden beide weiter nach unten gekippt. Lange Finger sind hier von Vorteil, da sich mit ihnen Größe und Weite der Hörner imposanter darstellen lassen. Ebenso wie beim Schattenbild des Bullen kann auch der Wasserbüffel einen Nasenring tragen – eine gebogene Büroklammer oder einen Vorhangring. Klemmen Sie ihn leicht schräg zwischen Mittel- und Ringfinger der rechten Hand.

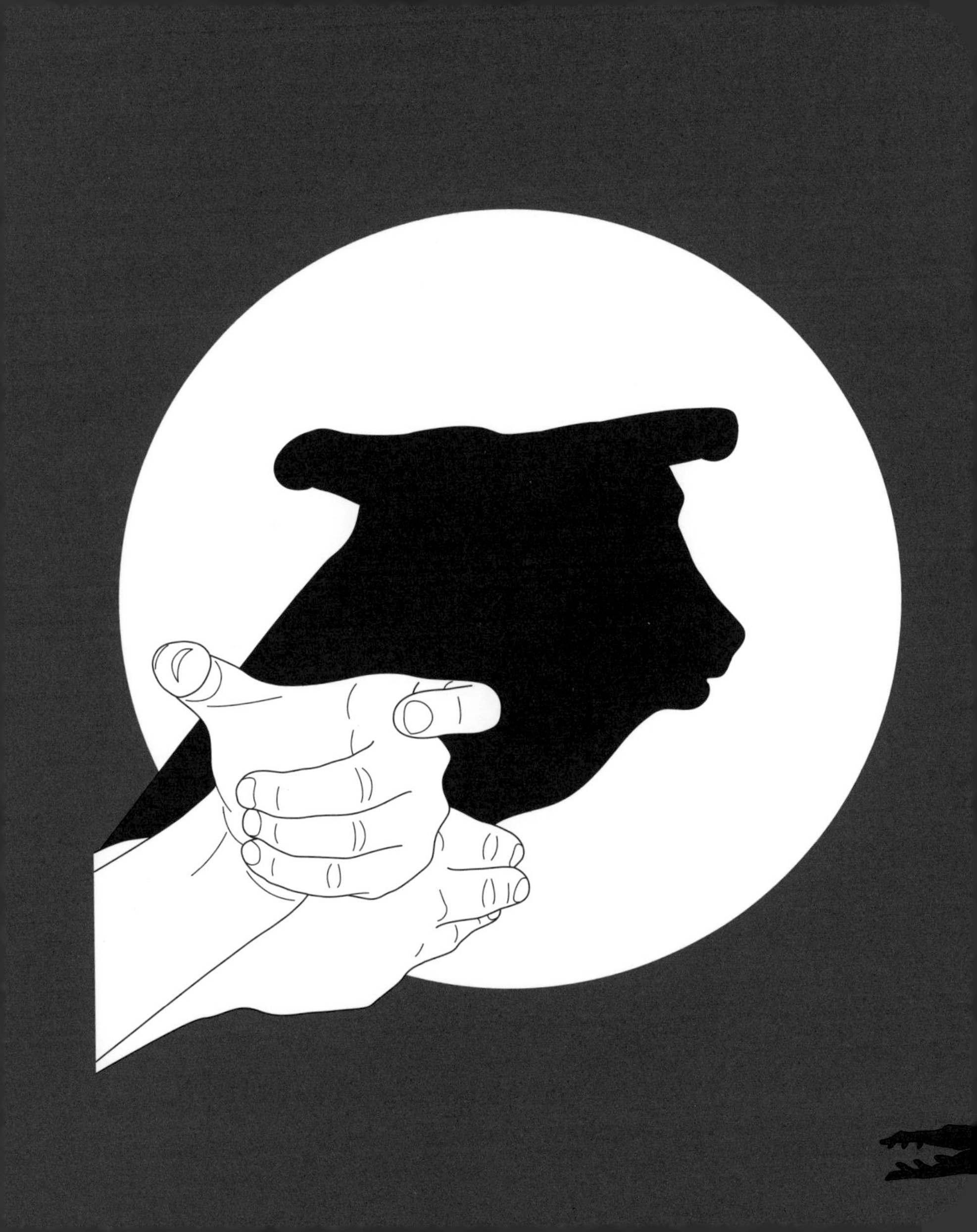

Wasserschildkröte

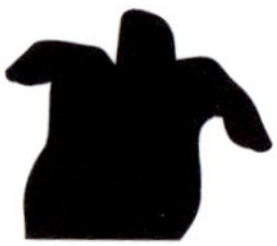

Kräftige, flossenähnliche Vorderbeine und ein abgeflachter Kopf kennzeichnen die Schildkröte. Mit Ihrem linken Zeigefinger formen Sie den Kopf, die gebeugten Finger beider Hände bilden die Flossen. Schieben Sie die Ballen beider Hände in einem Bogen nach außen, um so den Panzer darzustellen. Sie können diese Schattenfigur auch »schwimmen« lassen. Bewegen Sie hierfür die Flossen mit langsamen Bewegungen auf und ab, so als würde die Schildkröte selbstbewusst durchs Wasser ziehen.

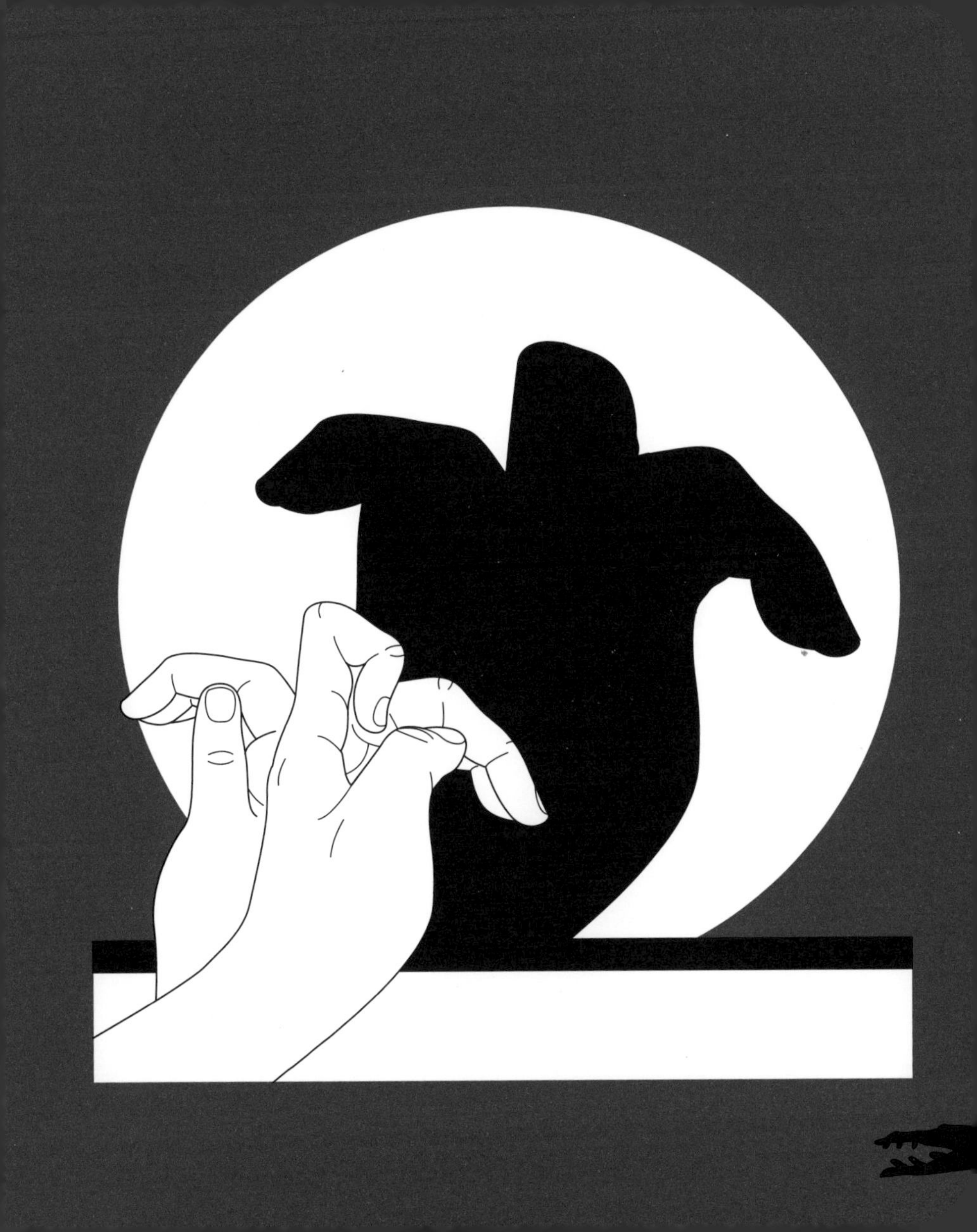

Spinne

Das Schattenbild der Spinne ist sehr einfach aufgebaut, weitaus schwerer ist es jedoch, diese Figur überzeugend zu bewegen. Legen Sie die Hände wie gezeigt übereinander und beugen Sie die Finger. Bewegen Sie alle Finger gleichzeitig und neigen Sie die Hände so, dass die Spinne mehr vorwärts- als seitwärts krabbelt. Seitlich zu gehen ist eher ein Merkmal der Krabbe (*siehe Seite 50–51*).

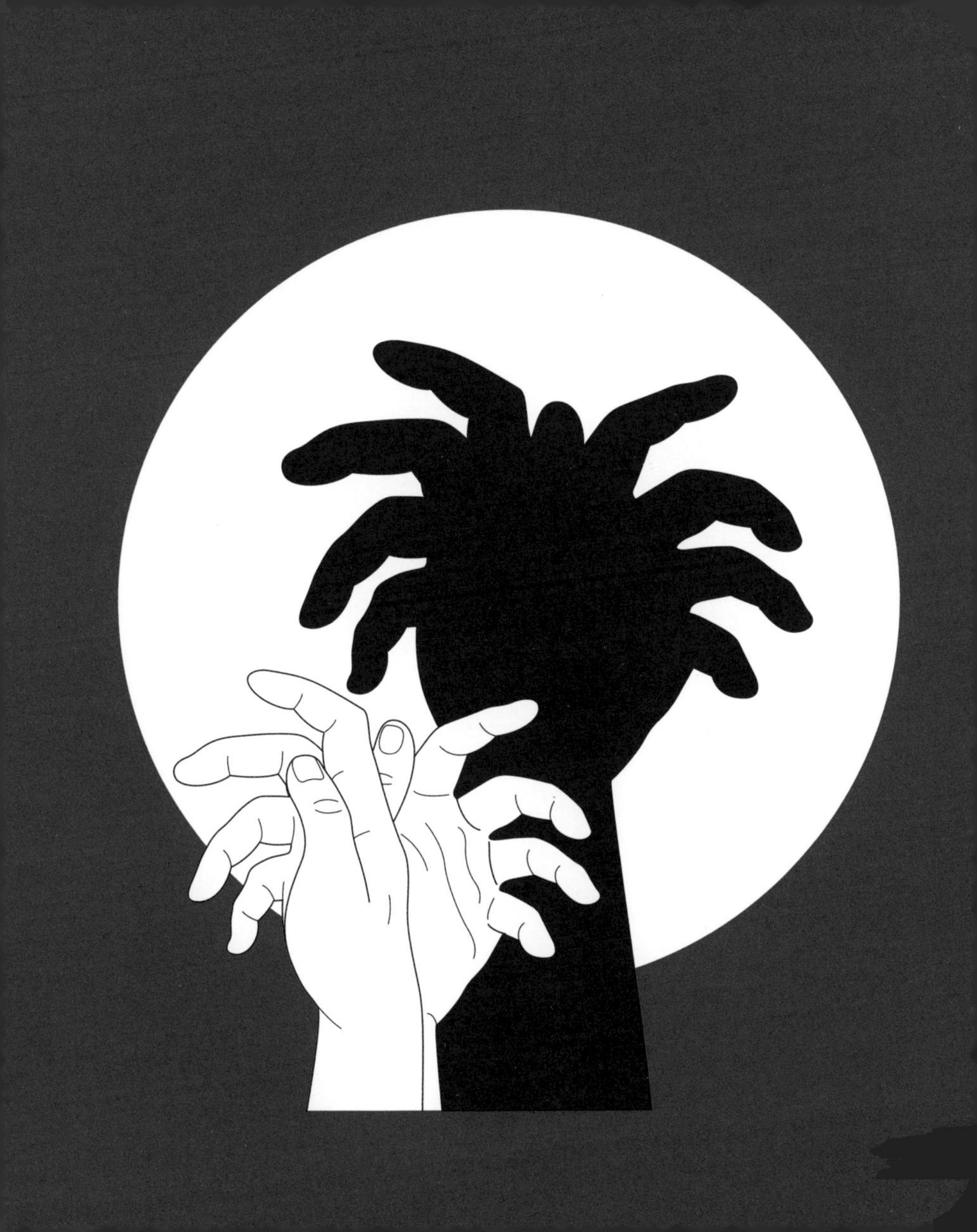

Albatros

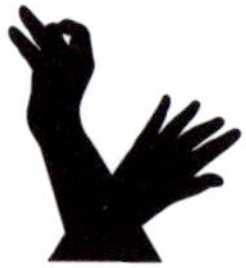

Der beeindruckende Kopf des Albatros wird vom Schatten seines kräftigen Flügels optisch ausbalanciert. Für den Flügel halten Sie, ebenso wie beim Raben (*siehe Seite 108–109*), die linke Hand mit der Innenfläche zur Wand. Positionieren Sie die Hände im richtigen Winkel zueinander, sodass der Flügel wirklich als Teil des Vogels erscheint. Setzen Sie den Albatros auf einen »Ast« (die Couchlehne). Wackeln Sie mit seinem Kopf und schlagen Sie kräftig mit dem Flügel: so wie es Seevögel tun, die gerade aus dem Wasser aufgetaucht sind.

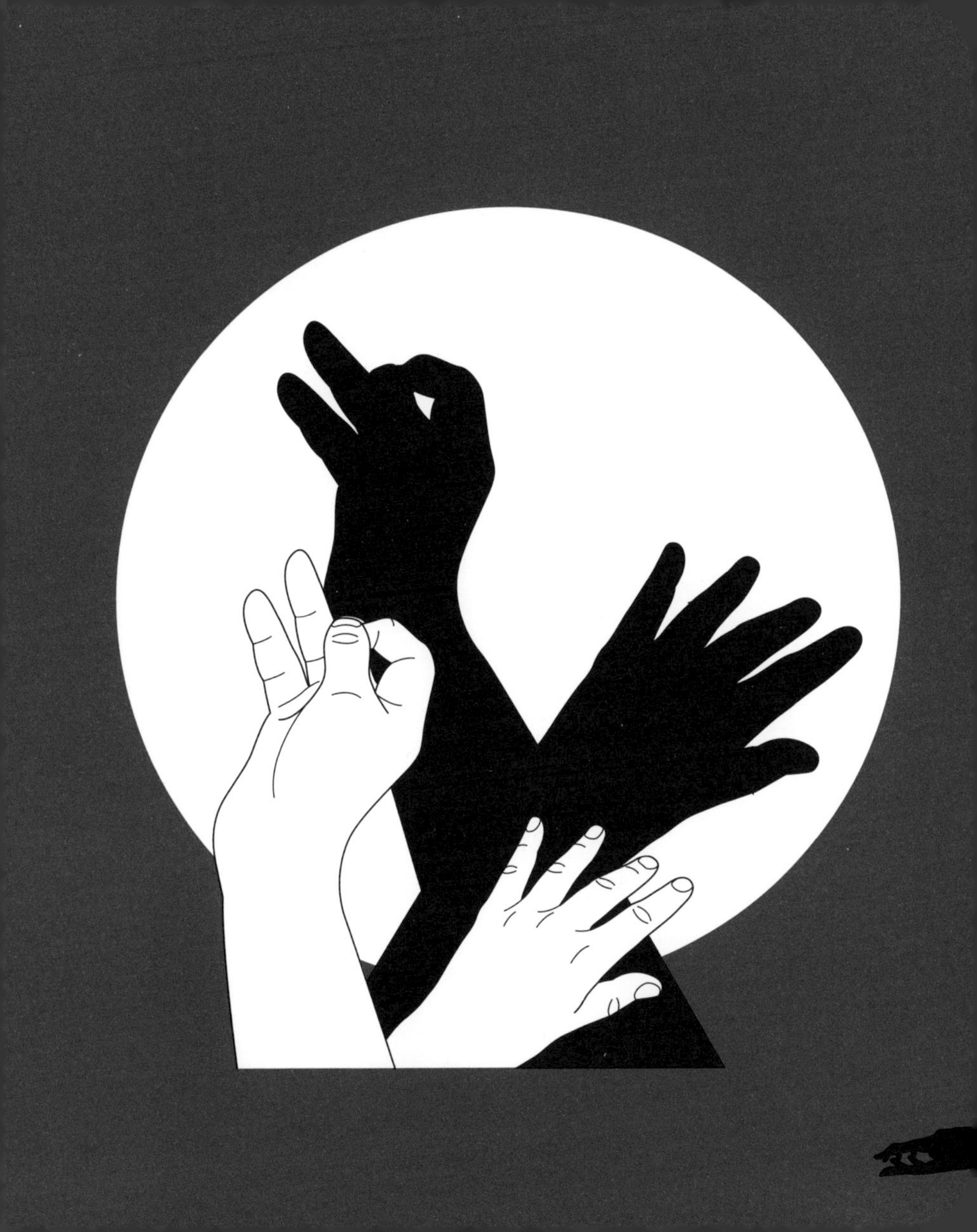

Fuchs

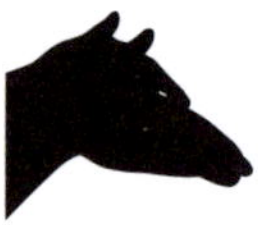

Die Silhouette eines Fuchses lässt sich leicht nachahmen. Die Finger der linken Hand liegen so übereinander, dass das Gesicht des Fuchses möglichst spitz zuläuft; es soll schließlich nicht dem Pferd gleichen. Drehen Sie die Daumen seitlich zur Wand, damit auch die Fuchsohren wirklich schmal aussehen.

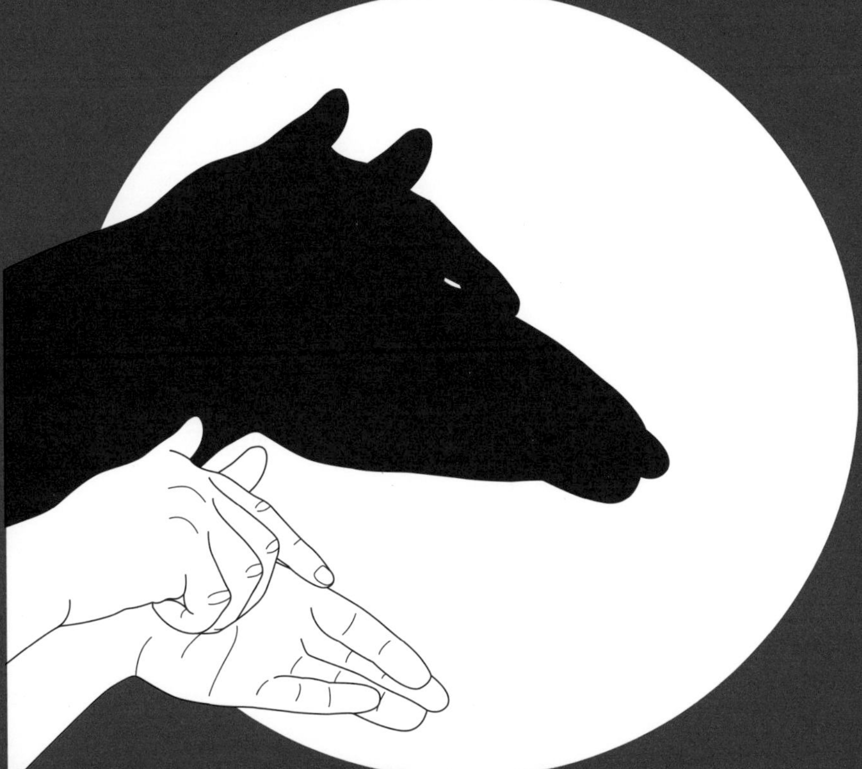

Schmetterling

Der Schmetterling ist ein flatternder Schatten, der mit großen, ausladenden Bewegungen über die Bühne fliegen kann. Öffnen und schließen Sie hierfür die Hände. Um die kleinen Papierstreifen für die Fühler auch im Flug an der richtigen Stelle zu halten, müssen Sie vermutlich etwas üben. Noch authentischer wirkt die Silhouette, wenn Sie beide Hände so »auffächern«, dass jeweils zwei Finger, paarweise zusammengelegt, die Vorder- und Hinterflügel bilden.

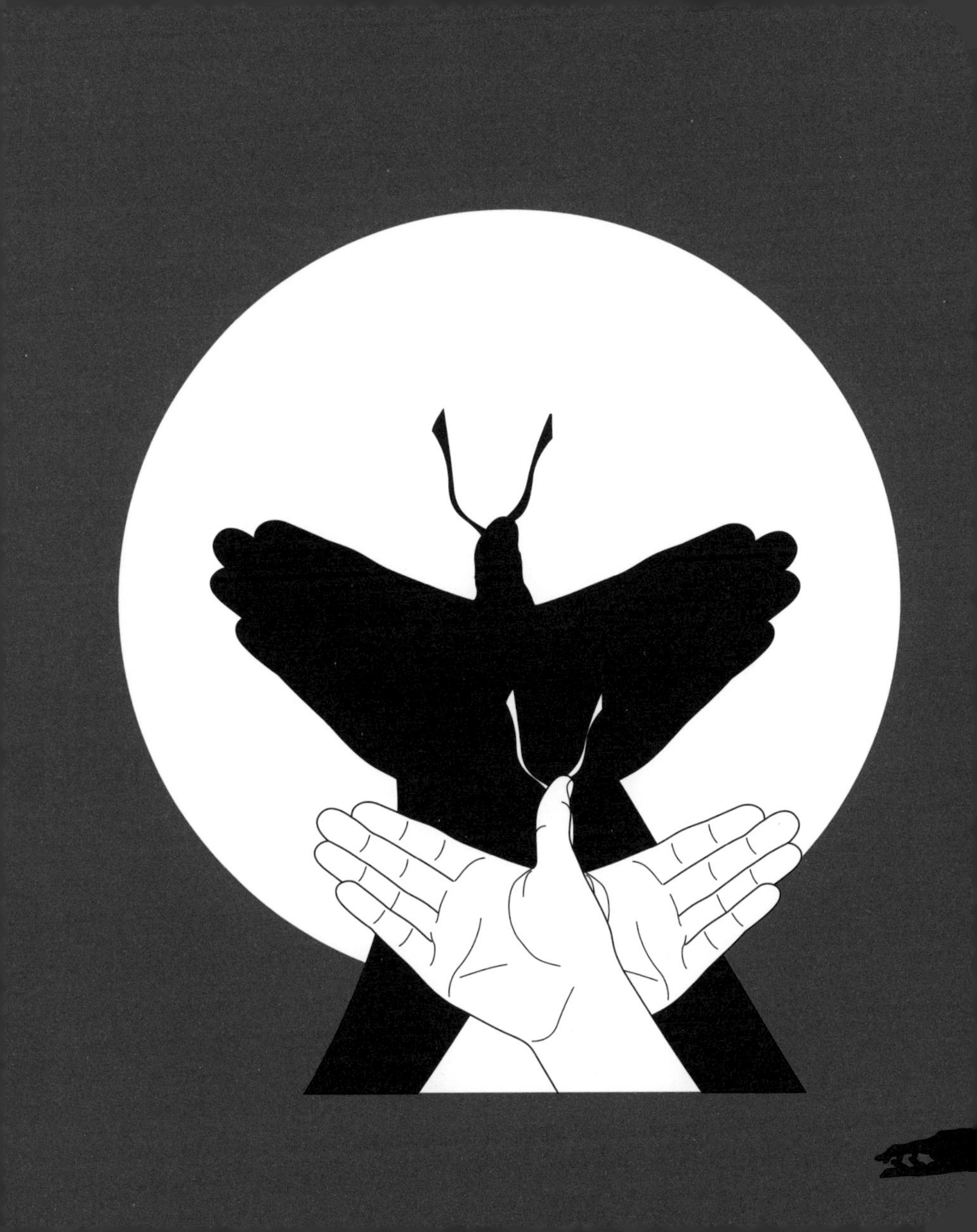

Rabe

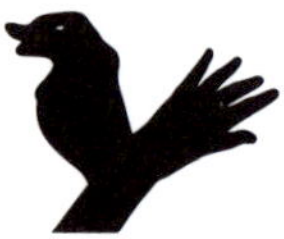

Die Silhouette des Raben ist gekrümmter und gedrungener als die der Taube (*siehe Seite 42–43*); außerdem kauert der Rabe auf einem Ast, die Taube jedoch fliegt. Kopf und Oberkörper werden mit der rechten Hand geformt, während die geöffnete linke Hand einen gestreckten Rabenflügel nachahmt.

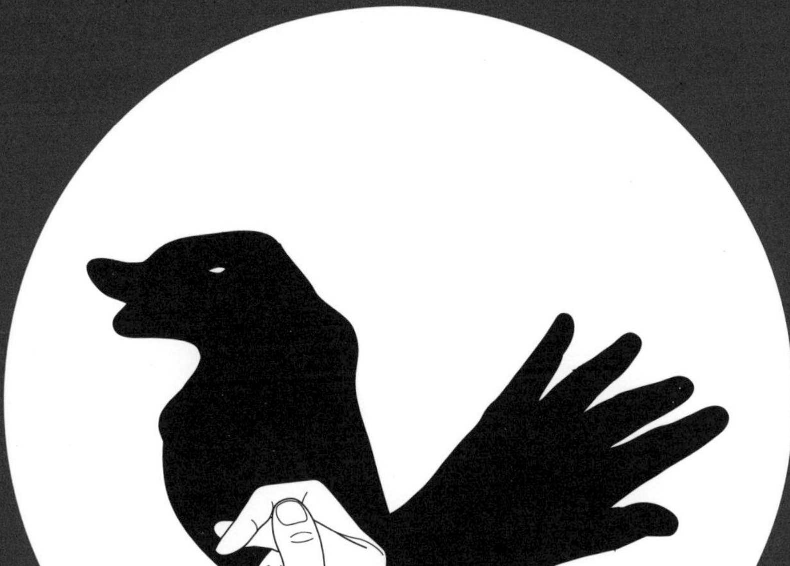

Kröte

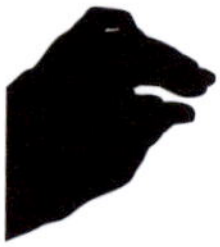

Die Schattenrisse der Kröte und des Froschs (*siehe Seite 118–119*) werden, wie nicht anders zu erwarten, ähnlich gebildet. Die Kröte hat jedoch eine stärker hervortretende Augenwölbung und einen tiefer gezogenen Hals (für ein dunkleres, bassiges Quaken). Wölben Sie den Handrücken der rechten Hand bis zum Handgelenk, um die angeschwollene Kehle zu formen, und ziehen Sie sie nach dem Quaken wieder leicht mit einem begleitenden Krächzen ein, so als würde die Kröte ausatmen.

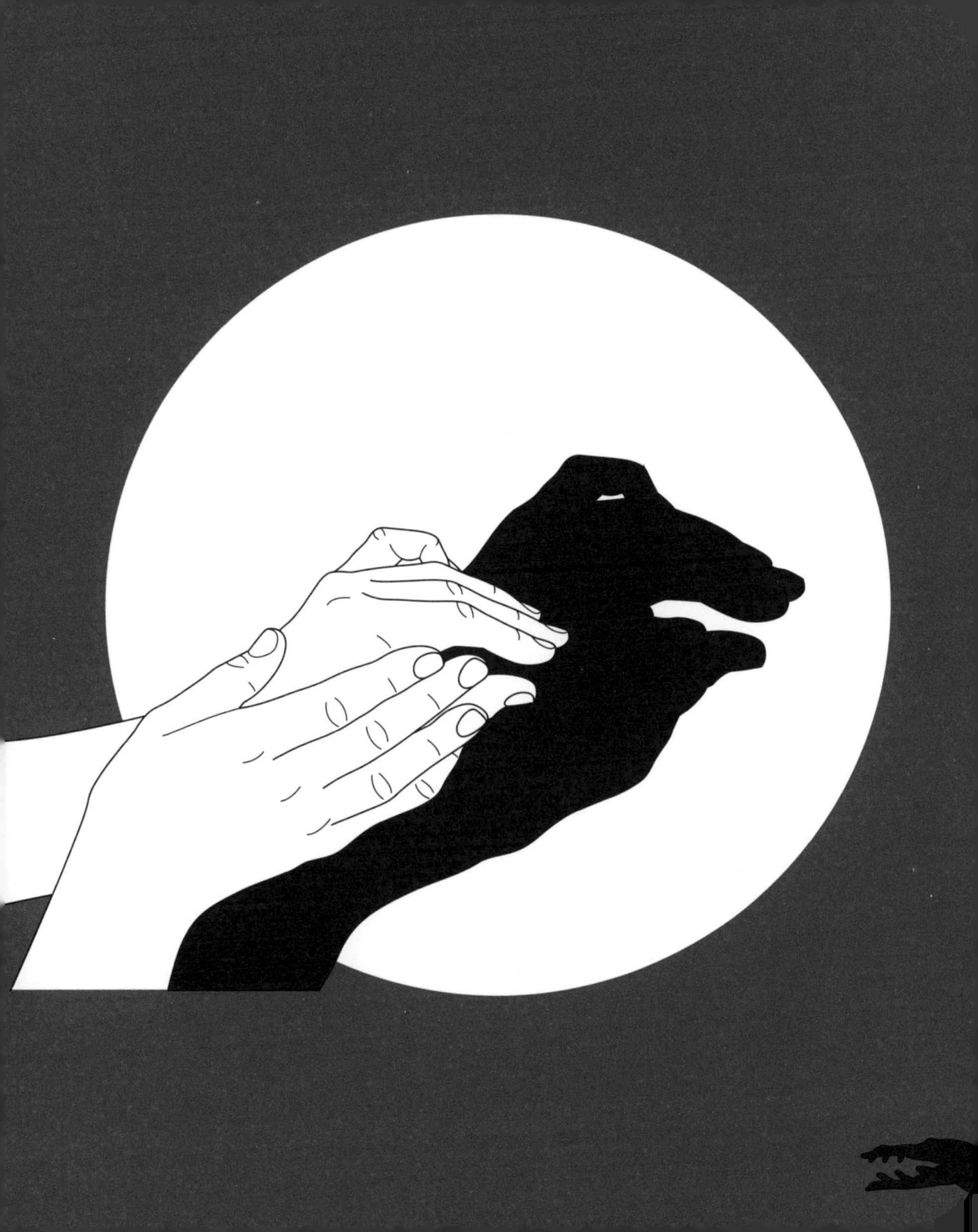

Taubenkopf

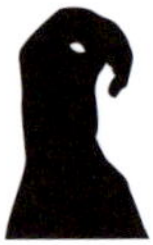

Für einen lückenlosen Schattenriss der Taubenbrust müssen sich die Oberarme vollständig überlappen. Um das typische Picken der Taube zu imitieren, öffnen Sie die Finger der linken Hand ein klein wenig, während Sie beide Arme ruckartig nach vorn stoßen. Achten Sie darauf, den Abstand zwischen linkem Daumen und linker Handfläche nicht zu verändern, damit das Auge auch in der Bewegung an seinem Platz bleibt.

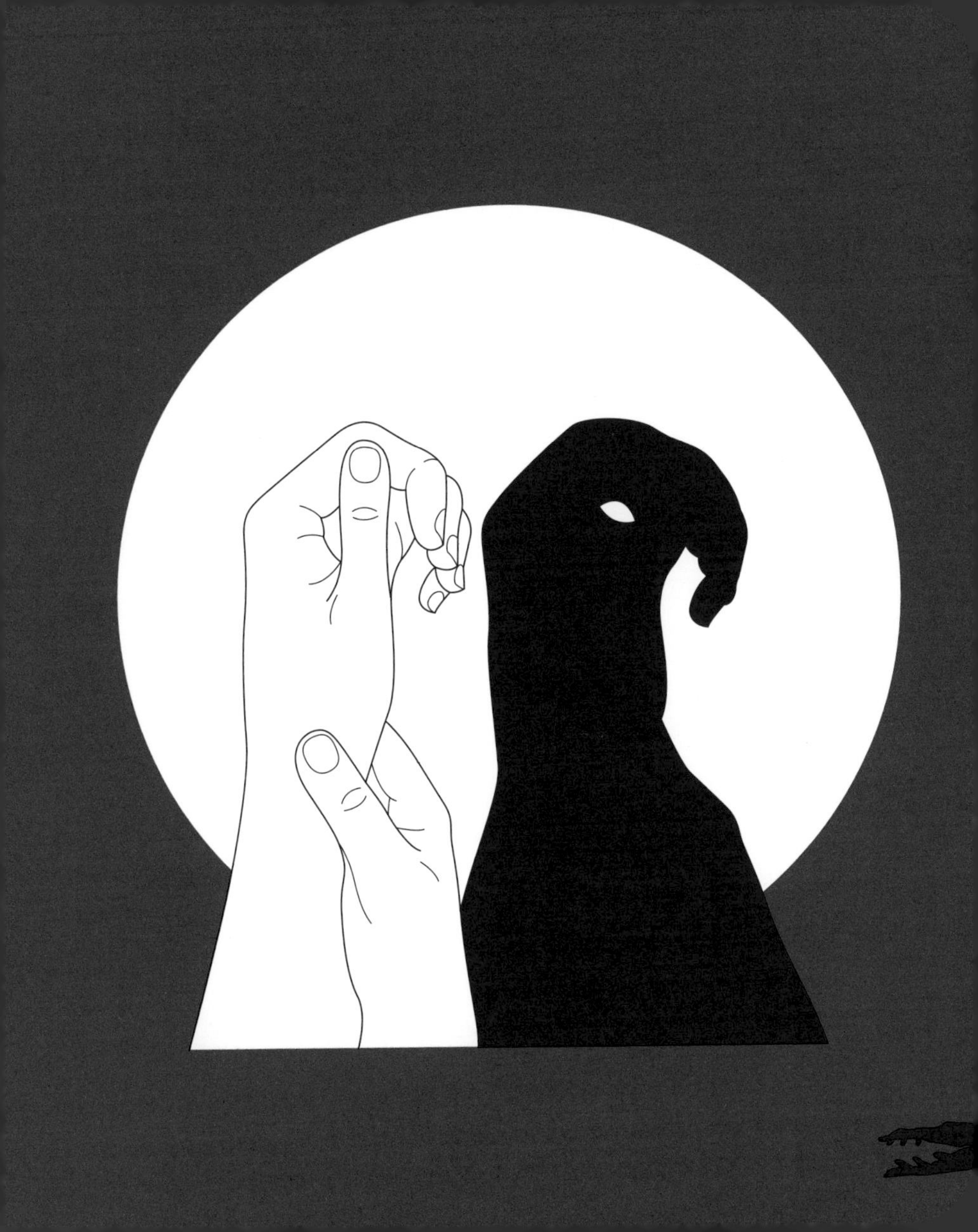

Nilpferd

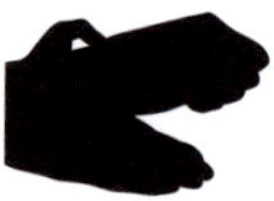

Um den leicht gedrungenen Unterkiefer des Nilpferds zu bilden, strecken Sie die Handfläche und Finger wie gezeigt. Haben Sie lange, schlanke Hände, müssen Sie die Finger der linken Hand eher nach innen beugen, damit ein überzeugender Schattenriss entsteht. Obgleich es sich hier um ein vergleichsweise einfaches Schattenbild handelt, muss die linke Hand doch sehr beweglich sein, was einiger Übung bedarf. Öffnen und schließen Sie das Maul des Nilpferds und brüllen Sie laut, um einen furchteinflößenden Eindruck zu erwecken.

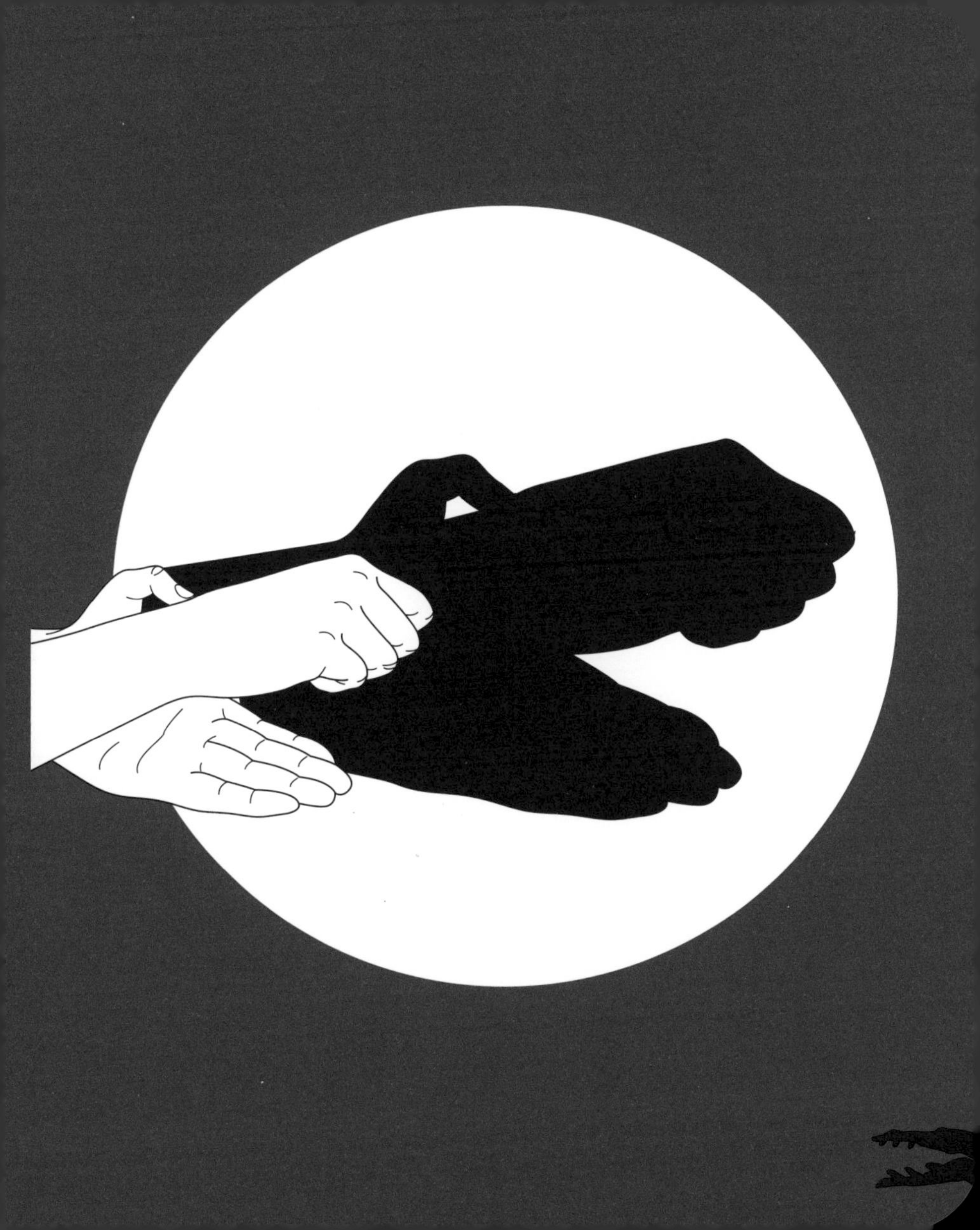

Elch

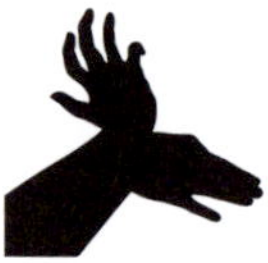

Der Schattenriss des Elches ist dem des Rothirsches (*siehe Seite 86–87*) sehr ähnlich. Die obere Hand wird jedoch mehr abgewinkelt, um mit der Handfläche der linken Hand die breitere Schaufel des Elchgeweihs darzustellen. Das Maul des Elches mit der knorpeligen, überhängenden Oberlippe formen Sie, indem Sie die Finger der rechten Hand deutlich über seinen Unterkiefer ragen lassen.

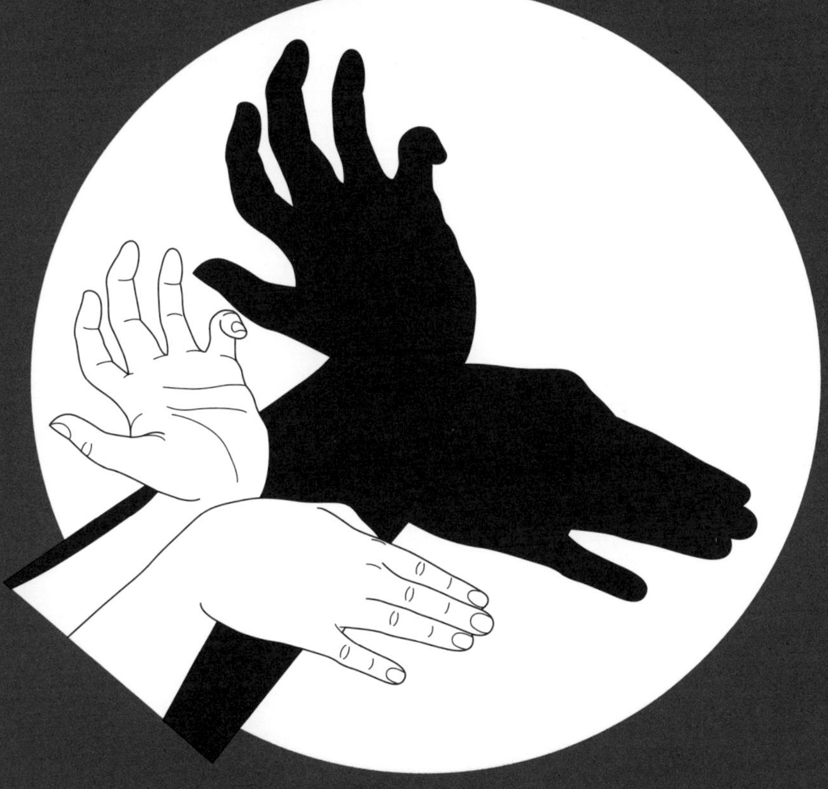

Frosch

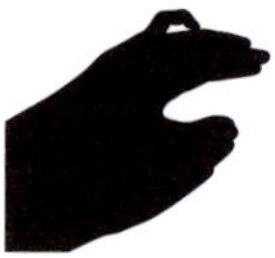

Der Hals des Frosches wird von der sanft gewölbten rechten Hand gebildet, welche leicht angewinkelt am Handgelenk der linken anliegt. Mit der oberen, linken Hand öffnen und schließen Sie sein Maul, während Sie die rechte etwas absenken, um das Anschwellen des Halses nachzuahmen. Lassen Sie ein tiefes kehliges Quaken ertönen und den Frosch über die Bühne hüpfen. Bewegen Sie hierfür beide Hände gleichzeitig so, dass die Schattenfigur als Ganzes erhalten bleibt.

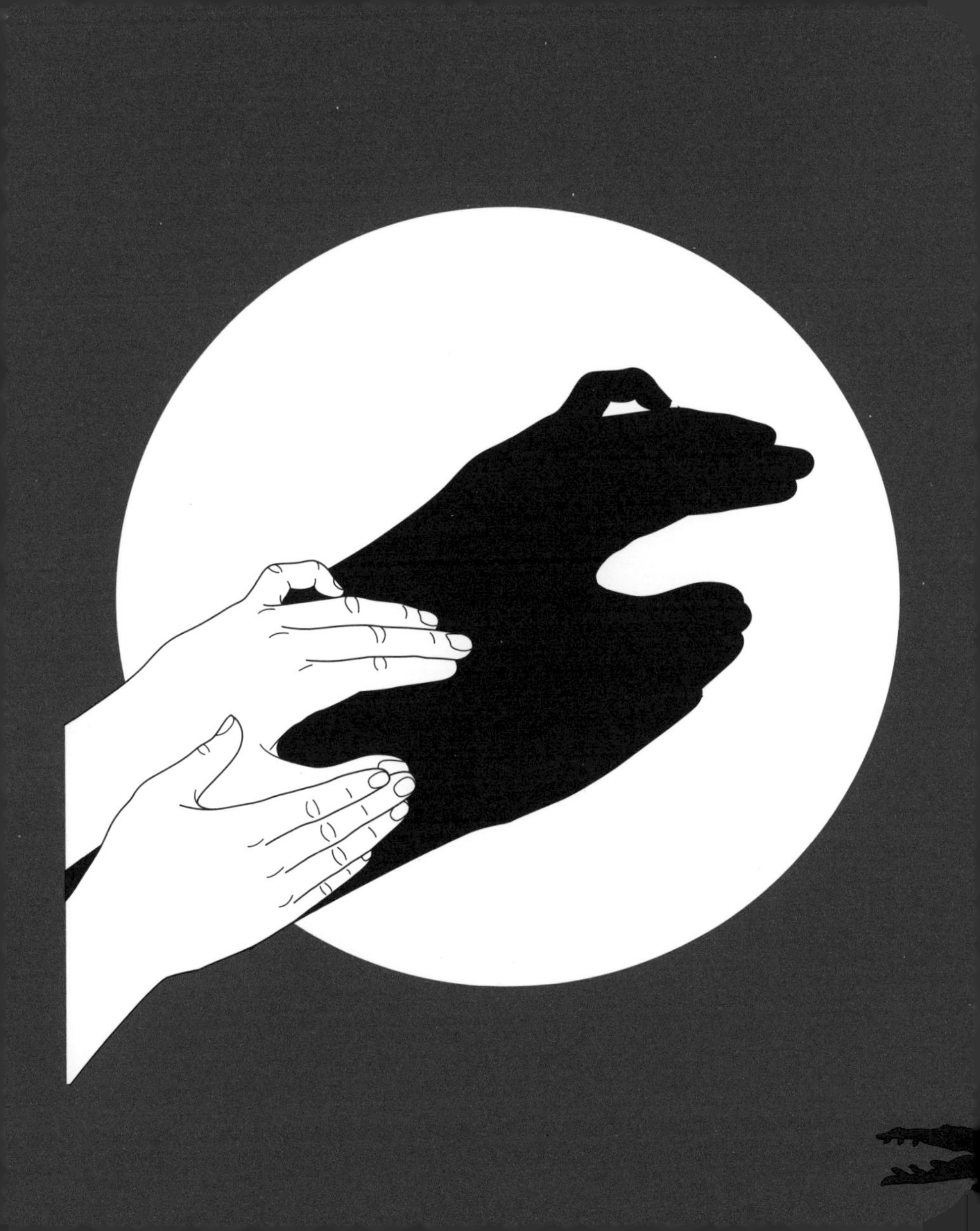

Alpaka

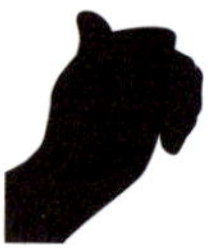

Alpakas tragen eine Art Wollknäuel, einem Pompon ähnlich, auf dem Kopf zwischen ihren Ohren, was ihr Profil vom Lama (*siehe Seite 138–139*) maßgeblich unterscheidet. Dieses Schattenbild zeigt sowohl dieses Knäuel zwischen den Alpakaohren als auch den sanften Buckel auf seinem Rücken. Dieser ist nicht so stark ausgeprägt wie beim Kamel, sondern nur wenig gerundet.

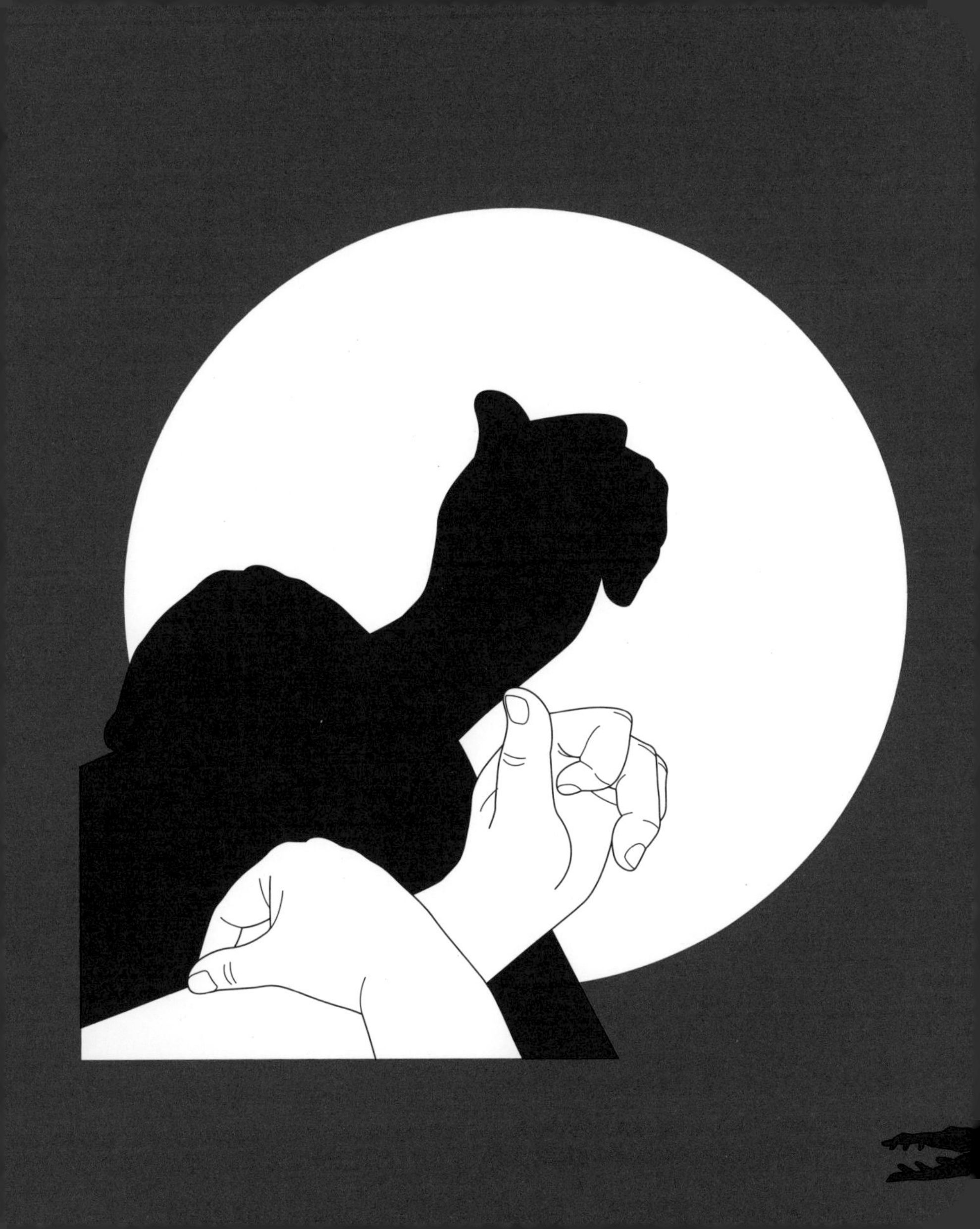

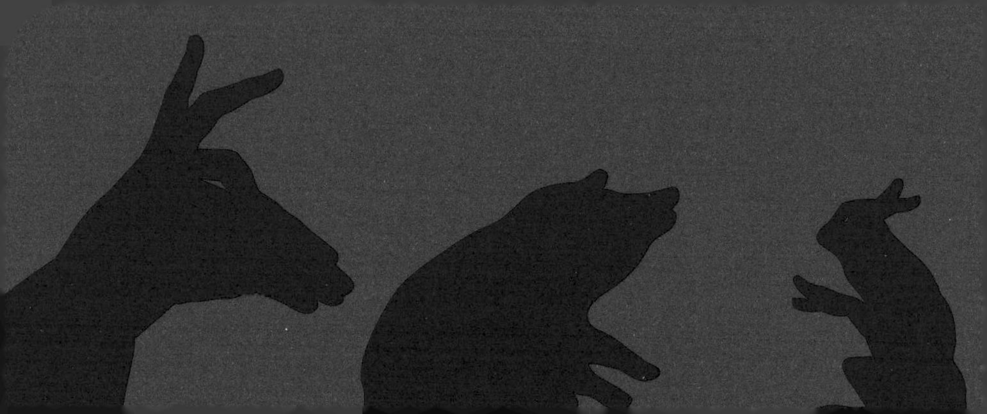

Anspruchsvolle Tiere

Die folgenden Mitglieder der Menagerie sind für fortgeschrittene Anfänger gedacht und brauchen daher etwas Übung, damit sie auf Anhieb gelingen. Seien Sie geduldig und probieren Sie die Tiere in beliebiger Reihenfolge aus. Können Sie alle Tiere dieses Kapitels als Silhouette zeigen, dann befinden Sie sich auf dem besten Weg, ein Schattenspielvirtuose zu werden.

Kaninchen

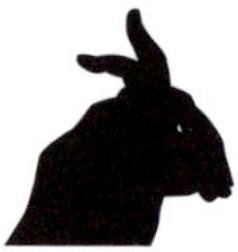

Die langen Ohren und die schnüffelnde Nase sind die typischsten Merkmale des Kaninchens und lassen sich beide in einem Schattenbild leicht wiedergeben. Beugen Sie die zwei aufrecht stehenden Finger der rechten Hand an den Fingerknöcheln und bewegen Sie sie ruckartig wieder nach oben – das Kaninchen nimmt plötzlich ein Geräusch wahr. Gleichzeitig bewegen Sie die drei unteren Finger der linken Hand fast unscheinbar vor und zurück, so als ob das Kaninchen eine Gefahr wittert. Je abrupter die Ohrbewegungen und je subtiler die Nasenbewegungen ausfallen, umso realistischer wirkt das Silhouettentier.

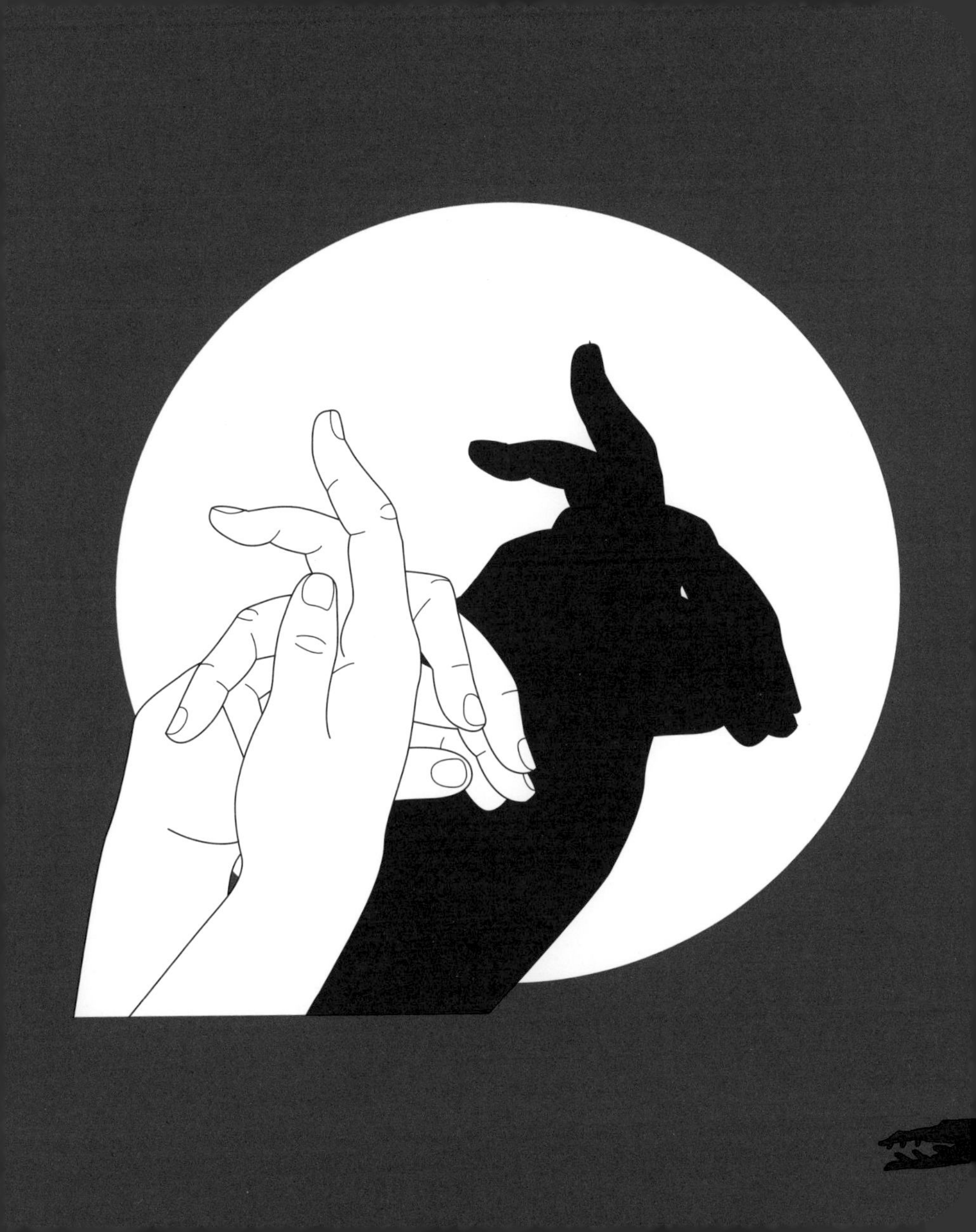

Leopard

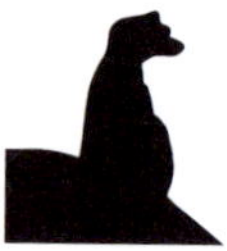

Leoparden liegen meist bewegungslos auf einem Baum und lauern auf ihre Beute. Der fein profilierte Kopf dieses Raubtiers sitzt selbstbewusst auf dem langen Hals, während es vom hohen Ast nach unten blickt. Drehen Sie den Kopf des Leoparden, indem Sie die zusammengelegten Finger der linken Hand nur leicht bewegen. Die rechte Hand halten Sie ruhig.

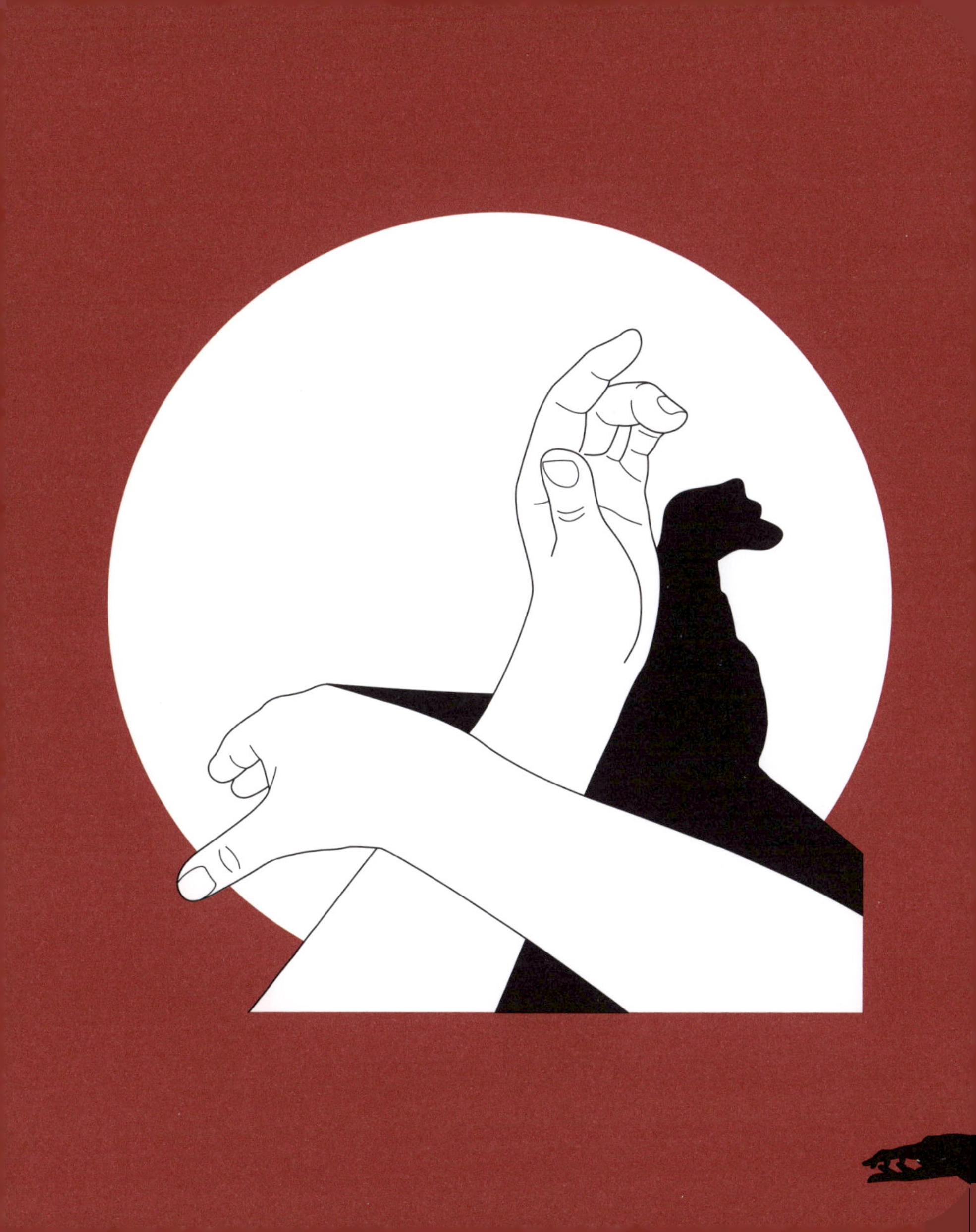

Bär

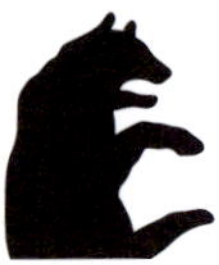

Der Schatten des fauchenden Bären hat Ohren, ein sperrangelweit geöffnetes Maul sowie Vorder- und Hinterbeine, daher müssen Sie für eine ausgewogene Form jeden Finger sehr sorgfältig platzieren. Verbergen Sie den rechten Daumen hinter der linken Hand und bilden Sie zuerst den Kopf sowie die Ohren. Haben Sie die spitz aufragenden Ohren und das Gesicht geformt, setzen Sie mit dem linken Daumen die Hinterbeine an den Rumpf sowie mit dem kleinen und dem Ringfinger die Vorderbeine. Diese Tierfigur bewegt sich nicht. Möchten Sie dennoch einen solchen Eindruck erwecken, bewegen Sie nur den Kopf und setzen den Rumpf tiefer in den Lichtkegel, damit die unteren Handbereiche hinter der Bühnenrampe (Couchlehne oder anderes) verschwinden.

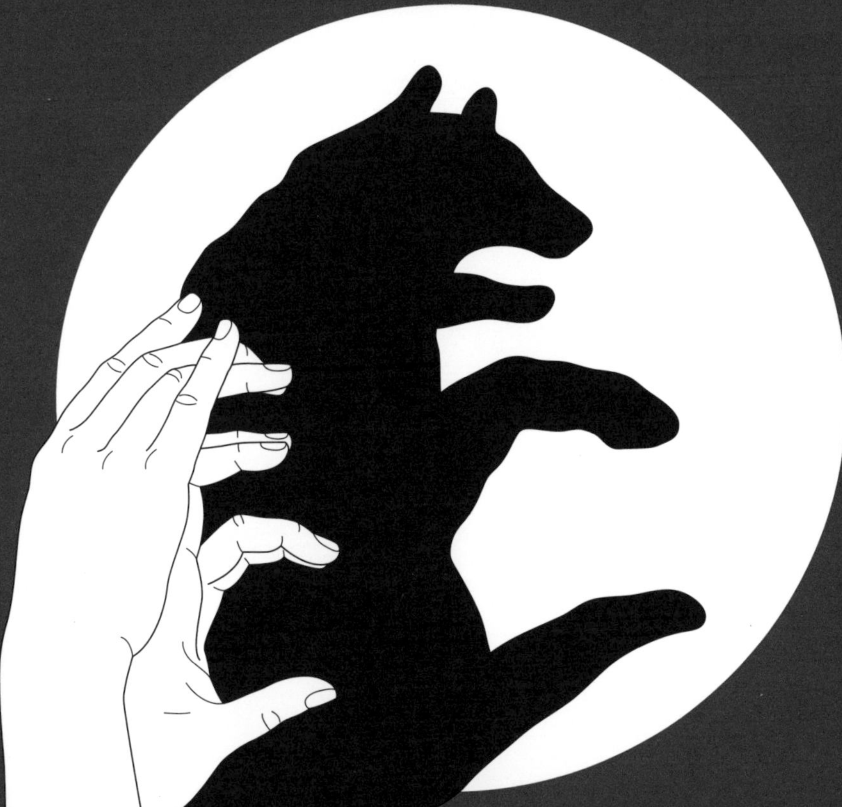

Schwein

Das Schwierigste an dieser Silhouette sind die kleinen Schweinebeine und -pfoten. Strecken Sie hierfür den kleinen und den Ringfinger der rechten Hand so, dass der richtige Eindruck entsteht. Zusätzlich beugen Sie die Hand leicht, damit der Hals vom Rumpf bis zur Schnauze weich gerundet und schweineähnlich wirkt. Mit etwas Übung gelingt es Ihnen, die Konturen eines Schweins an die Wand zu zaubern. Dann schnüffeln und schnauben Sie durch die Nase und bewegen die »Pfoten«finger leicht vor und zurück, um das Schwein vorwärtstrotten zu lassen.

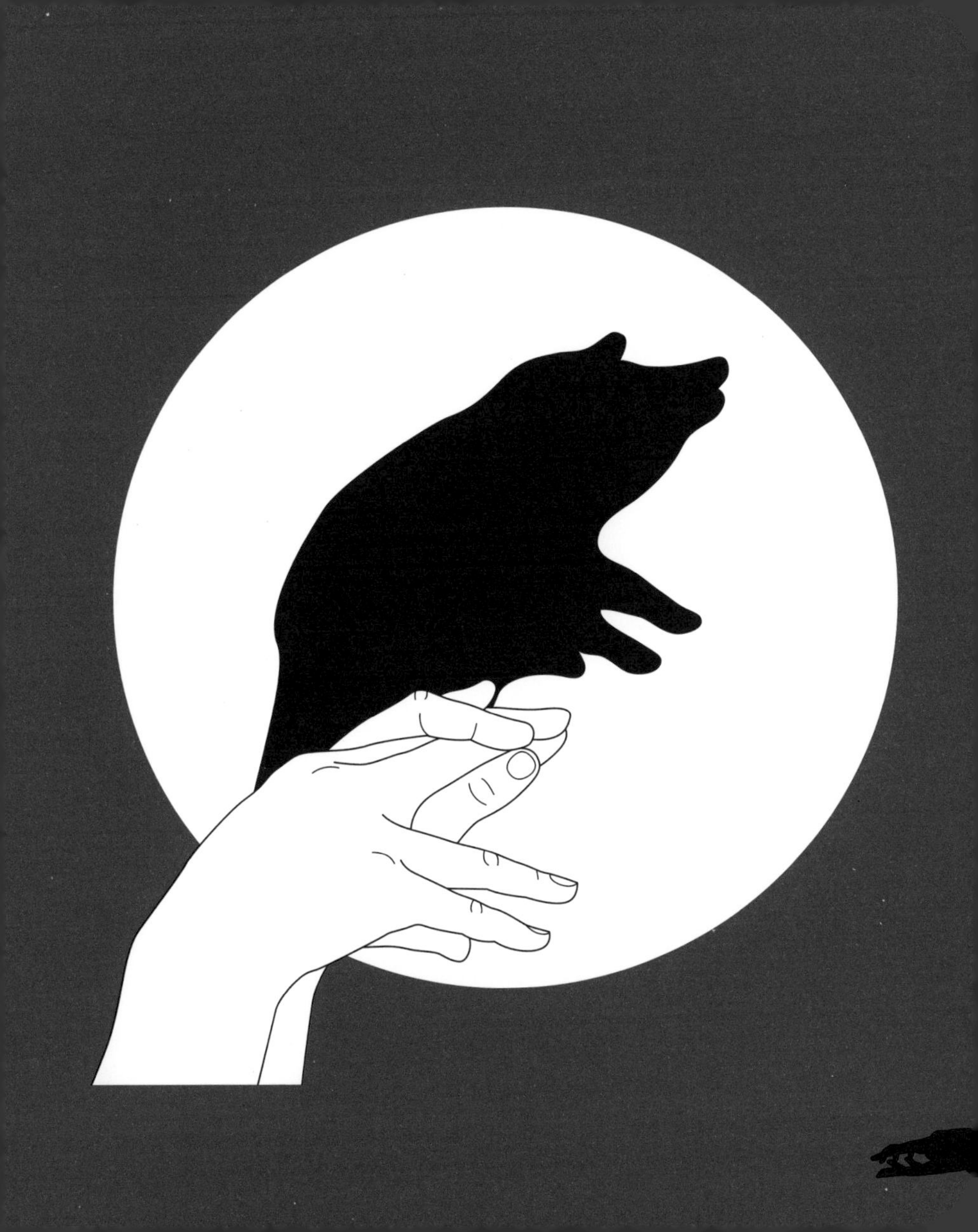

Elefant

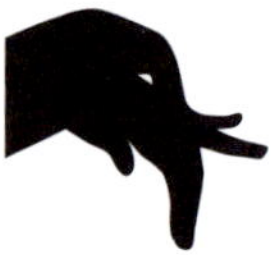

Bilden Sie mit der rechten Hand einen winzigen Spalt für das kleine, aber ausdrucksstarke Auge des Elefanten. Der Rüssel kann – von einem trompetenden Klang begleitet – angehoben werden, indem Sie die linke Hand andersherum drehen und den Ringfinger nach oben beugen. Das klappt jedoch nicht, während der Elefant majestätisch schreitet. Dafür müssen Sie die Hände kurz aus dem Licht nehmen und den Kopf neu aufbauen. Üben Sie das, damit dieser Wechsel bei einer Vorführung rasch und unmerklich verläuft.

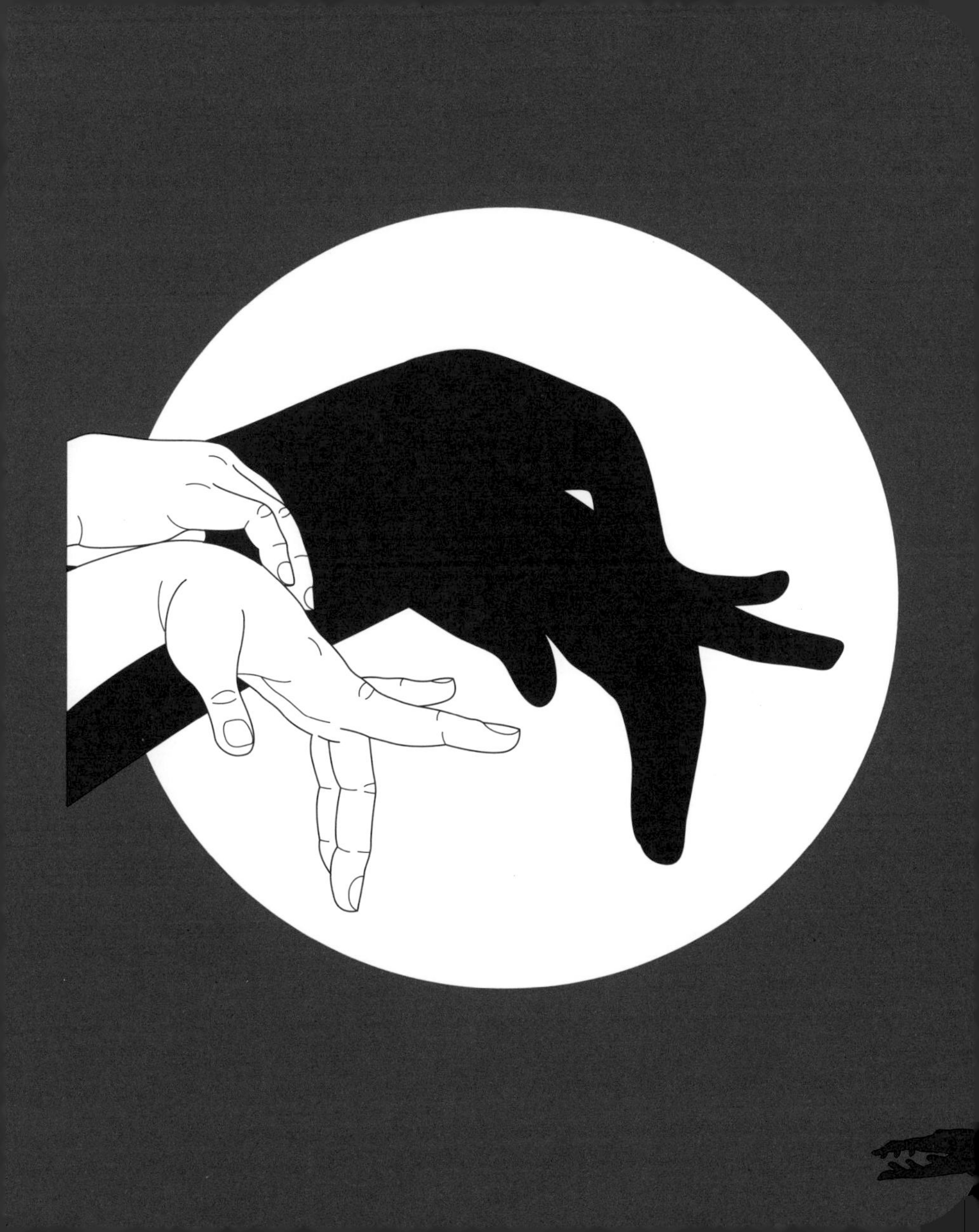

Krähe

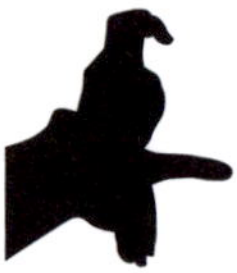

Der kurze, abgestumpfte Schwanz und die markante Kontur machen die Krähe unverkennbar. Sie lässt sich mit ihrem Schatten hervorragend in eine Waldszene integrieren, wo sie eine Taube und eine Schwalbe (*siehe Seite 42–43 und 18–19*), deren Schattenrisse einfacher zu bewegen sind, beim Hin- und Herfliegen beobachtet. Senken Sie den Kopf der Krähe nach vorn auf ihre Brust und auf die Seite, um den Eindruck zu erwecken, sie putze ihr Gefieder.

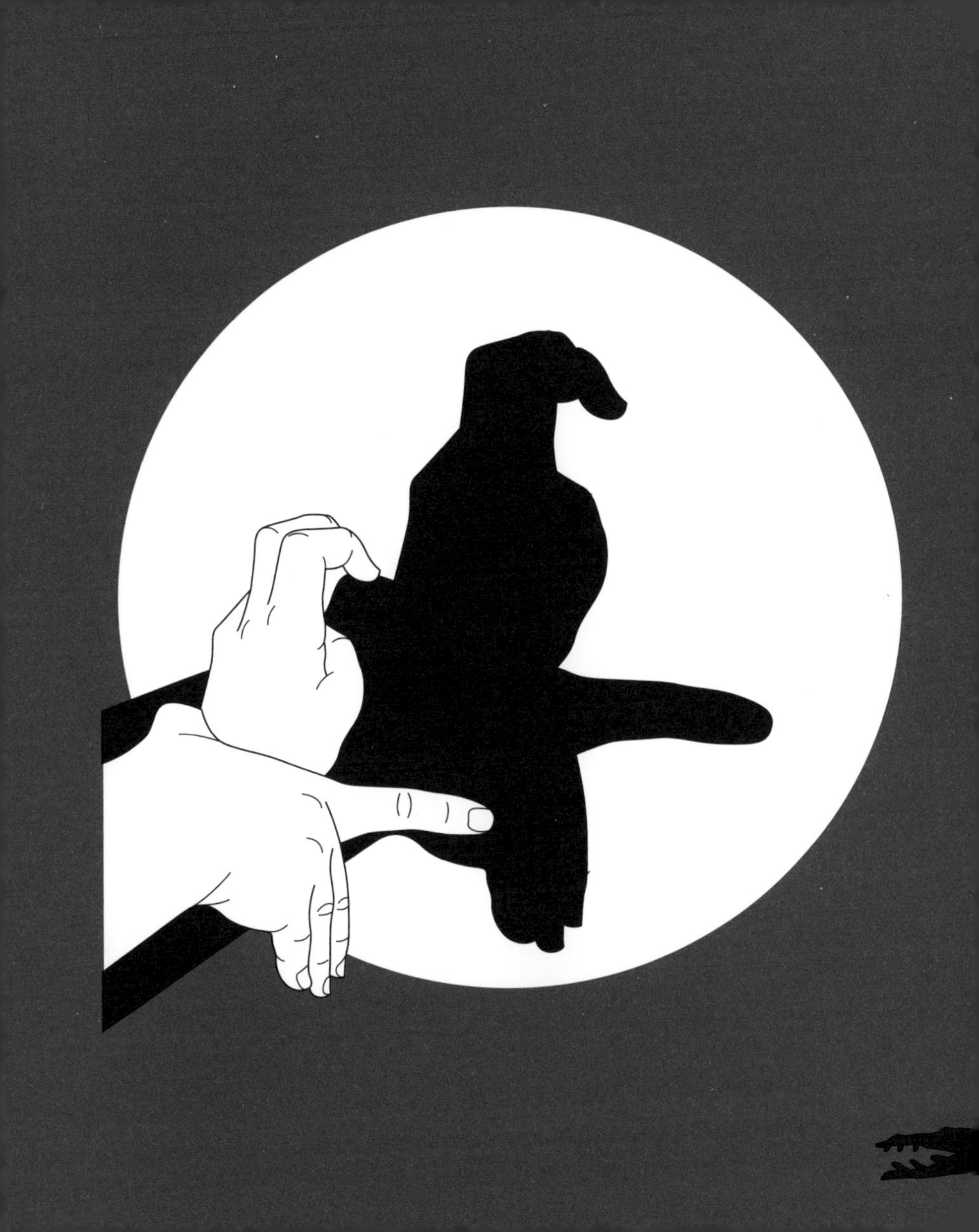

Geier

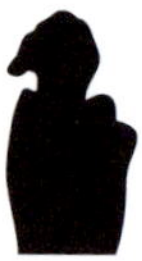

Dieser nach Fressbarem Ausschau haltende Aasgeier unterscheidet sich von allen Vögeln: Die buckelartigen Schultern und der kraftvolle Schnabel seiner Schattengestalt machen ihn unverwechselbar. Die Finger lassen sich zunächst unkompliziert in die richtige Lage bringen; aber den Schnabel richtig zu halten, während die Finger den Buckel des Rückens bilden, ist weitaus schwieriger. Leichter ist es, den Vogel in zwei Schritten aufzubauen: Bringen Sie die Hände einzeln in Position und setzen Sie die zwei Teile dann zusammen.

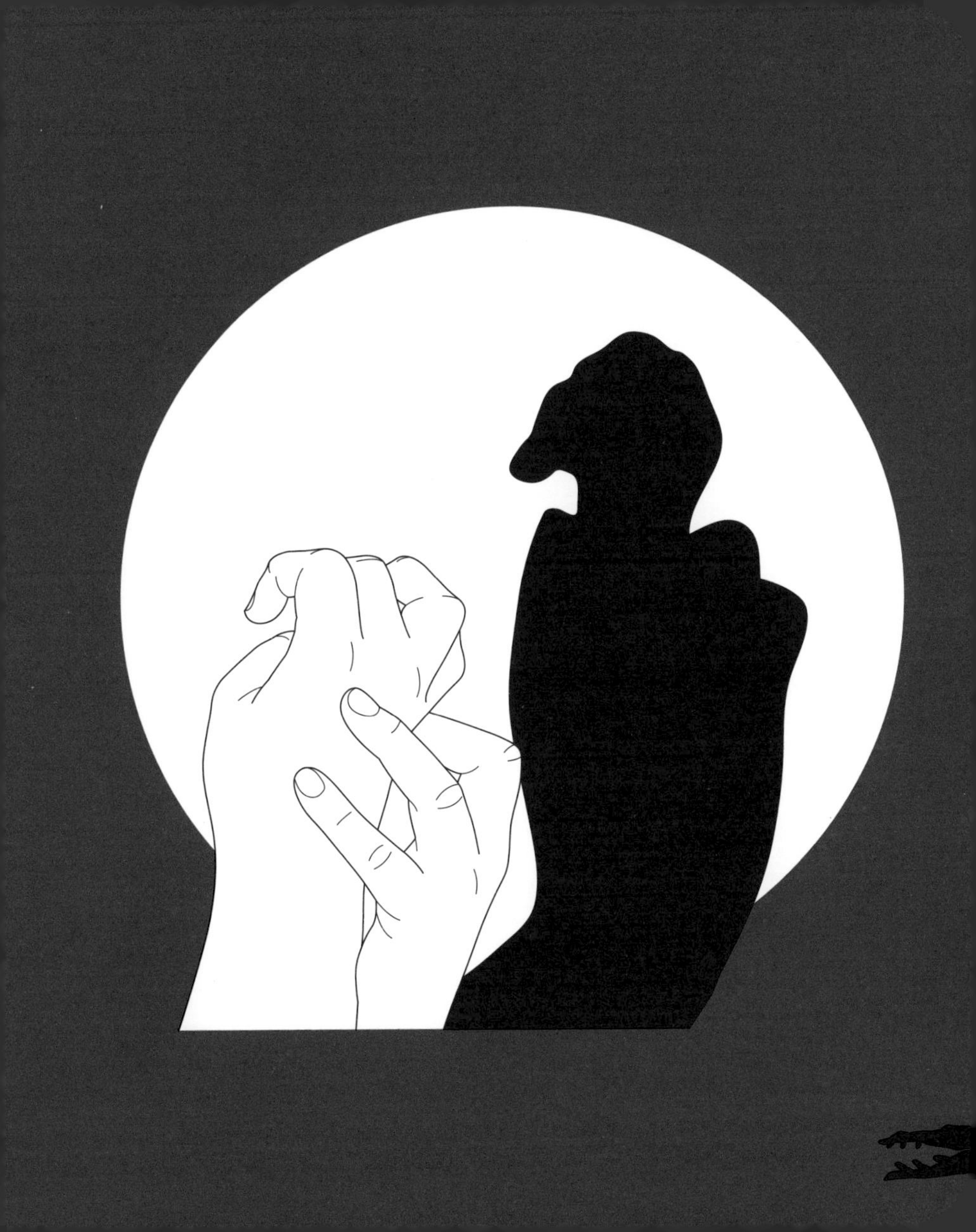

Lama

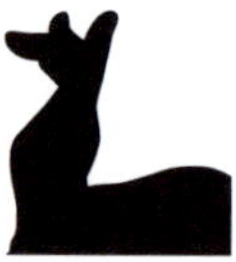

Der Kopf des Lamas ist angehoben, seine Ohren sind wachsam aufgestellt. Diese Schattenfigur wird ähnlich wie der Pfau gestaltet (*siehe Seite 144–145*), sie hat jedoch eine glattere Brust (und natürlich keinen Schwanz!). Krümmen Sie den Mittel- und den kleinen Finger der rechten Hand, um den Kopf des Lamas nach vorn zu bewegen.

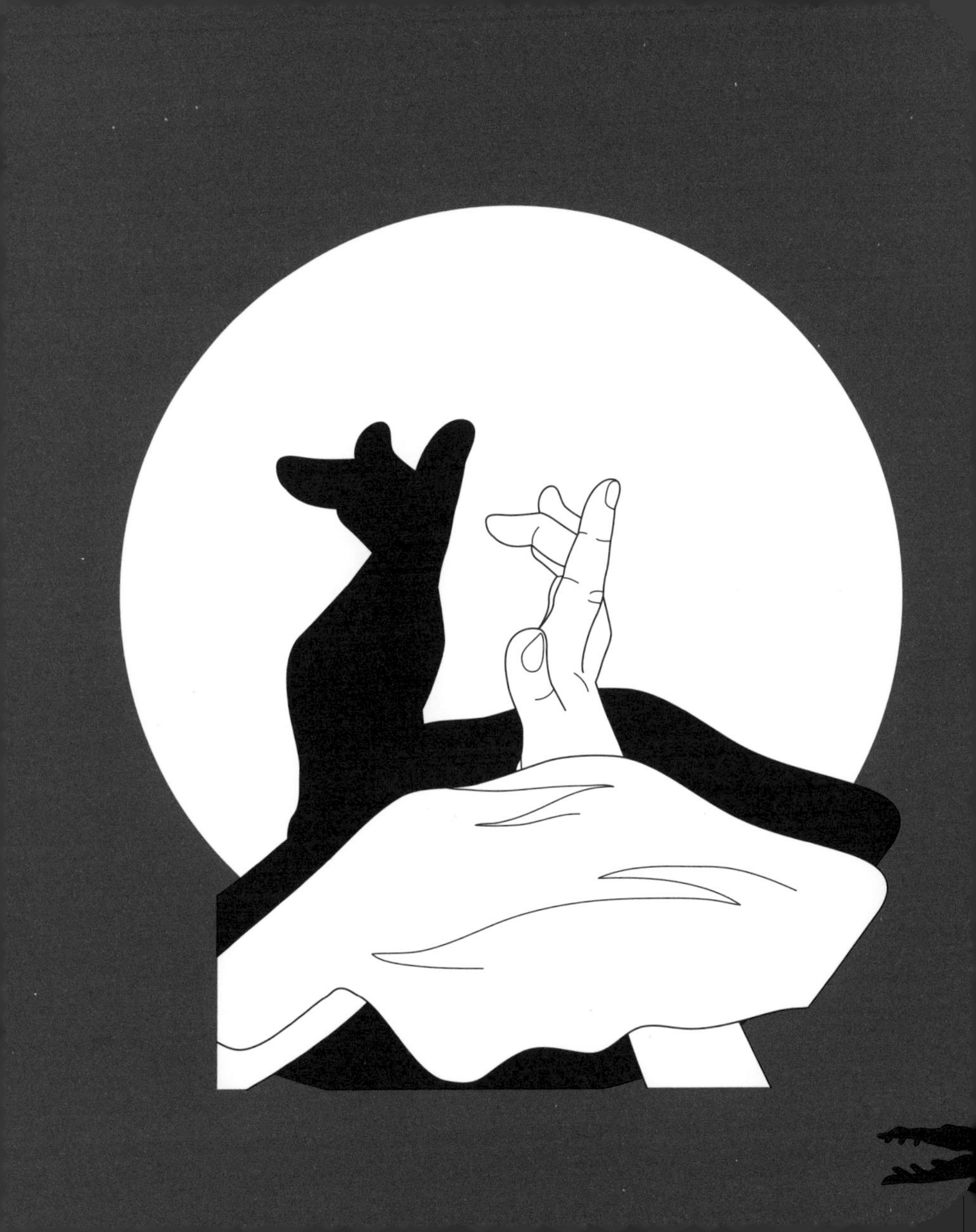

Opossum

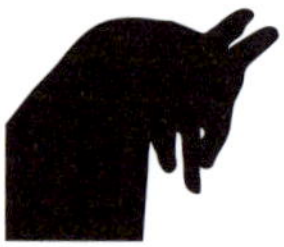

Das Opossum hat lange Ohren, ein scharf gezeichnetes Profil und kräftige Kiefer. Nicht die Haltung der Hände ist bei diesem besonderen Schattenriss anspruchsvoll, sondern deren Positionierung zwischen Lichtquelle und Leinwand. Sollte Ihre Schattenfigur nicht wie die abgebildete aussehen, dann schwenken Sie die zusammengelegten Hände etwas nach rechts. Nun müsste die Silhouette die richtige Form haben.

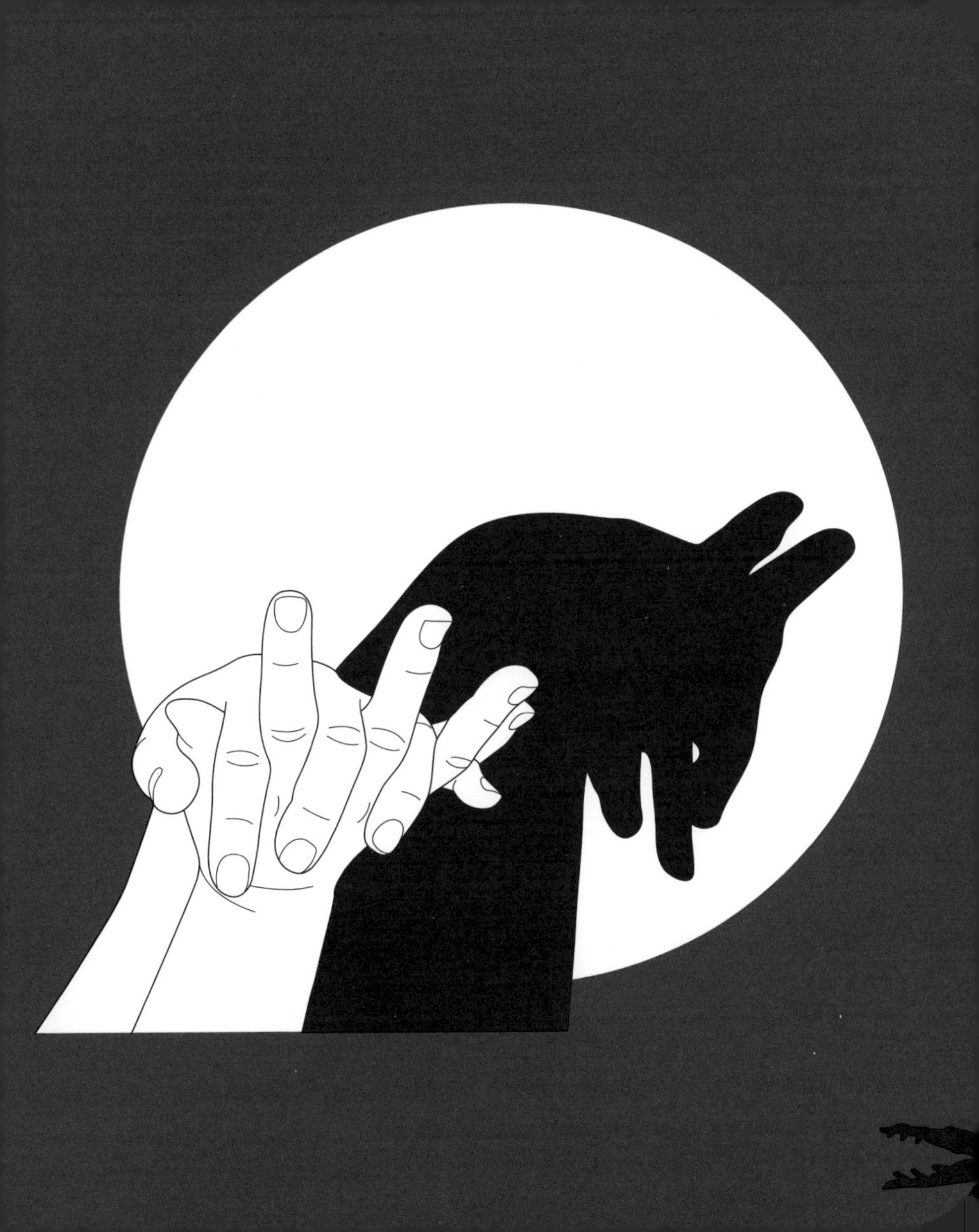

Kakadu

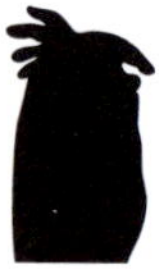

Das Schattenbild des Kakadus lässt sich einfach nachahmen, doch die geformte Gestalt ist letztlich sehr unbeweglich. Der Schnabel lässt sich zwar gut öffnen und schließen, aber es bedarf einiger Übung, um den Vogel zu bewegen, ohne seine Brust zu zerraufen oder die Kontur des Schattens zu verderben.

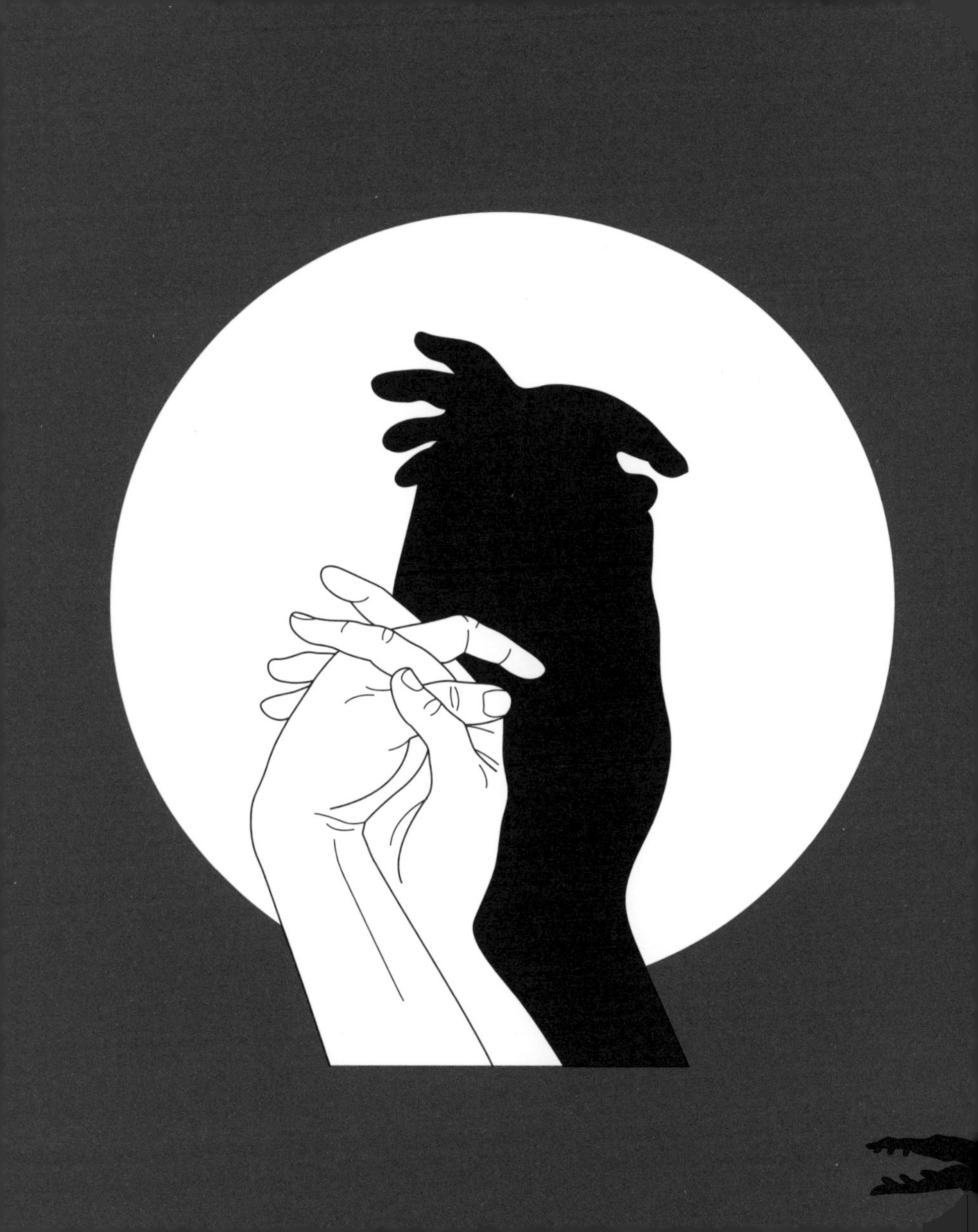

Pfau

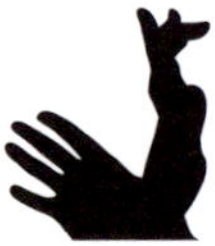

Der Pfau ist ein prachtvoller Vogel. Die Position der rechten Hand lässt sich einfach halten – fächern Sie die Hand auf, als ob der Pfau sein Rad schlägt, und senken Sie sie. Die linke Hand wird in einer weichen Linie gehalten, um die vorgewölbte Brust, den abgewinkelten Schnabel und die Federkrone nachzubilden.

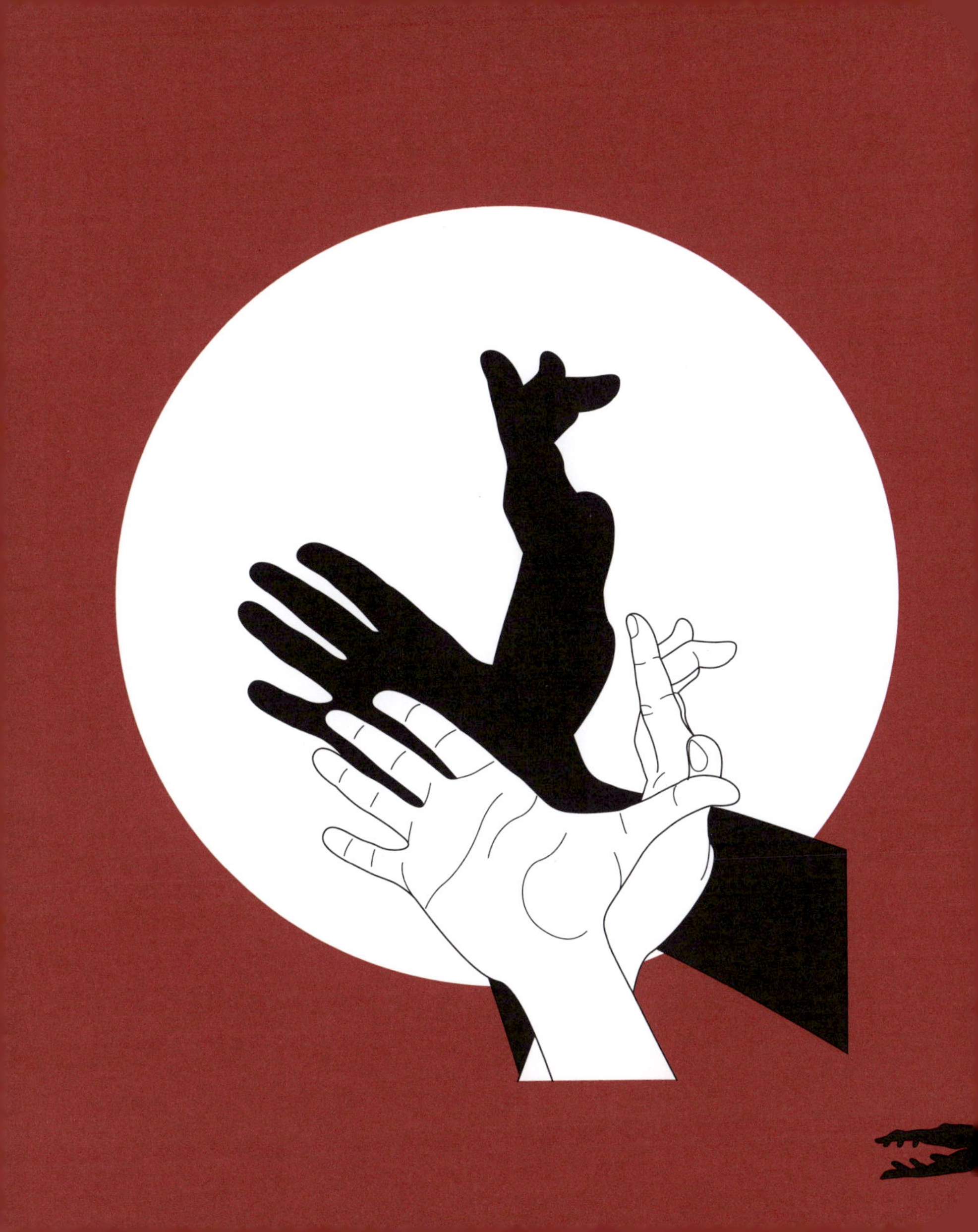

Bulldogge

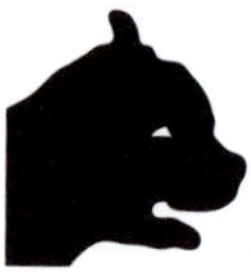

Die Bulldogge besitzt einen massigen Kopf mit einer kurzen Schnauze und einem scharfen, dreieckigen Auge. Das Schwierigste an diesem Schattenbild ist, den oberen Teil des Kopfes und die Schnauze fließend miteinander zu verbinden. Stecken Sie daher die Fingerspitzen der linken Hand zwischen die Knöchel der rechten, um den Schatten als überzeugendes Ganzes darzustellen.

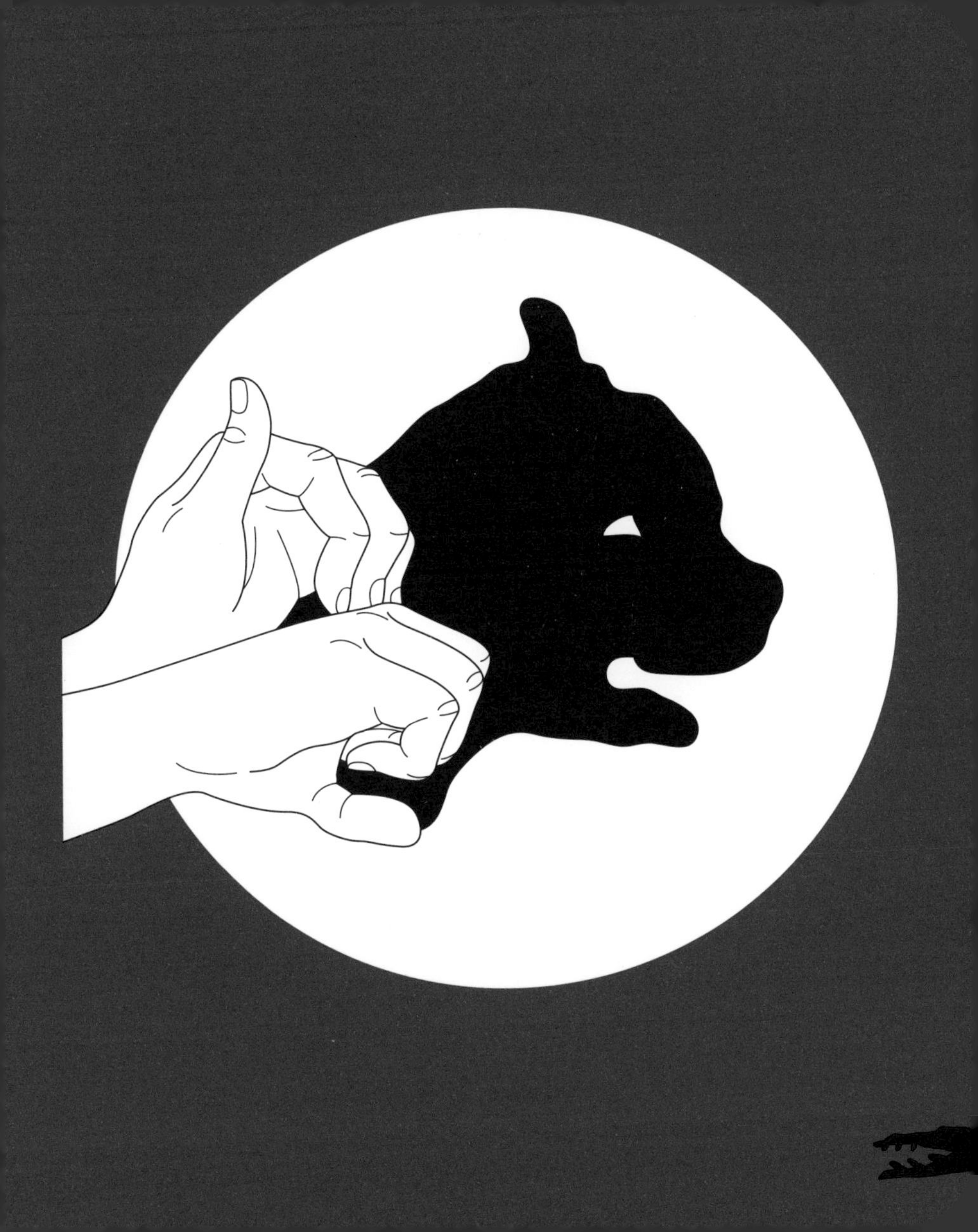

Wildschwein

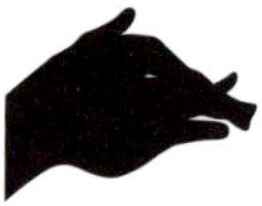

Das grimmige Profil des Wildschweins unterscheidet sich stark von den sanften Rundungen des Hausschweins. Der Hauer wird mit dem kräftig nach oben gebogenen Zeigefinger der linken Hand geformt. Das kleine, fast niederträchtig wirkende Auge trägt maßgeblich zum Aussehen dieses Allesfressers bei. Die keilförmige Schnauze lassen Sie zucken, indem Sie den Mittel-, Ring- und kleinen Finger der linken Hand bewegen. Halten Sie diese während einer solchen Aktion zusammen.

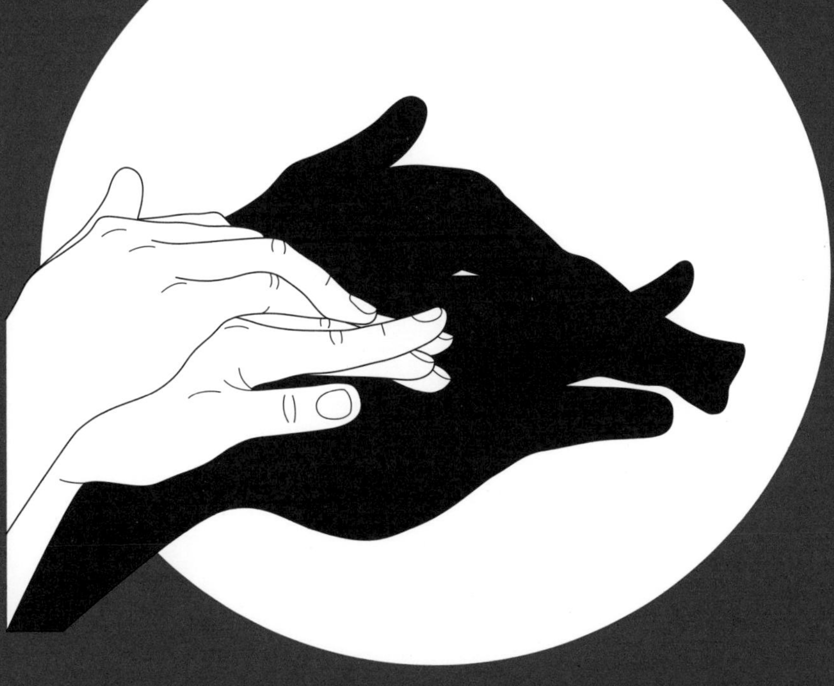

Seekuh

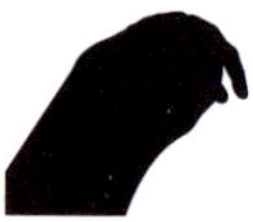

Seekühe, auch Manatis genannt, besitzen wie Walrosse füllige, zerknautschte Gesichter, die auf den ersten Blick mehrere Lagen faltiger Lippen zu haben scheinen! Legen Sie die Hände ineinander und verschränken Sie den Daumen und Zeigefinger der linken Hand mit denen der rechten, um den runden Kopf und das schmollende Profil der Seekuh zu gestalten. Heben Sie den Kopf der Seekuh und bewegen Sie ihre Oberlippe hin und her, während Sie prustende, heiser bellende Laute von sich geben.

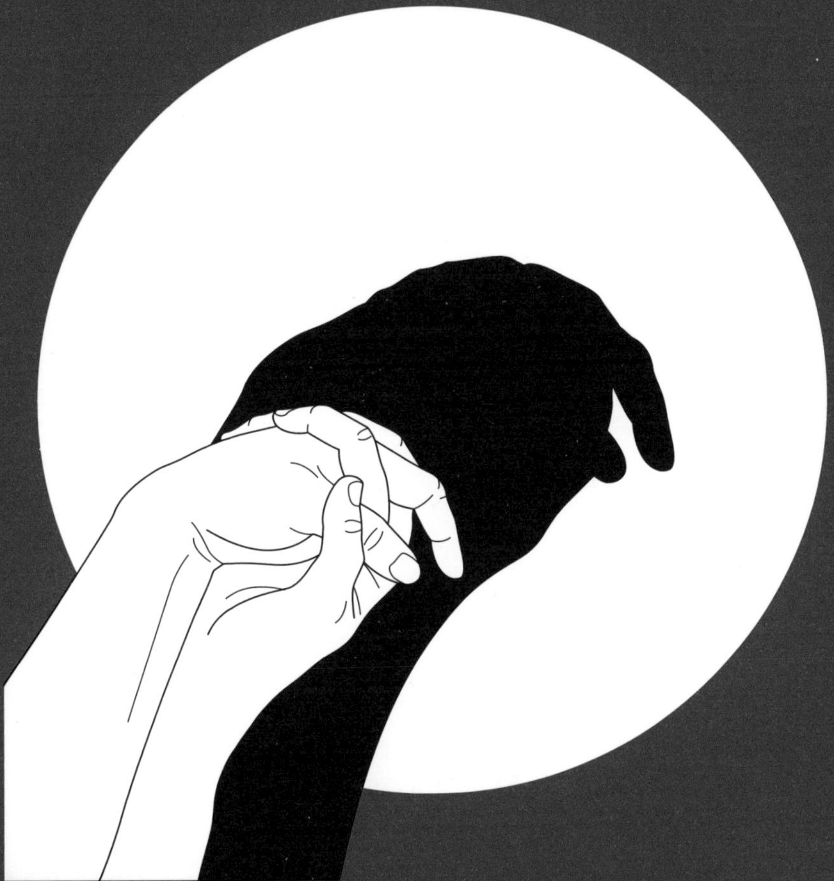

Puma

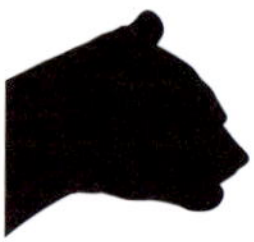

Die Schattenfigur des Pumas wird im Gegensatz zu den anderen Großkatzen mit geschlossenem Maul dargestellt. Sein stumpfer Kopf lässt sich zwar leicht formen, jedoch gelingt es nur schwer, ihn perfekt zu bewegen. Beobachtet Ihr Puma aufmerksam den Schatten eines Beutetieres – wie einen Hasen –, dann können Sie den Daumen der linken Hand mit kleinen Bewegungen nach vorn schieben, um so mit einem Ohrenzucken seiner angespannten Konzentration Ausdruck zu verleihen.

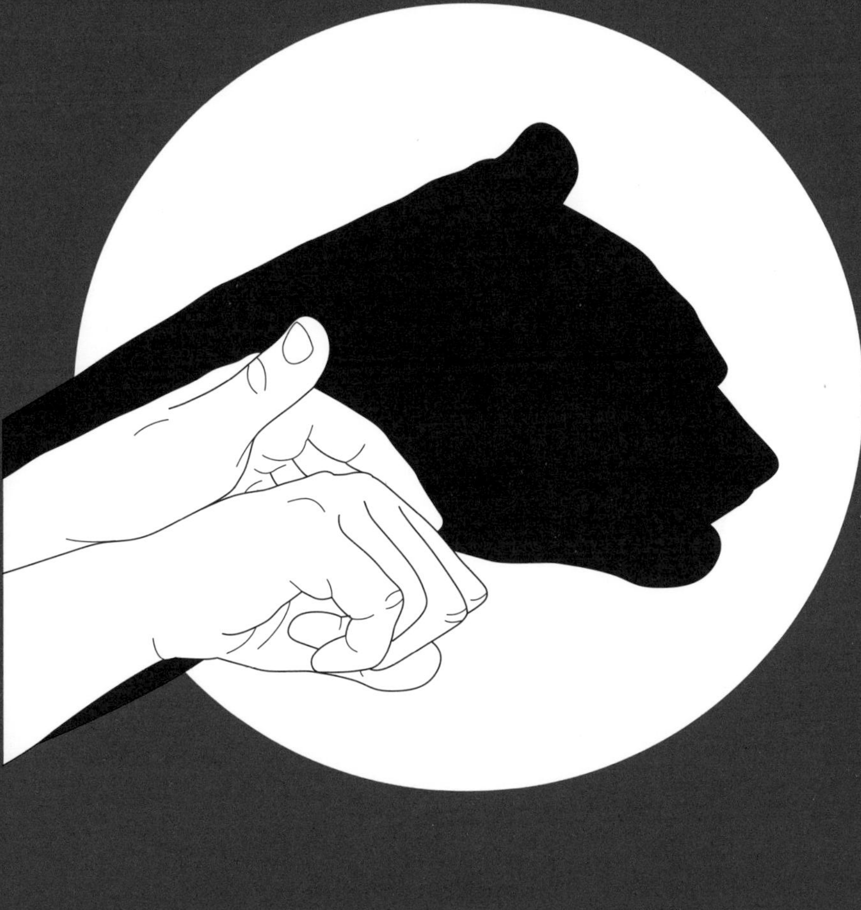

Eule

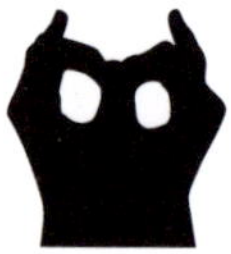

Die großen, runden Augen machen diesen Schattenriss sofort als Eule erkennbar. Öffnen und schließen Sie die Augen des Vogels mit leichten Bewegungen von Daumen und Zeigefingern beider Hände. Üben Sie das, bis Sie beide Augen gleichzeitig oder auch nur ein Auge zum Blinzeln öffnen und schließen können. Die kleinen, abstehenden Federohren, die oben seitlich am Kopf sitzen, bilden Sie mit den kleinen, leicht nach innen abgewinkelten Fingern.

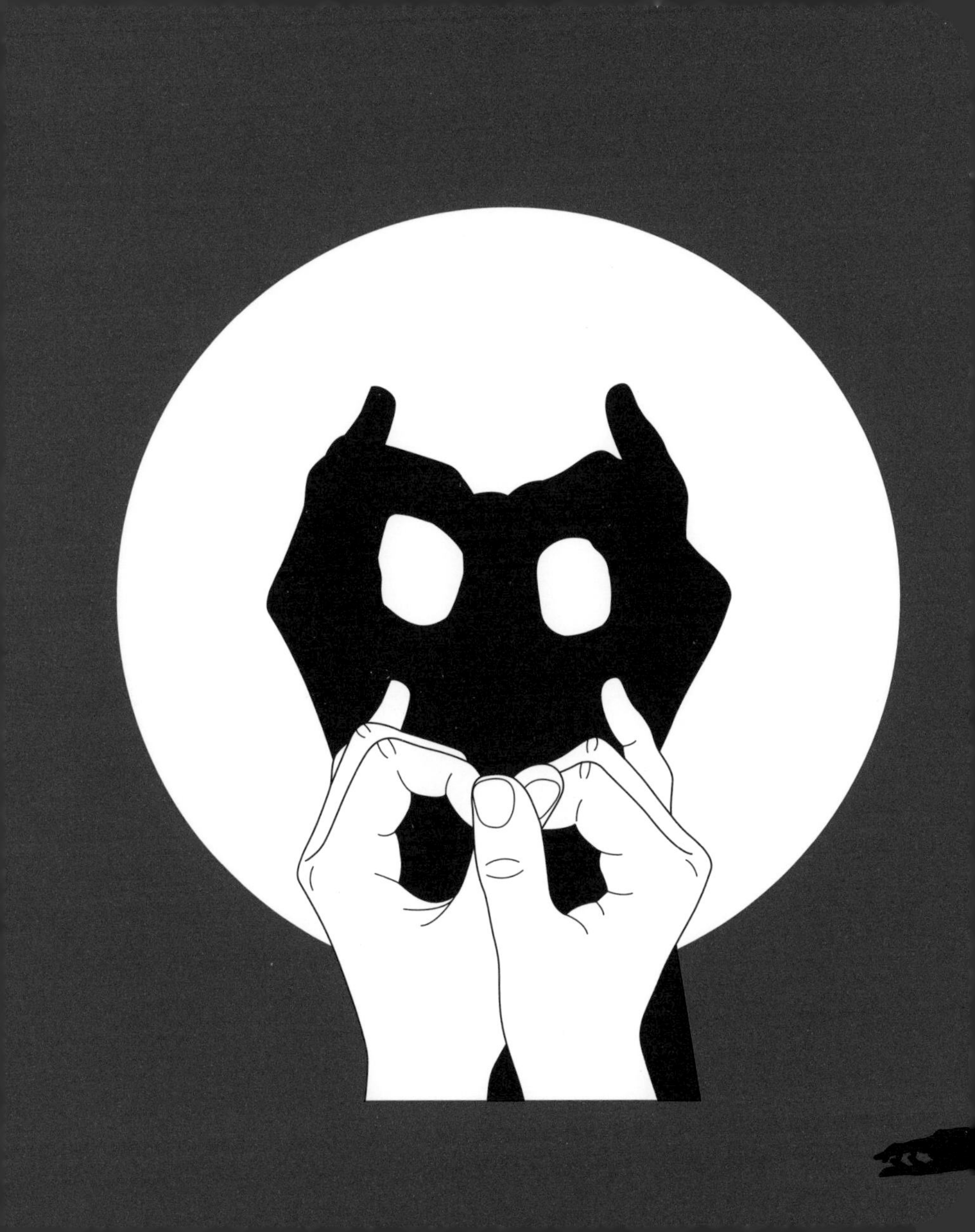

Ameisenbär

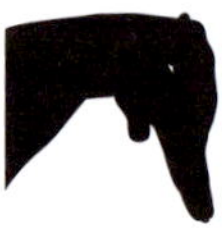

Den Kopf mit der langen, röhrenförmigen Schnauze bewegt der Ameisenbär ganz typisch, am Boden schnüffelnd, hin und her. Auf seiner Suche nach der nächsten Mahlzeit, vor allem bestehend aus Ameisen und Termiten, hält er immer wieder inne, bevor er weiterläuft. Wollen Sie seinen Kopf bewegen, strecken Sie seine ständig schnüffelnde Nase zuerst ein wenig, wobei Sie die Hände sorgfältig zusammenhalten und dann langsam von links nach rechts bewegen. Dann erst setzen Sie sein Vorwärtsgehen fort.

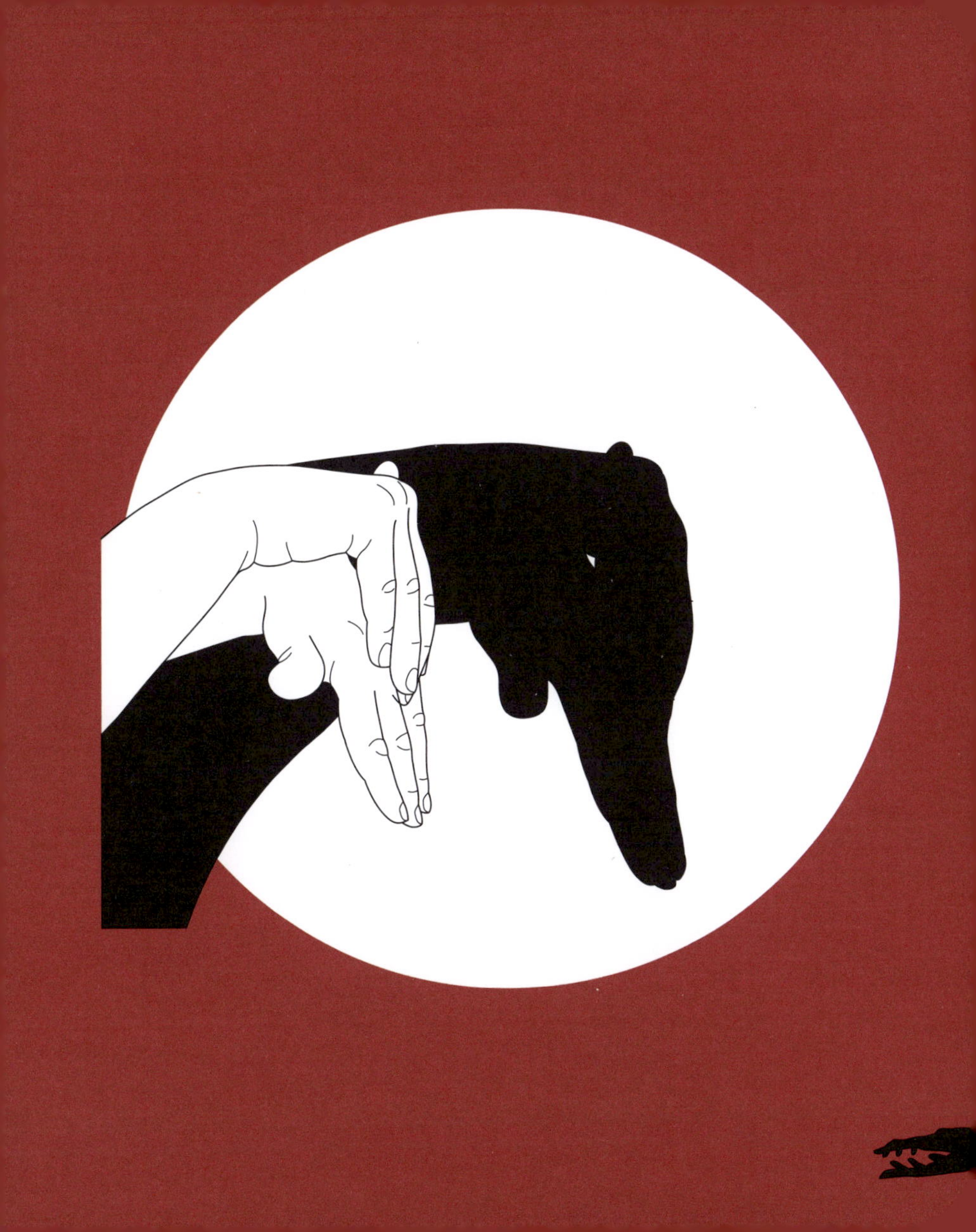

Königskobra

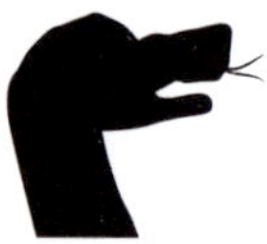

Die Königskobra, die längste Giftschlange der Welt, wird als Schattenfigur ganz ähnlich wie die Schlange gestaltet (*siehe Seite 32–33*), wobei Sie mit der rechten Hand die markante Haube hinzufügen. Es ist nicht ganz einfach, mit der rechten Hand über das Handgelenk der linken zu greifen, um diesen gespreizten Nackenschild angemessen breit erscheinen zu lassen. Üben Sie dies, bis die Kobra natürlich wirkt – egal, ob sie nun aufgerichtet und mit breitem Nackenschild hin und her schwankt oder zum Angriff nach vorn stößt.

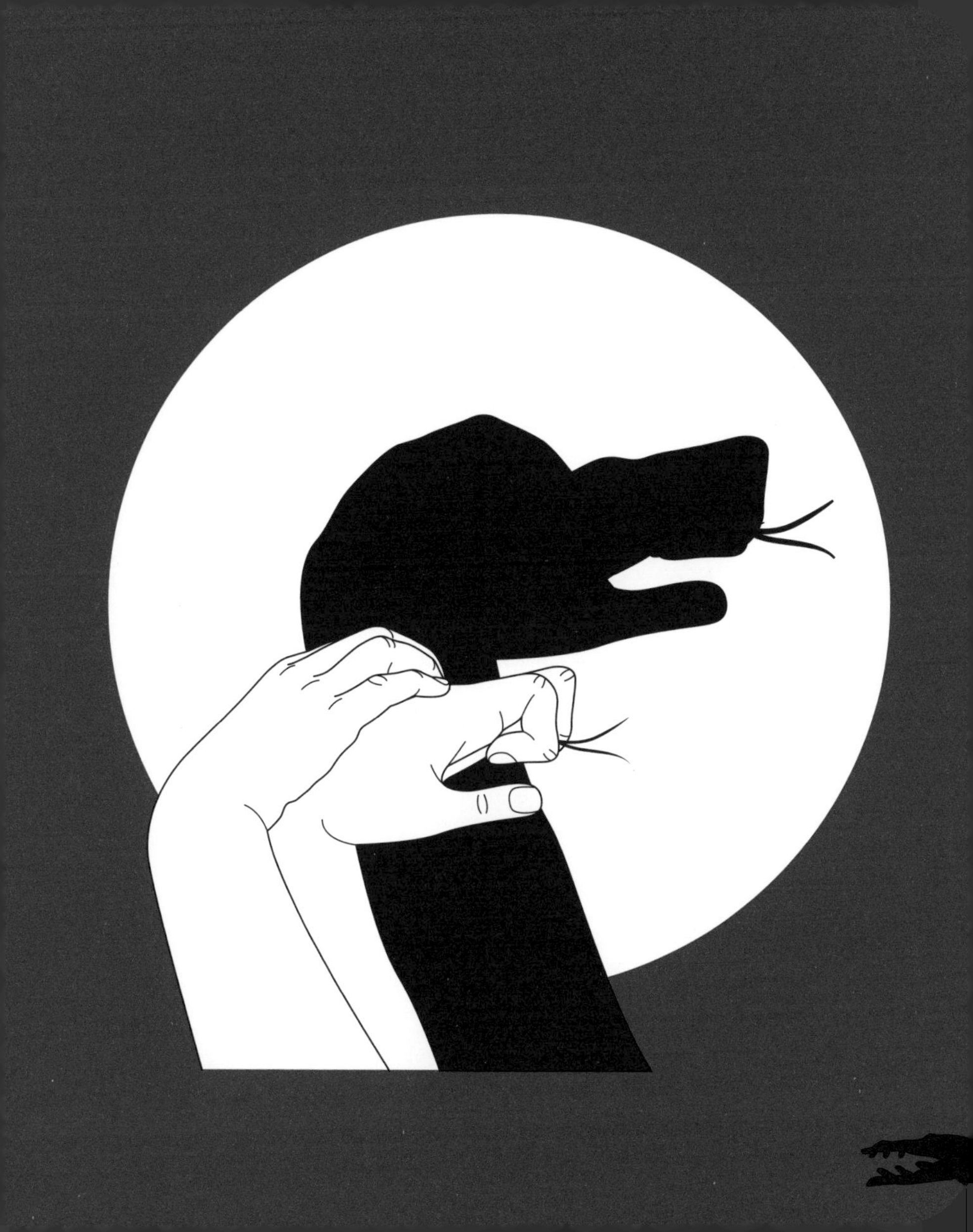

Maulwurf

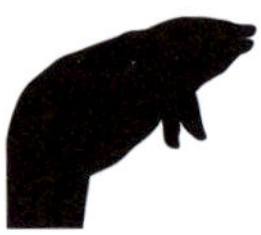

Das überzeugende Schattenbild eines Maulwurfs an die Wand zu zaubern ist weitaus schwieriger, als es aussieht. Die Grundform entspricht der des Schweins (*siehe Seite 130–131*), wobei der Kopf flacher und glatter, die Schnauze länger, weniger ausgeprägt und die Pfoten eher flossenartig sind. Bewegen Sie die beiden Finger, die die Schnauze bilden, ein wenig, so als würde der Maulwurf mit dem Kopf aus der Erde herausschauen und rundherum schnuppern. Diese Schattenfigur sollte nicht von links nach rechts, sondern eher vertikal bewegt werden, geradeso als würde sich das Tier aus dem Boden hochgraben.

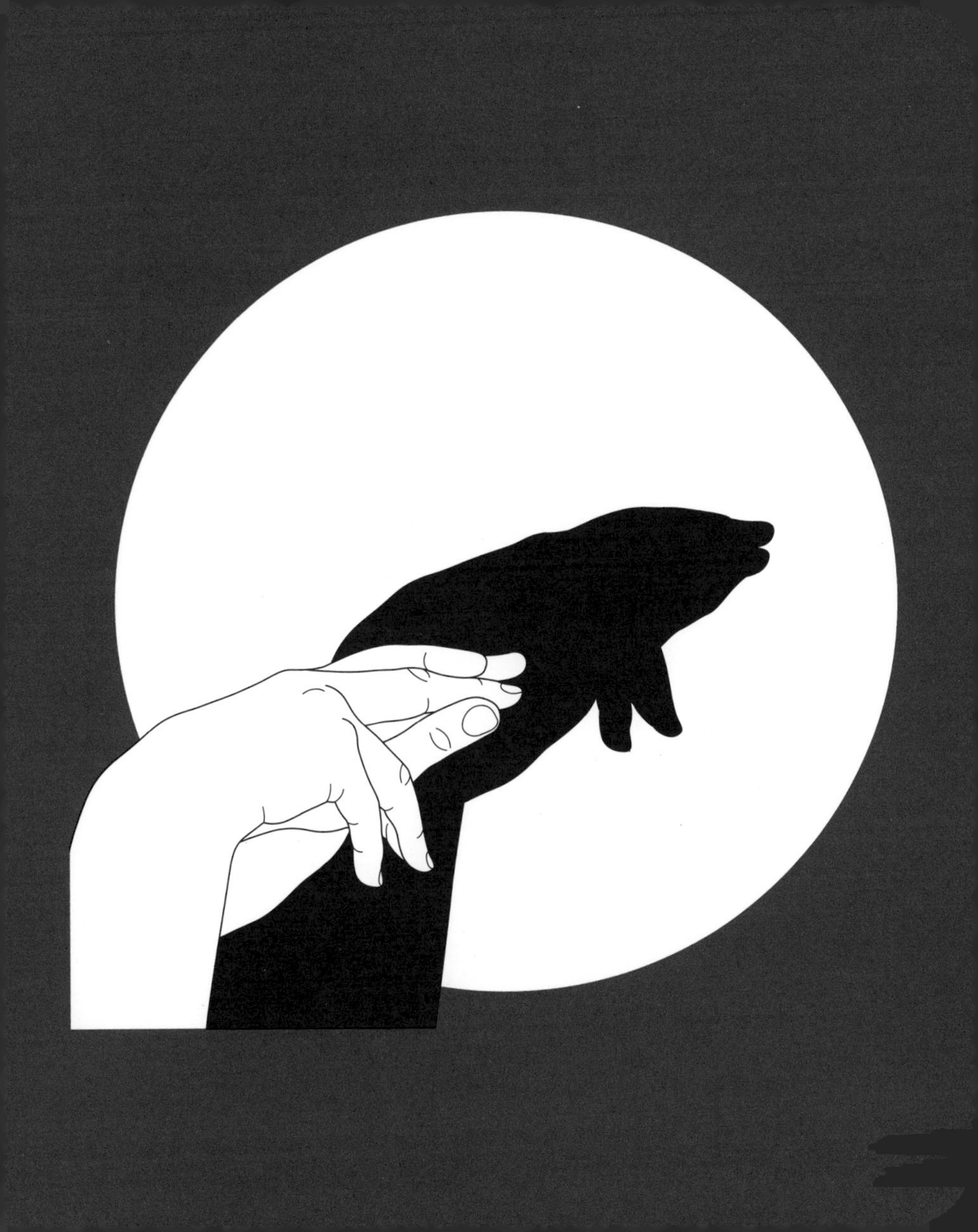

Adler

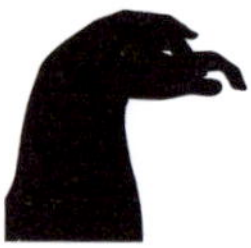

Für das Schattenbild des Adlers brauchen Sie sowohl Ihre Unterarme als auch die Hände. Üben Sie daher, die Arme mit leichter Überlappung hochzuhalten, bevor Sie die Finger für den Kopf und den Schnabel des Adlers ineinanderstecken. Der Zeigefinger der rechten Hand muss deutlich gekrümmt werden, damit der lauernde Ausdruck dieses Raubvogels entsteht.

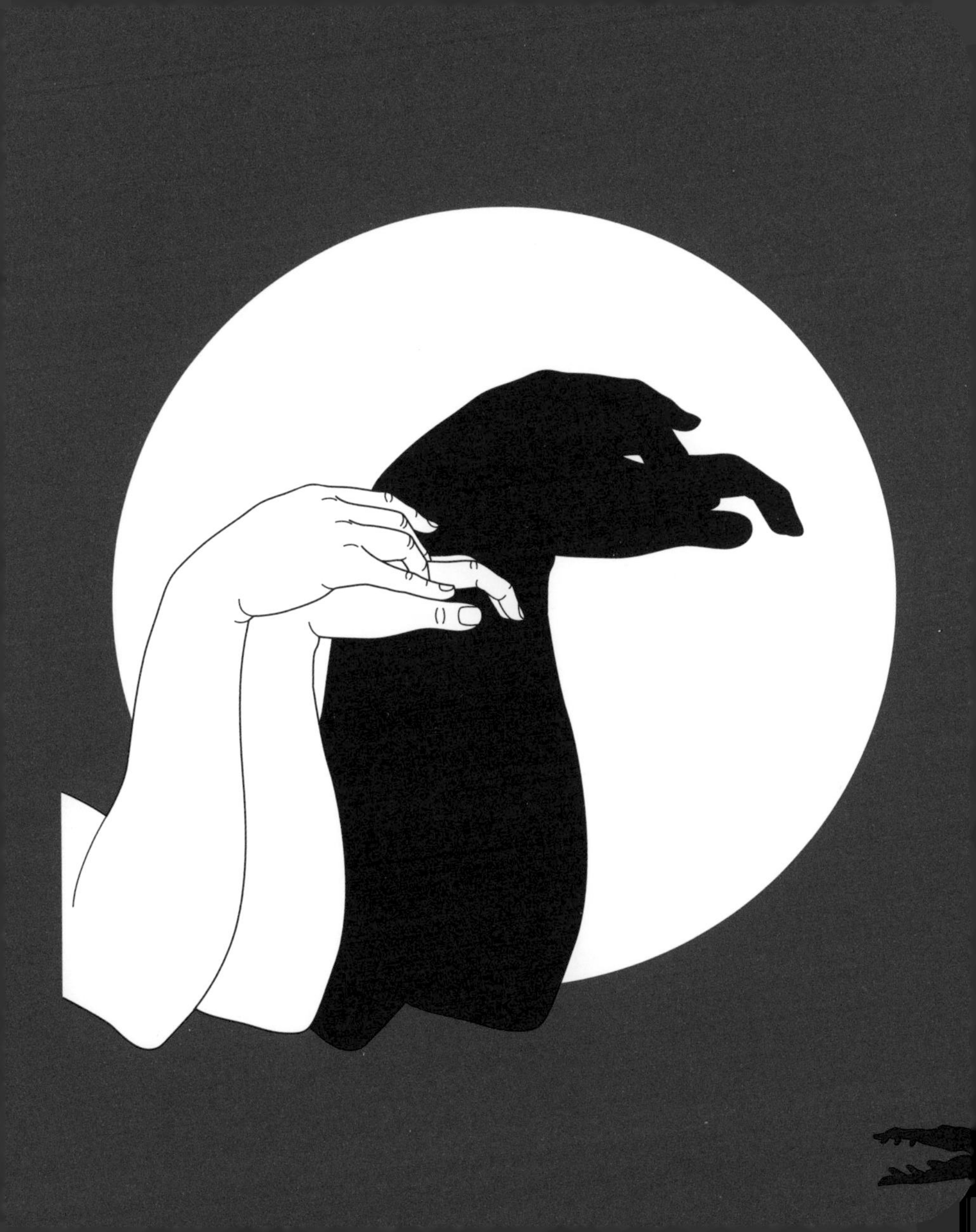

Hase

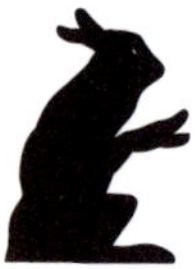

Mit den auffallend langen Ohren des Hasen zu wackeln ist einfach. Schwieriger hingegen ist es, die Schattenfigur hüpfen zu lassen. Ziehen Sie hierfür den Daumen der linken Hand jäh nach unten, lassen Sie dann beide Hände gemeinsam nach oben »schnellen« und bringen Sie den Daumen in die horizontale Lage zurück. Die Vorderläufe verändern dabei ihre Position ebenso wenig wie das Auge seine Größe: Es wird durch eine Lücke zwischen den Fingern angedeutet. Das Auge zu formen ist schwierig, nehmen Sie sich daher etwas Zeit zum Üben.

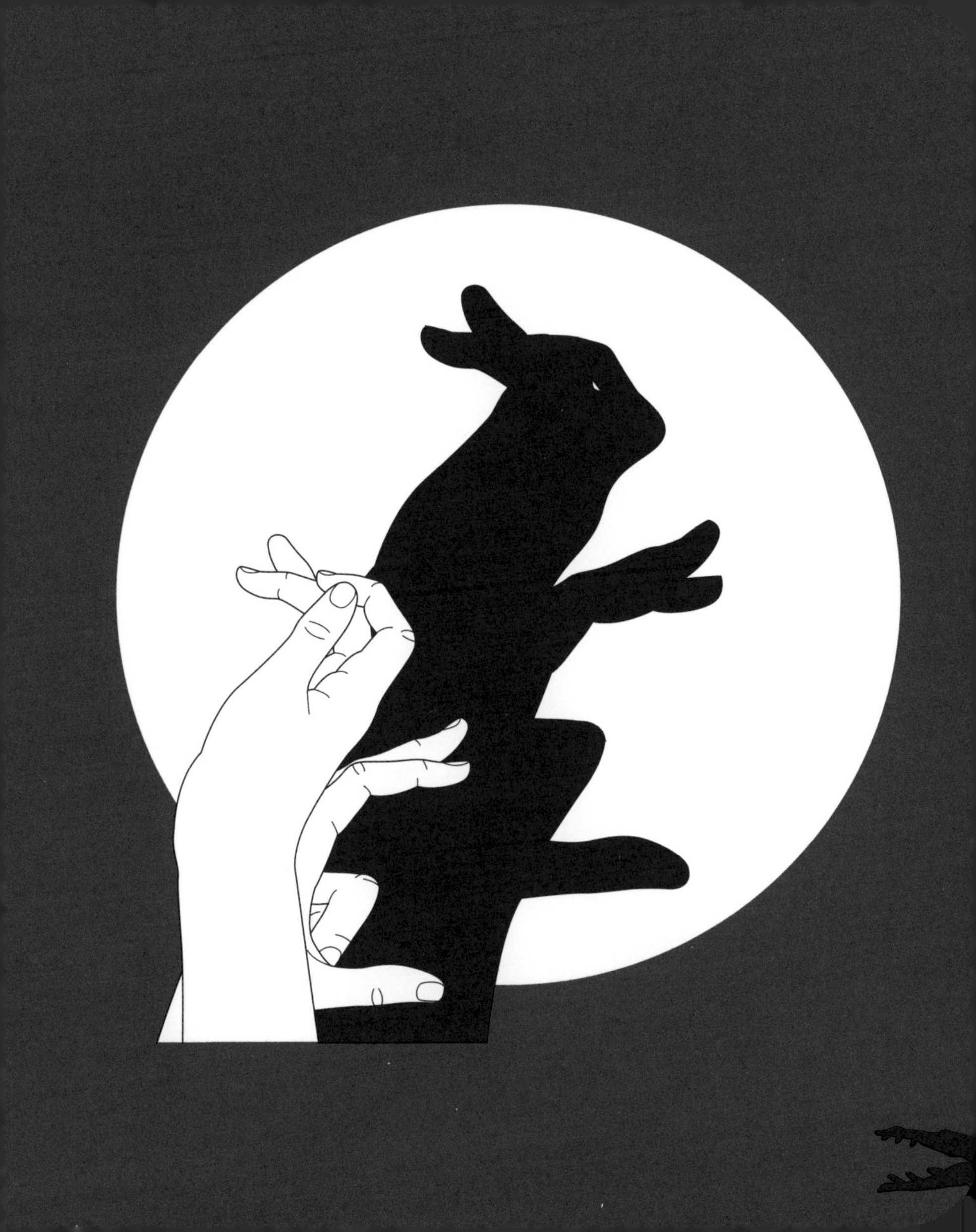

Schaf

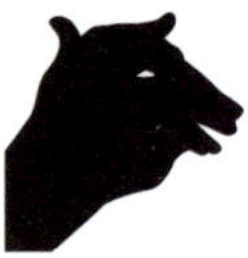

Der Schatten des Schafes ist schwieriger zu imitieren, als es aussieht: Die Schnauze muss recht stumpf und das Maul darf nur so weit geöffnet sein, dass ein schafsgleicher Ausdruck entsteht. Damit das Auge die passende Form bekommt, winkeln Sie den Mittelfinger der rechten Hand ausreichend stark nach unten ab. Ist die Silhouette fertig, lassen Sie das Schaf grasen und blöken, indem Sie seinen Kopf senken und heben sowie das Maul öffnen und schließen.

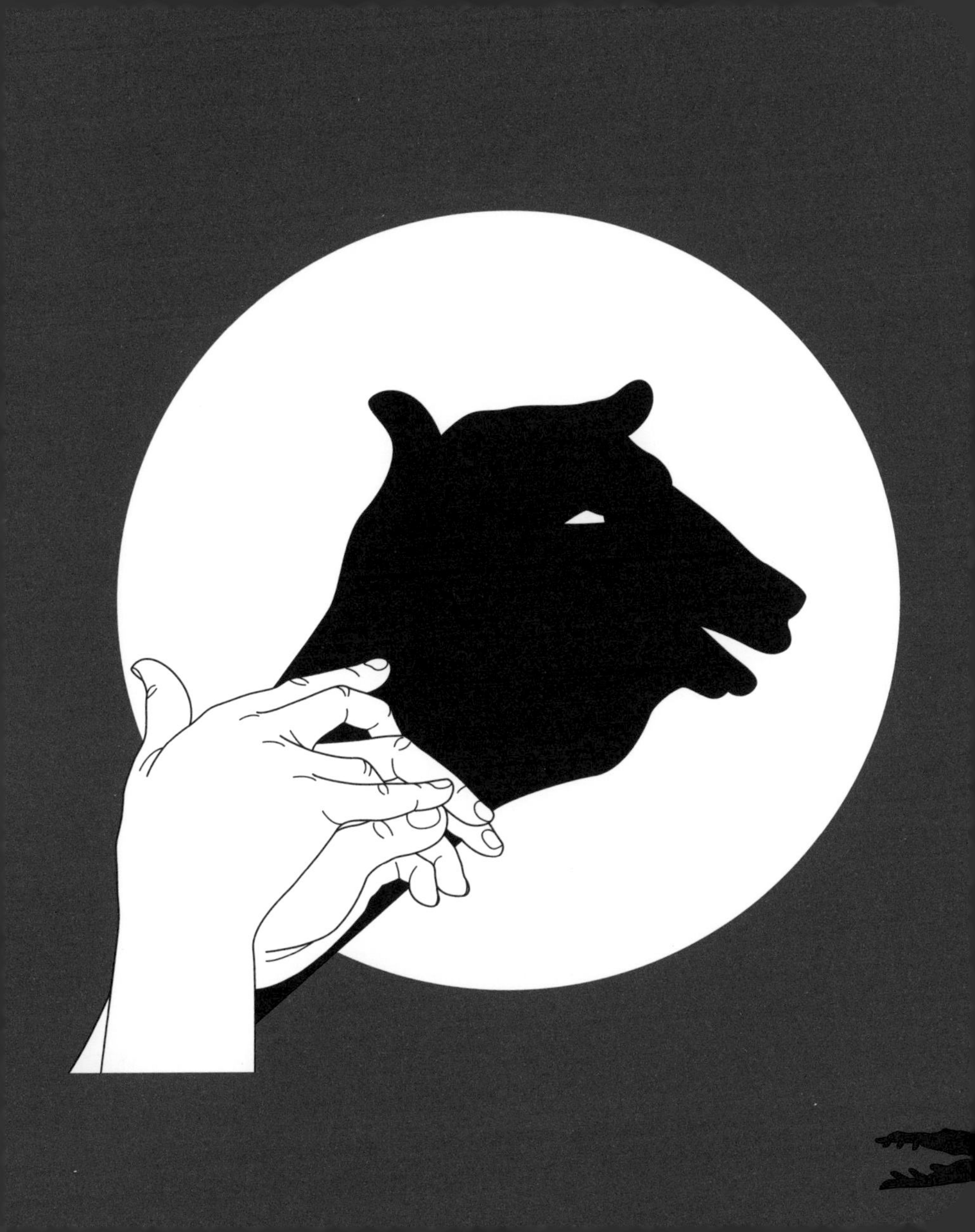

Antilope

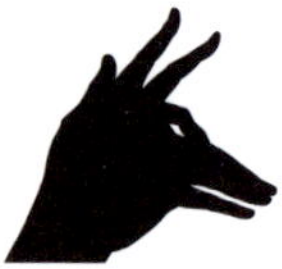

Die Antilope besitzt eine langgestreckte Schnauze und hochgewachsene Hörner. Stecken Sie den Daumen der rechten und den kleinen Finger der linken Hand so nach innen und unten, dass sie nicht zu sehen sind. So wird die Schattenkontur deutlicher. Neigen Sie dann beide Hände nach vorn und unten, um die Antilope »grasen« zu lassen. Nimmt das Tier sogar auch ein echtes Grasbüschel auf, das Sie zwischen dem Ring- und kleinen Finger der rechten Hand halten, wirkt die Antilope noch natürlicher.

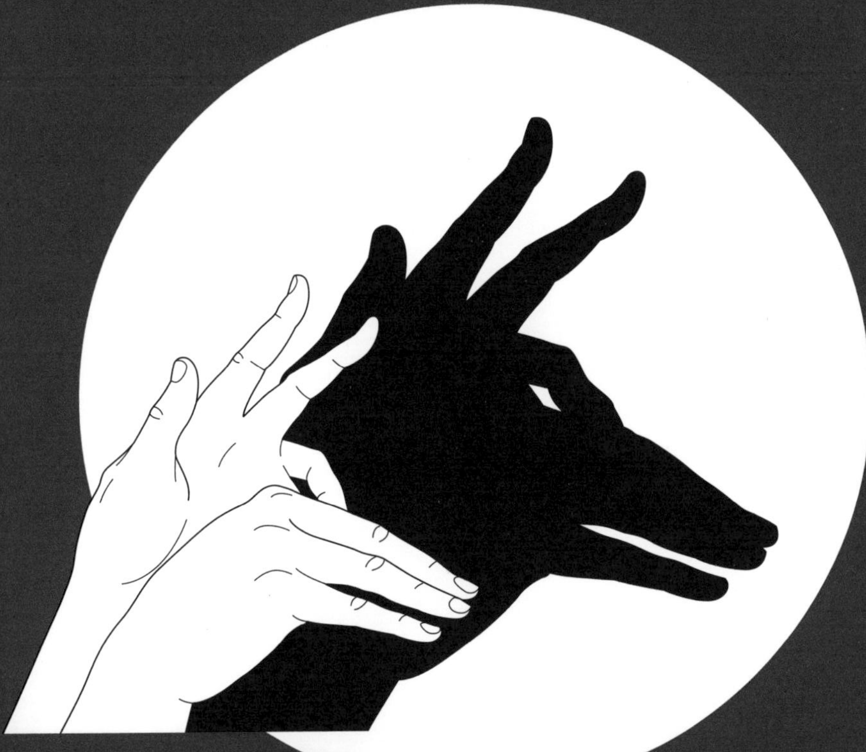

Känguru

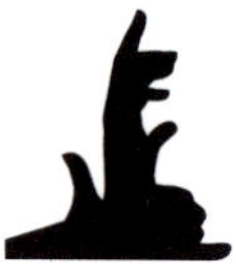

Die Finger müssen für das Schattenbild des Kängurus nicht besonders beweglich sein, auch die Handhaltung ist alles andere als kompliziert. Dennoch gilt es, die Winkel zwischen Kopf, Schwanz und Beinen sorgfältig auszutarieren. Je länger Ihre Finger sind, umso leichter gelingt Ihnen die Schattenfigur. Doch die Finger müssen nicht unbedingt lang sein, denn mit etwas Übung kann man auch mit kurzen Fingern ein überzeugendes Schattenkänguru gestalten.

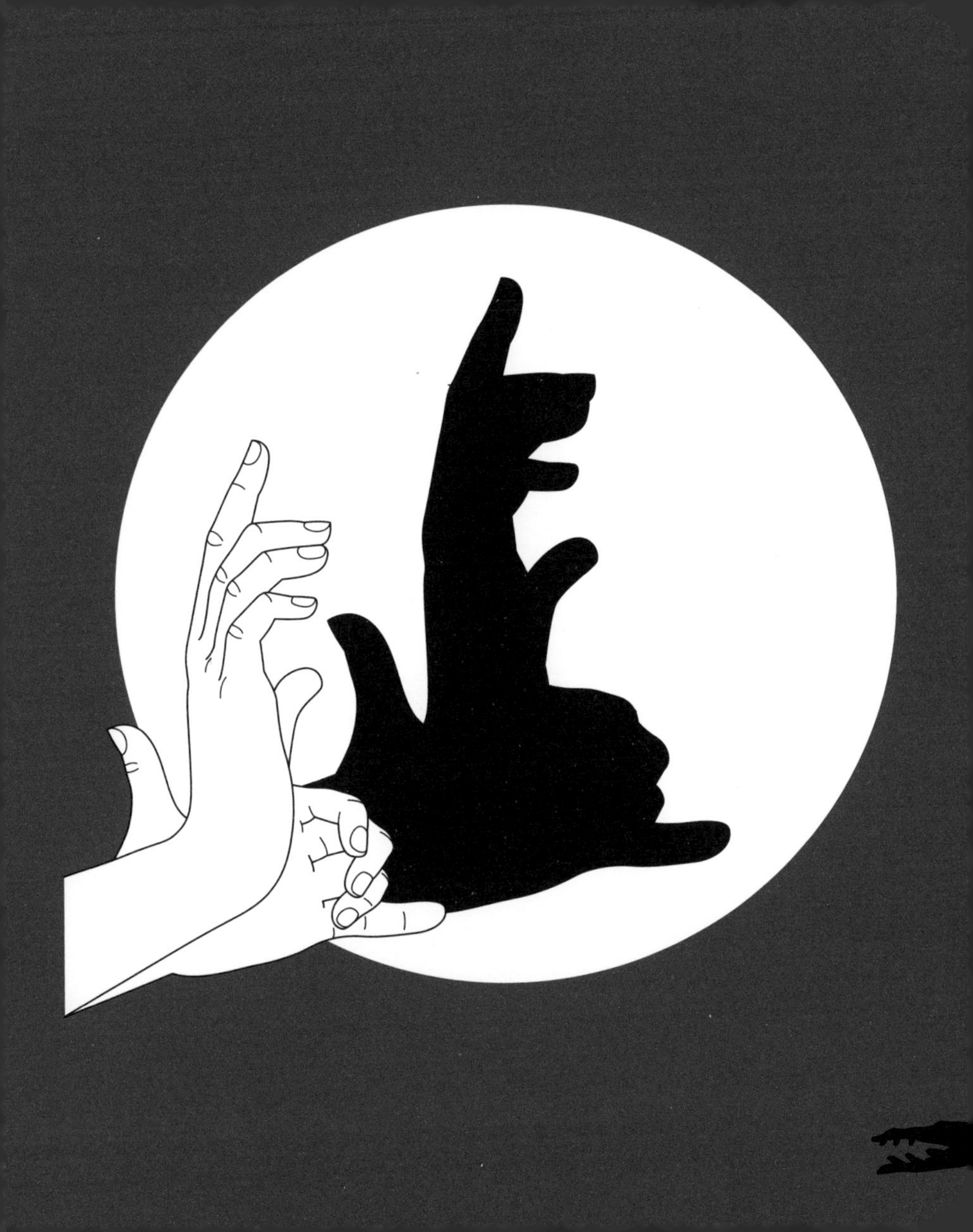

Tapir

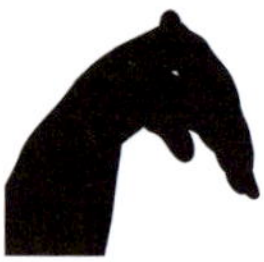

Tapire haben lange, bewegliche Nasen und erstaunlich kräftige Unterkiefer. Diese Silhouette ist eine abgewandelte Form des Elefantenschattens (*siehe Seite 132–133*). Das Auge des Tapirs bleibt bei allen Bewegungen gleich klein. Führen Sie den angewinkelten Daumen der linken Hand auf und ab, während Sie gleichzeitig mit den übrigen Fingern dieser Hand wackeln, um den Tapir lebensecht am Waldboden schnüffeln zu lassen.

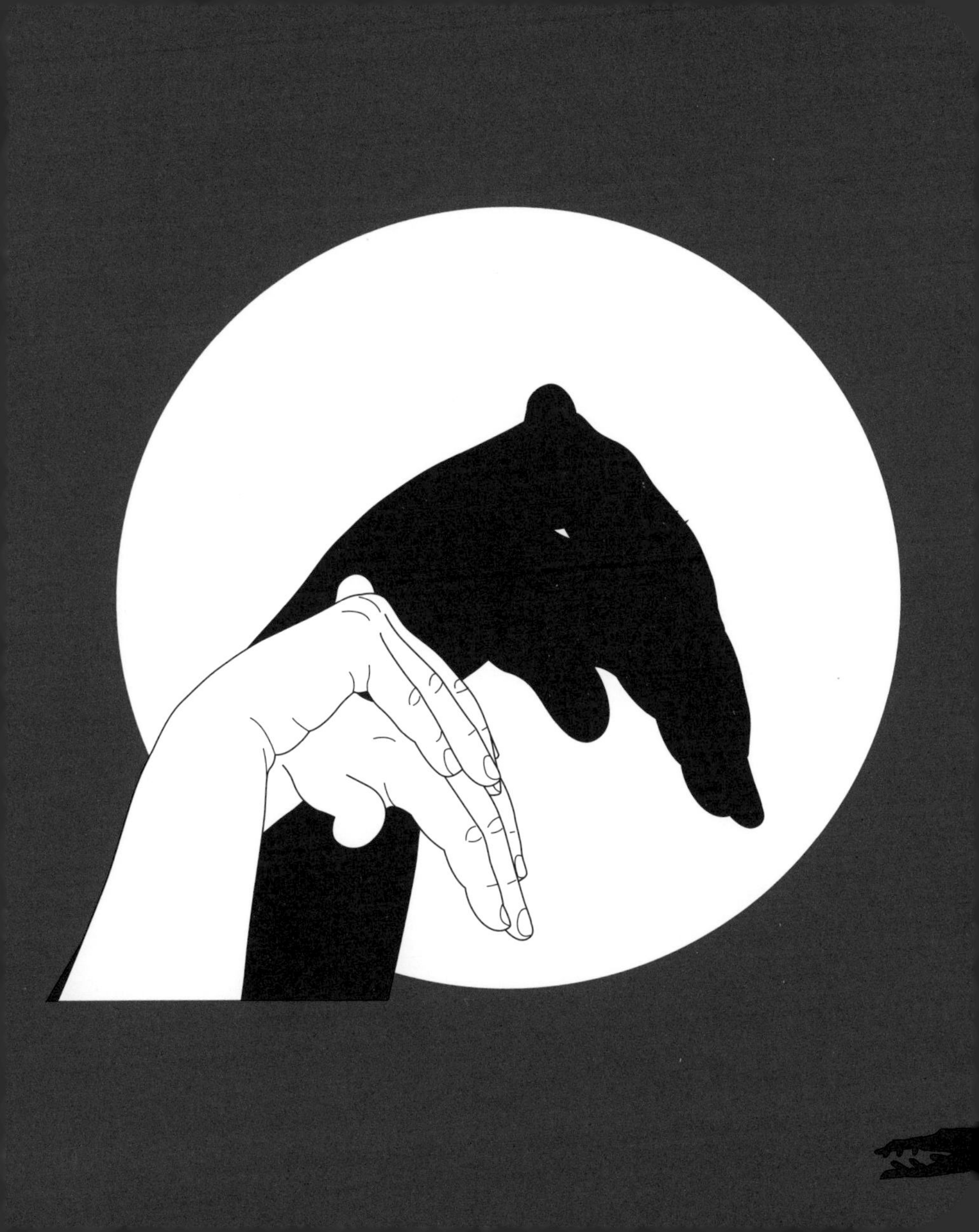

Dachs

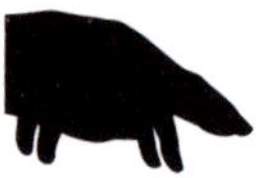

Dachse schnuppern beim Herumlaufen am Boden. Um das nachzuahmen, beugen Sie das Mittel- und Zeigefingerpaar der linken Hand. Die Schattenfigur lässt sich einfach aufbauen; schwieriger ist es hingegen, die Finger paarweise für den natürlichen Gang des Dachses zu bewegen. Üben Sie so lange, bis seine Fortbewegung nicht mehr hölzern wirkt.

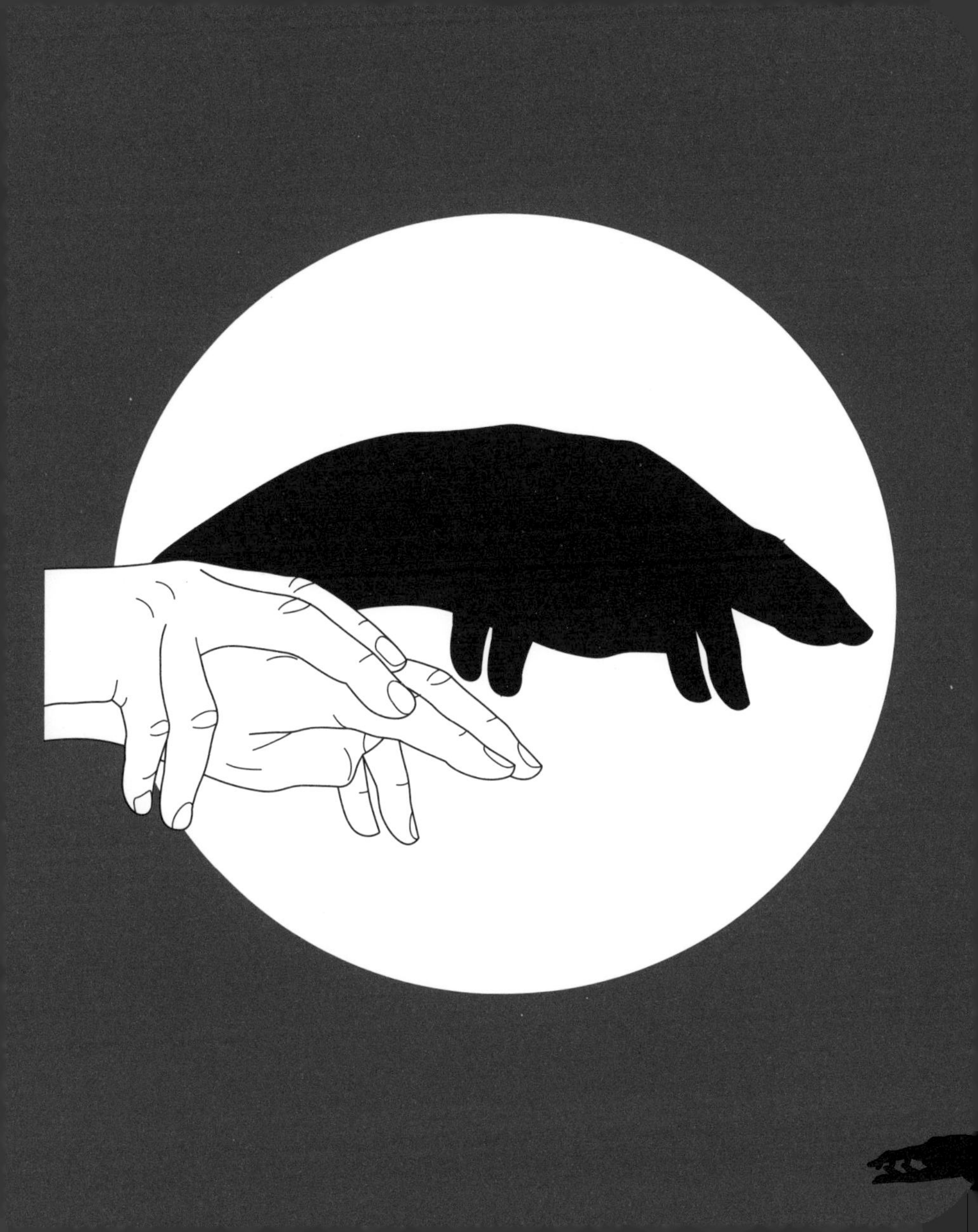

Landschildkröte

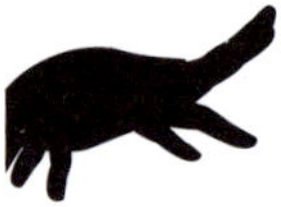

Diese einfach aufzubauende Schattenfigur lässt sich jedoch nur schwer naturgetreu bewegen. Führen Sie daher immer nur ein Bein nach dem anderen nach vorn, um den authentisch tapsigen Gang der Schildkröte nachzuahmen. Mit diesem Schattenbild lässt sich Bewegung gut üben; sogar relativ steife Finger können schließlich realitätsnah »in Gang« gesetzt werden.

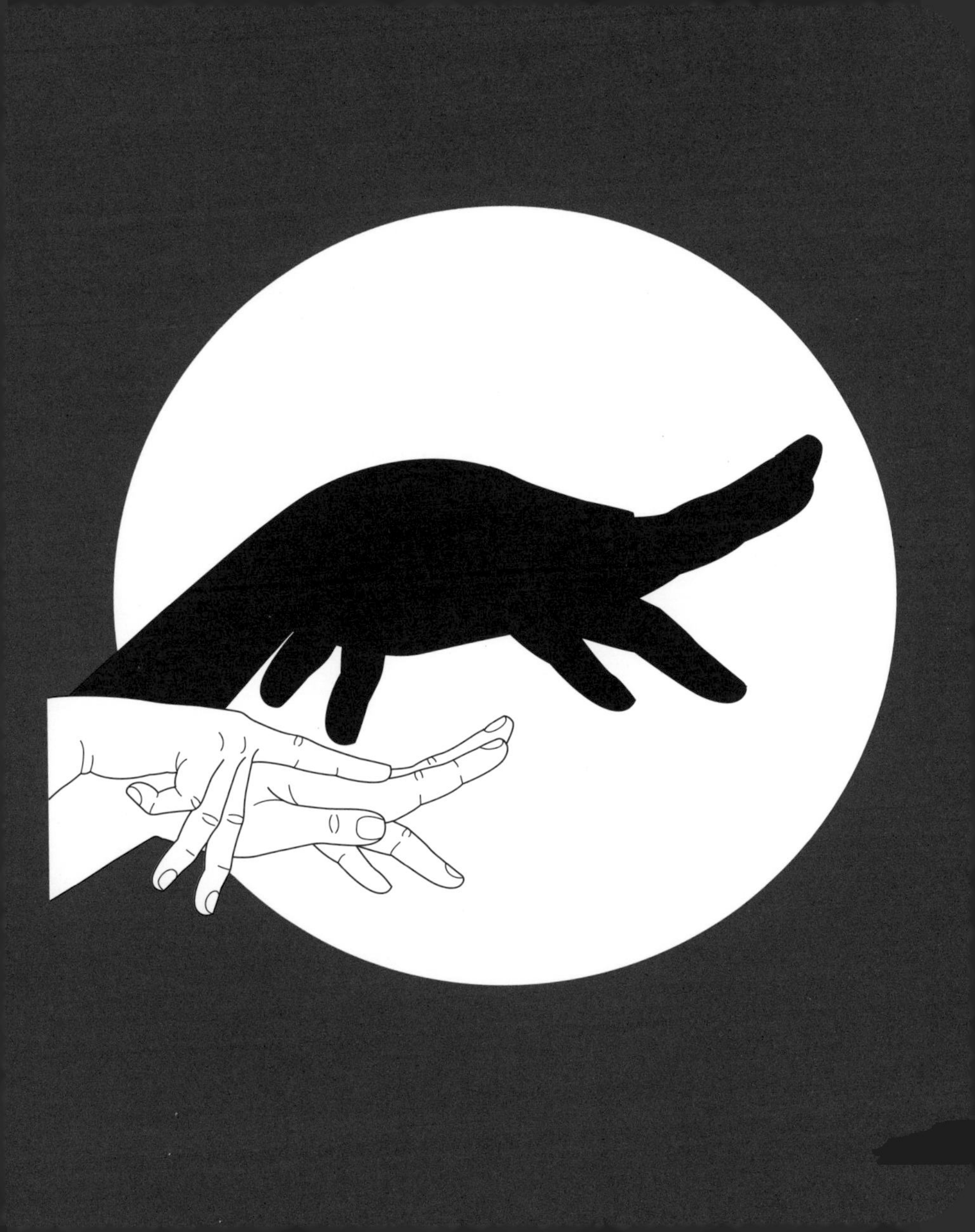

Esel

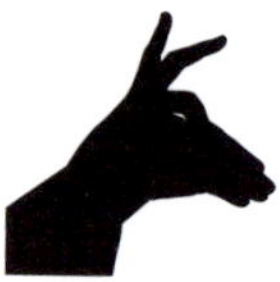

Schwierig bei dieser Schattenfigur ist es, für das Eselauge mit der rechten Hand eine kleine Lücke zwischen Ring- und kleinem Finger zu bilden, während die zusammengelegten Finger der linken Hand für die kompakte Schnauze leicht abgeknickt werden. Ist die Silhouette gelungen, schwenken Sie den Schattenkopf nach hinten und öffnen sein Maul, indem Sie den kleinen vom Ringfinger der linken Hand trennen – und schreien Sie dabei wie ein Esel.

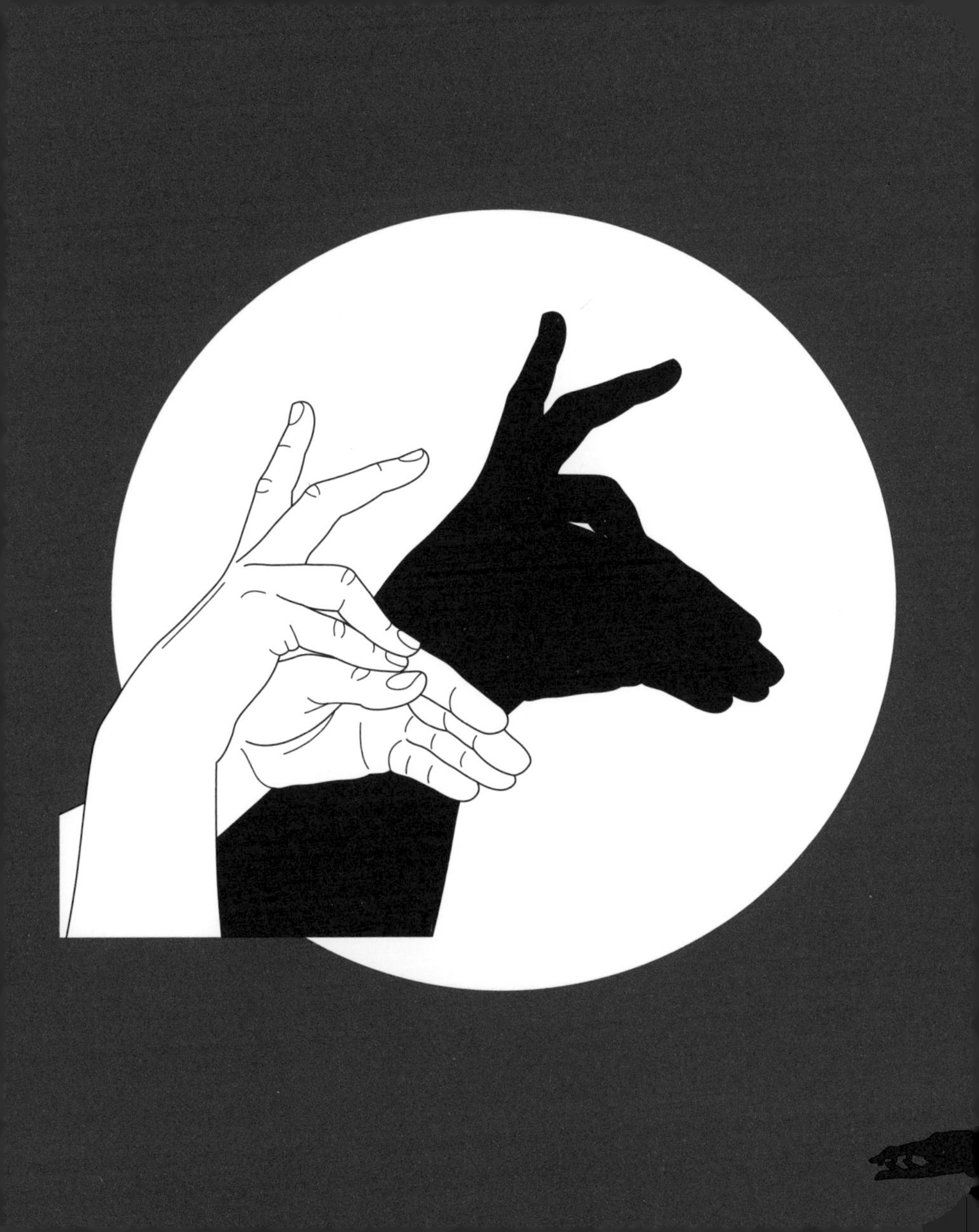

Leierschwanz

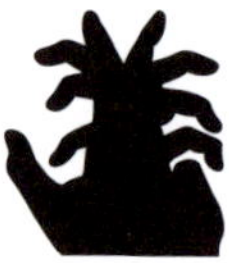

Das auffälligste Merkmal dieses Vogels sind seine prachtvollen Schwanzfedern. Um sie überzeugend darzustellen, verwenden Sie je vier Finger beider Hände. Der Kopf wird mit dem leicht gebeugten Daumen der rechten Hand gebildet, so entstehen Hals und der Kropf des Leierschwanzes. Ein langer, schlanker Daumen ergibt hier eine glaubwürdigere Schattenfigur als ein kurzer, stumpfer. Sind Ihre Daumen eher klein, dann konzentrieren Sie sich darauf, wenigstens den Schwanz so eindruckvoll wie möglich zu gestalten.

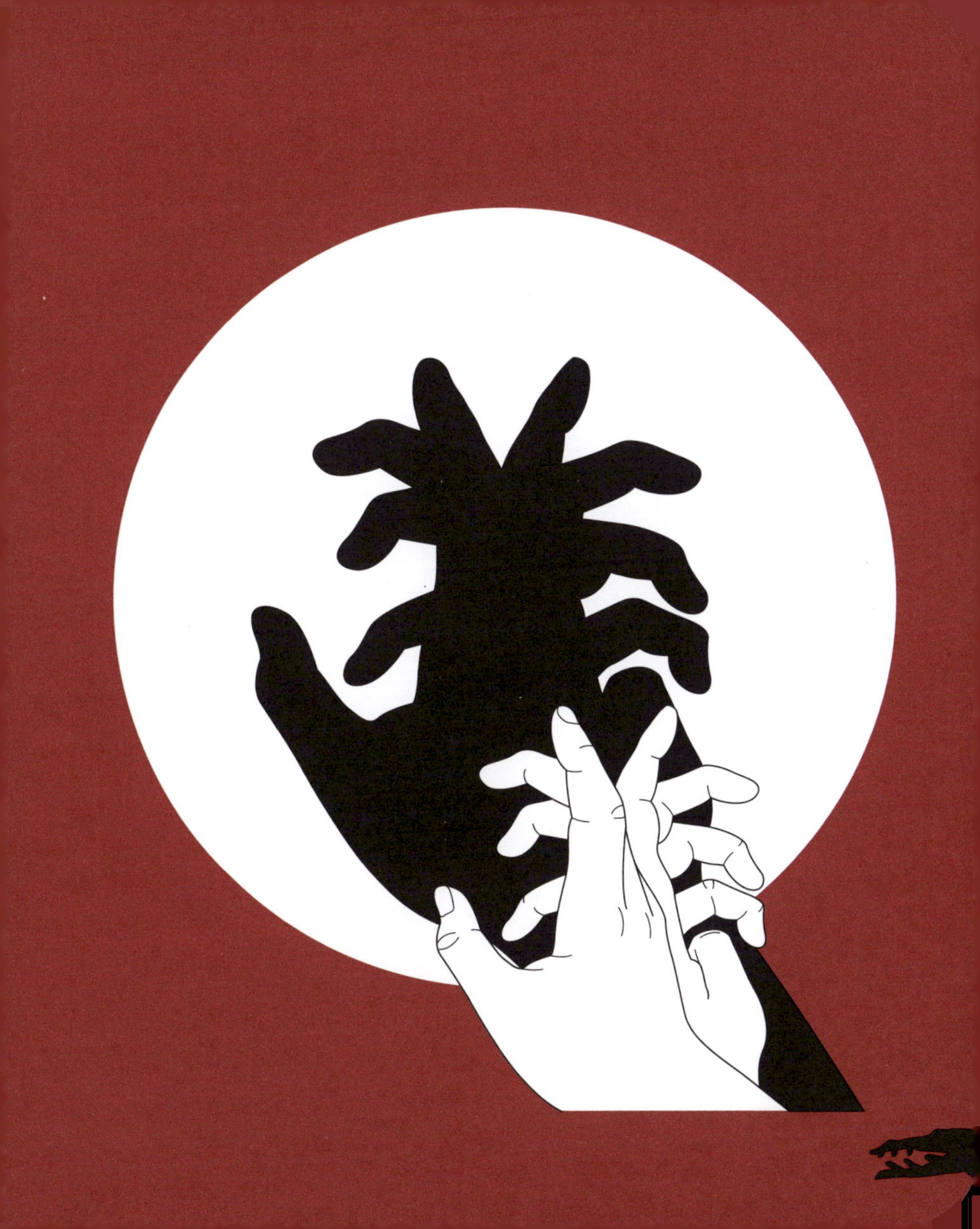

Chamäleon

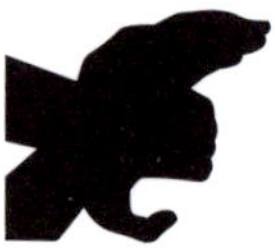

Das Chamäleon balanciert auf einem Ast und hat den Schwanz um seinen Sitzplatz gewickelt. Der gewölbte Rücken und das forschend blickende Gesicht können durchaus bewegt werden. Die Silhouette des Chamäleons als Ganzes zu bewegen ist jedoch schwierig, da sich die Hände dabei kaum in der korrekten Position halten lassen. Wickeln Sie den Schwanz um den Ast und lösen Sie ihn wieder, indem Sie den linken Daumen bewegen. Wenn Sie die aneinandergelegten Finger der rechten Hand etwas vor- und zurückschwenken, dreht das Tier seinen Kopf.

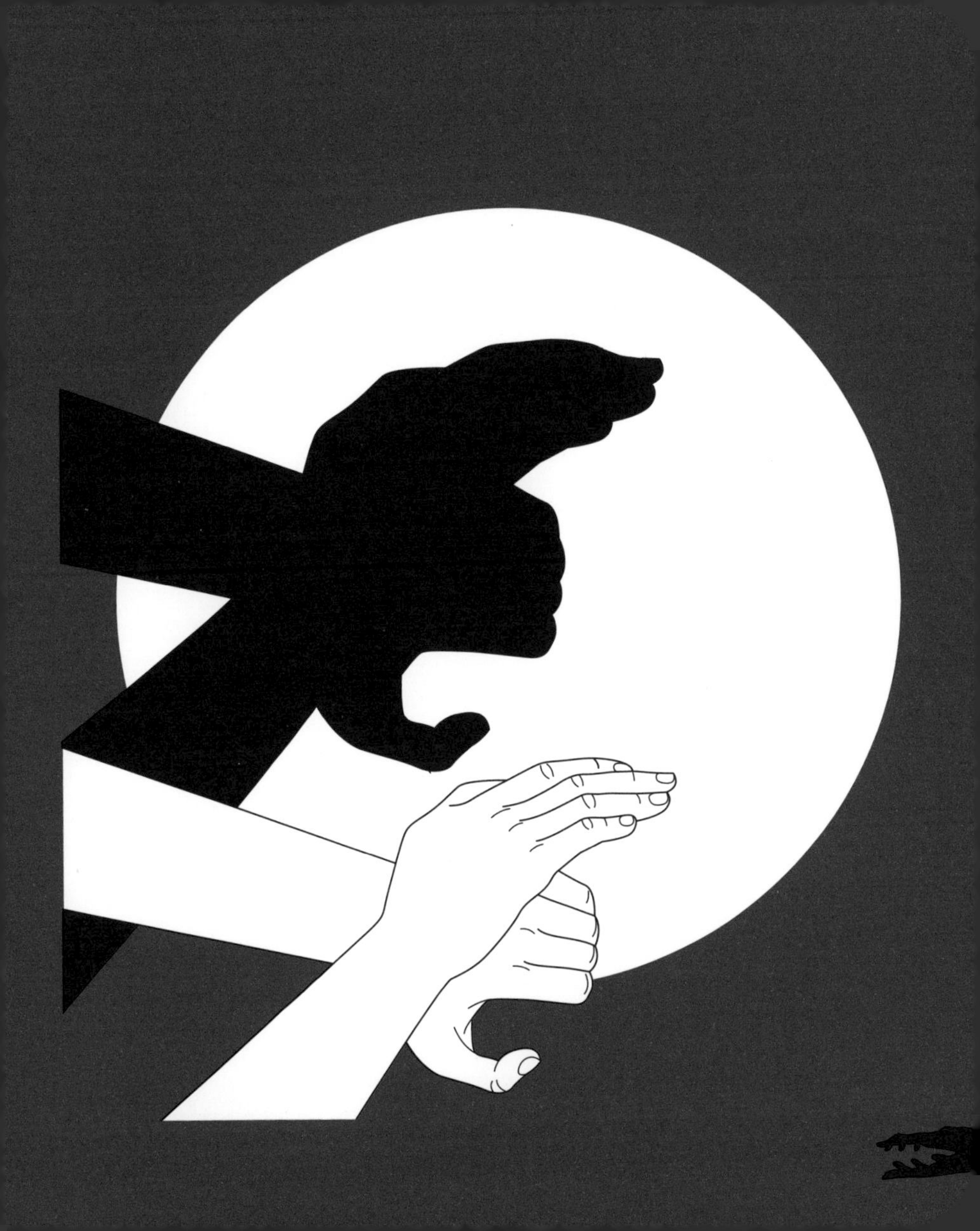

Zicke

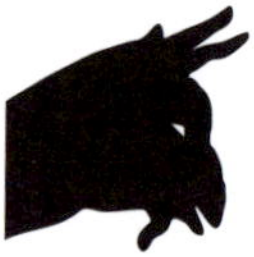

Lassen Sie das gekrümmte Schattenprofil der weiblichen Ziege rundlich wirken – bis auf die Stelle, an der die rechte Hand mit der linken zusammenkommt. Die Zickenhörner, hinter denen das mit dem Daumen gebildete Ohr sitzt, zeigen nach vorn. Den markanten Bart können Sie wackeln lassen. Beugen Sie hierfür den kleinen Finger vor und zurück.

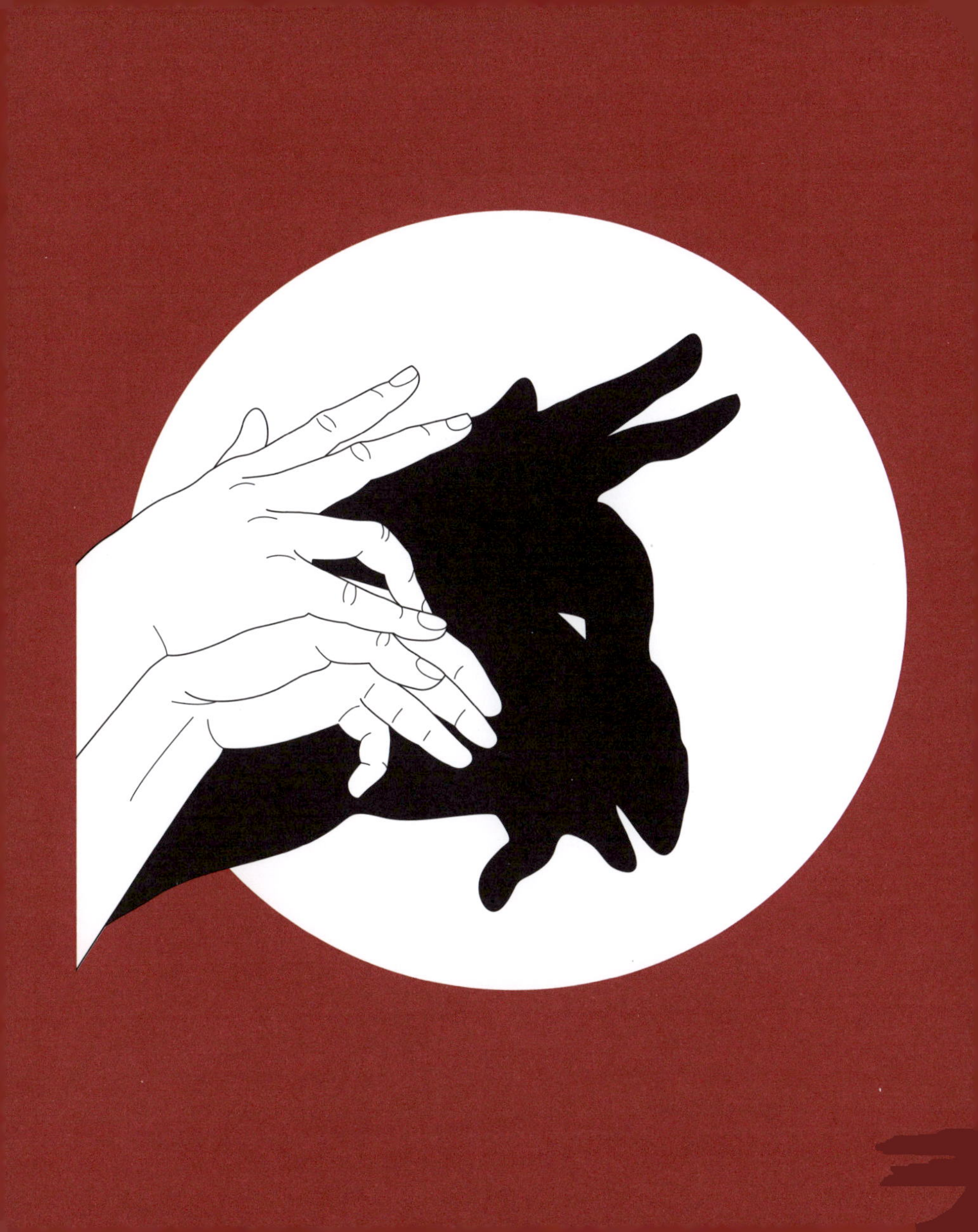

Specht

Der Specht besitzt bekanntermaßen einen äußerst kräftigen Schnabel. Der lange, gegabelte Schwanz ragt unter dem Zweig hervor, auf dem die Schattenfigur sitzt. Haben Sie einen vertikalen stabilen Gegenstand, der sich als Baumstamm eignet, können Sie die vor- und zurückschnellende Bewegung, mit der der Specht seinen Schnabel gegen die Rinde hämmert, und die charakteristischen Klopflaute nachahmen. Halten Sie die linke Hand ruhig und nutzen Sie nur die rechte, wenn der Specht das Holz bearbeitet.

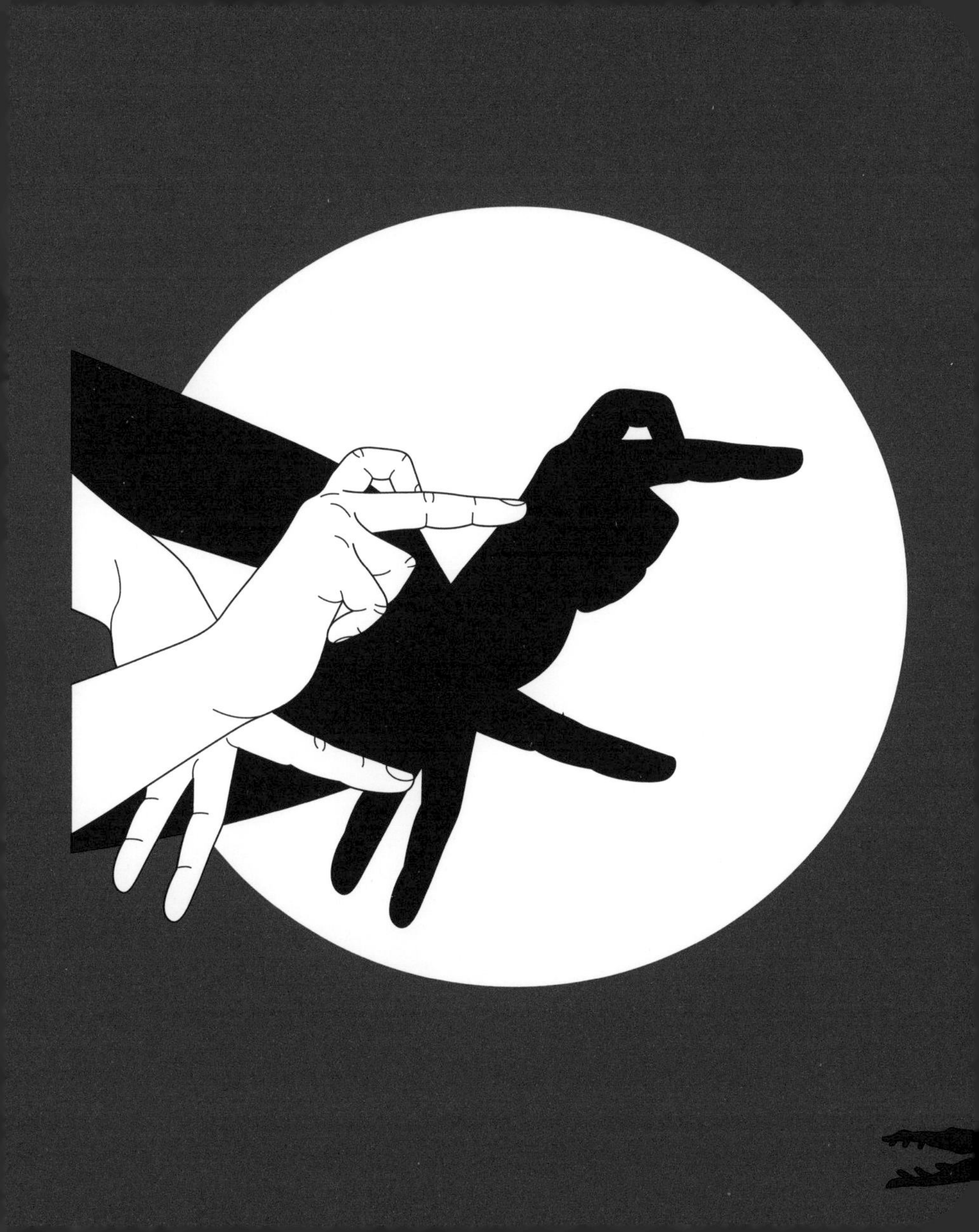

Katze

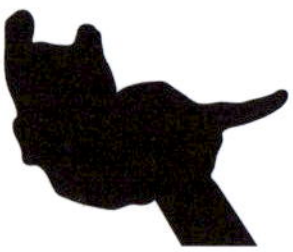

Die Proportionen der Katze lassen sich nur schwer darstellen, obwohl der Kopf selbst leicht zu formen ist. Den Handrücken einer gelenkigen linken Hand kann man zu einem sanft gerundeten Katzenbuckel krümmen; der gestreckte Zeigefinger dient als Schwanz. Verlängern Sie den Rumpf, indem Sie die linke etwas über die rechte Hand hinaus strecken. Dabei soll der Winkel zwischen Kopf und Körper weit geöffnet und rundlich bleiben. Wird er zu spitz, verliert der Schatten seine katzentypische Form.

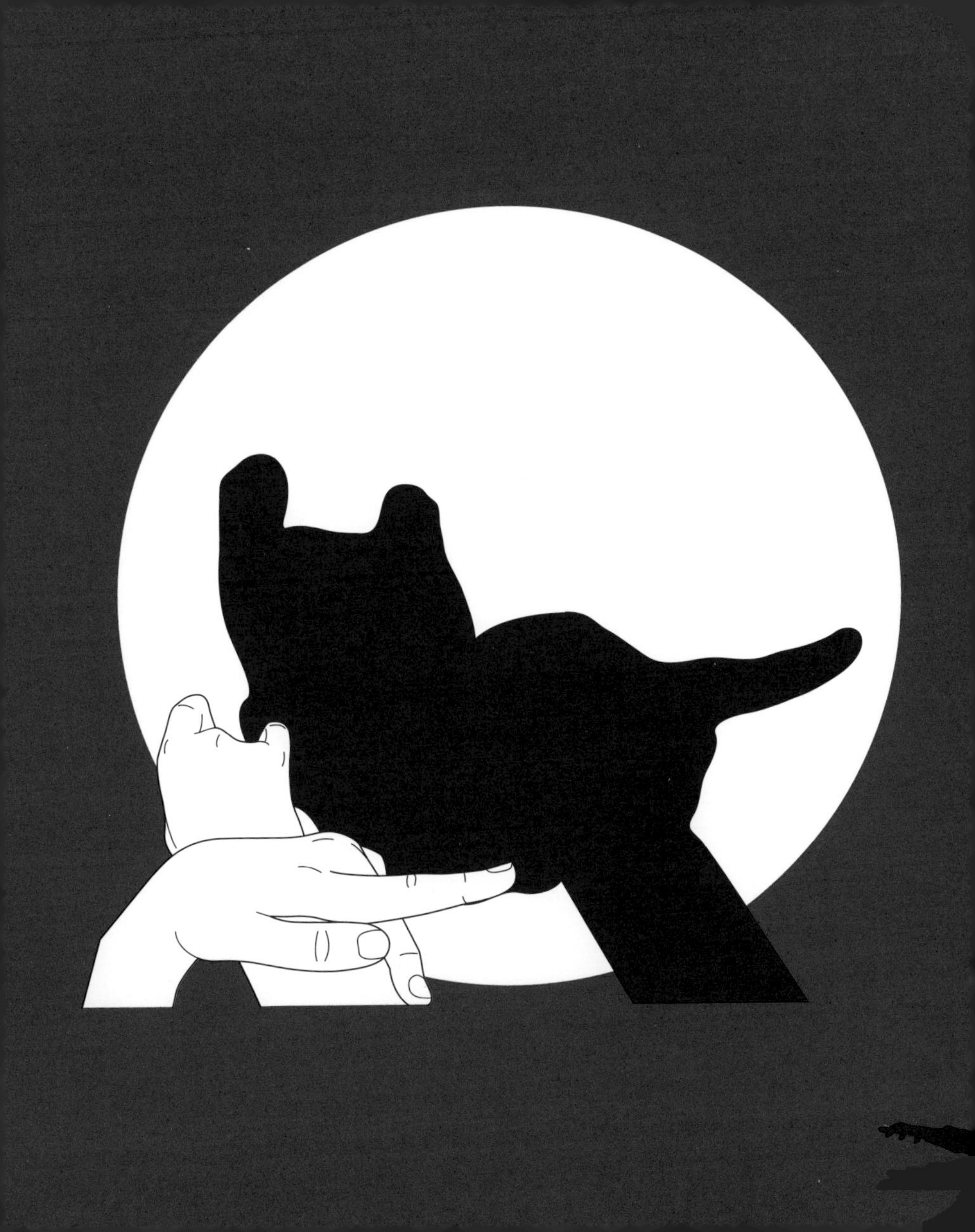

Junger Hahn

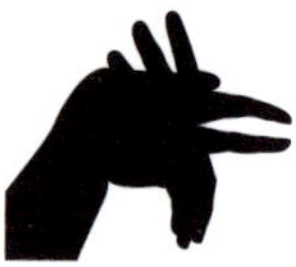

Der untere Teil des Hahnenkopfes wird wie der des Truthahns gestaltet (*siehe Seite 90–91*). Hier aber bilden Sie den Kamm mit drei aufwärtsgerichteten Fingern der linken Hand, statt sie wie beim Truthahn über dessen Kopf zu legen. Bewegliche Finger und viel Übung sind die Voraussetzungen, damit Sie alle Winkel korrekt wiedergeben und so den Hahn natürlich wirken lassen können.

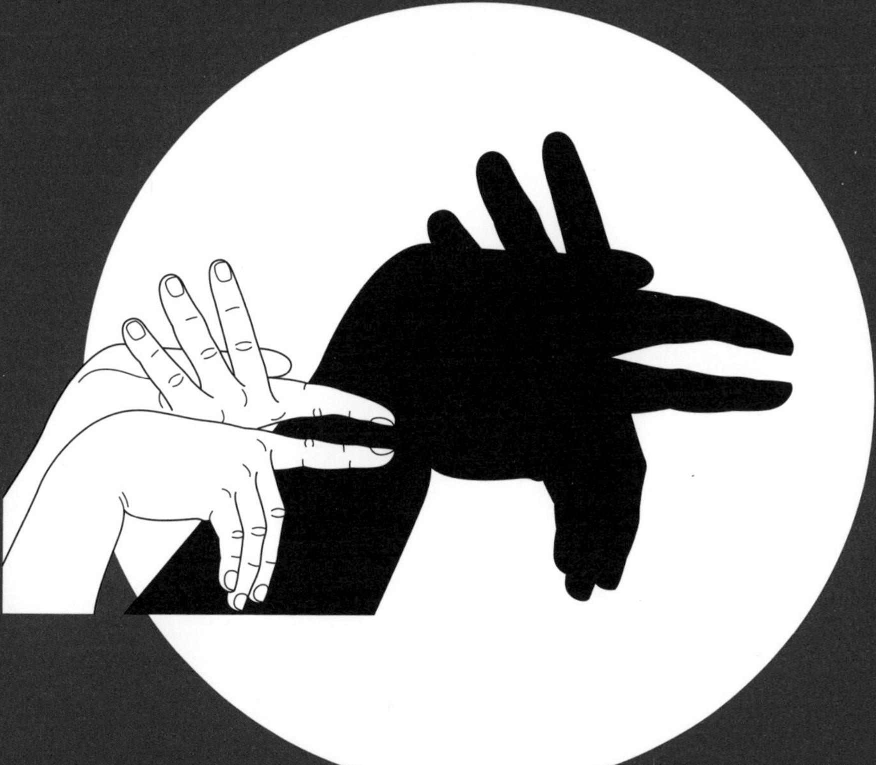

Murmeltier

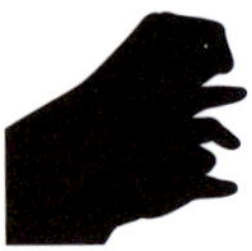

Das Murmeltier wird ähnlich wie der Hase gebildet (*siehe Seite 164–165*), doch der Kopf ist einfacher und der Schädel leicht kuppelförmig gewölbt. Das Auge entsteht durch eine winzige Lücke zwischen dem Mittel- und Zeigefinger der linken Hand. Sind Ihre Finger gelenkig genug, dann bewegen Sie das Murmeltier, indem Sie seine Vorderpfoten etwas früher als seinen Körper »hüpfen« lassen. Murmeltiere können jedoch nur sehr kleine Sprünge machen.

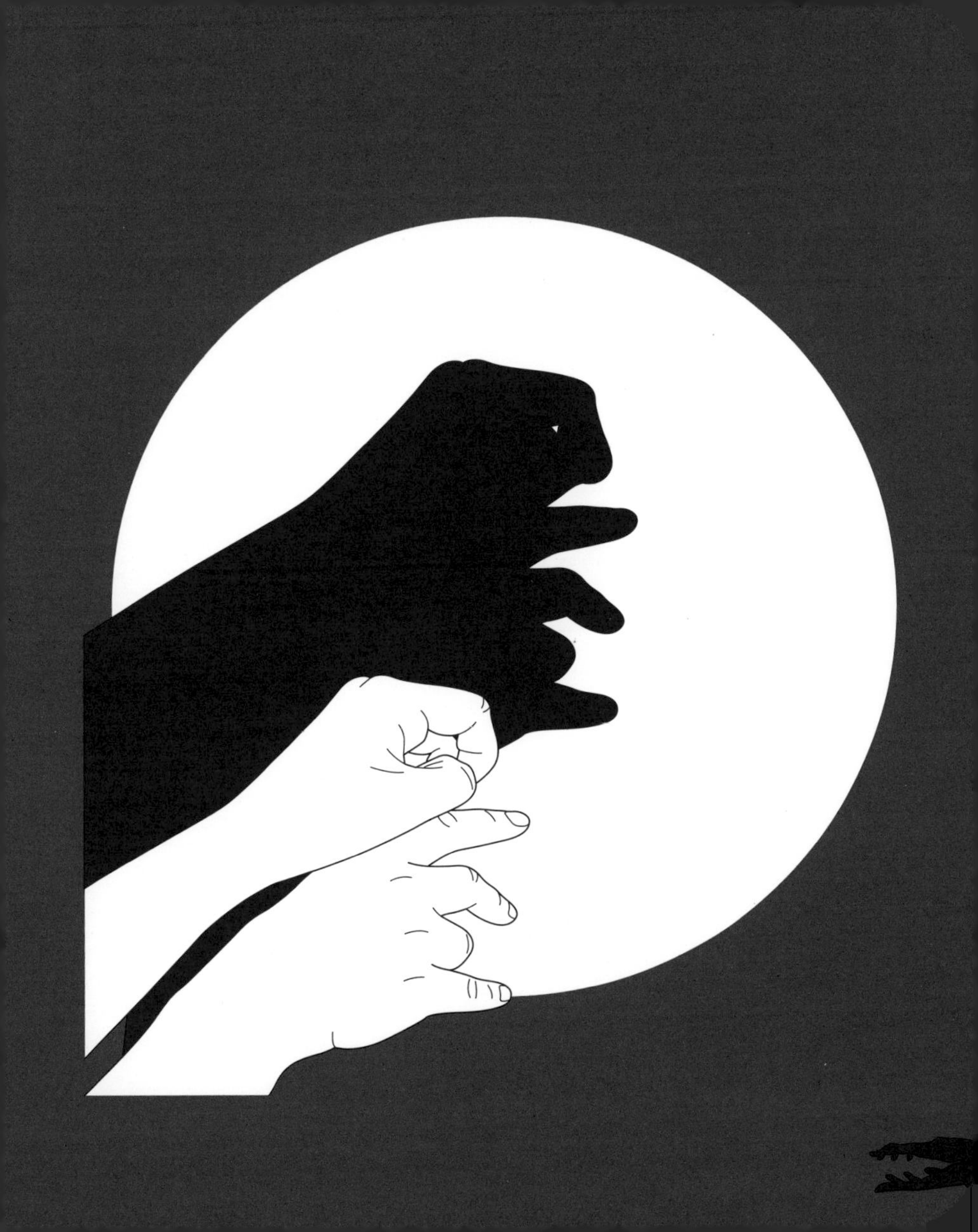

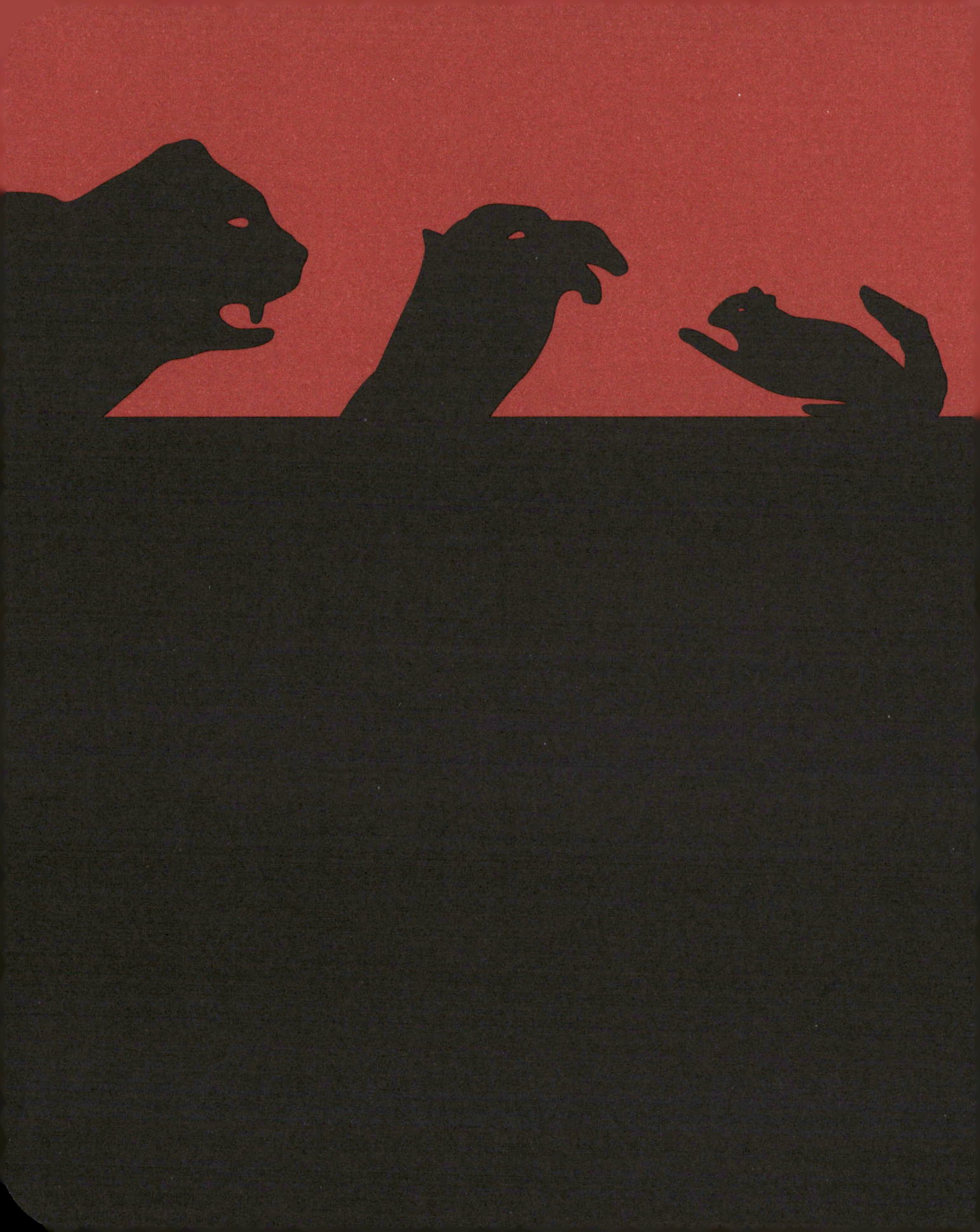

Fortgeschrittene Tiere

Diese Tiergruppe setzt eine große Beweglichkeit der Finger, Hände und Handgelenke voraus und erfordert ebenso die Fähigkeit, eine unangenehme Position nicht nur aufzubauen, sondern auch zu halten, damit das Schattenbild wirkt. Stellen Sie sich darauf ein zu üben – das Ergebnis wird Sie belohnen.

Wolf

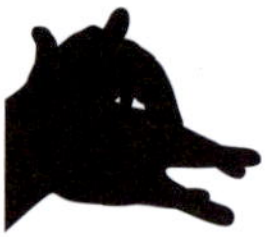

Der Wolf besitzt ein kleines, durchdringend blickendes Auge und ein bedrohlich geöffnetes Maul. Üben Sie, die Pupille an ihrem Platz zu lassen, wenn Sie den Wolf vorwärtsbewegen. Mit der Zeit gelingt es Ihnen, das zahnbesetzte Maul zu öffnen und zu schließen, wobei es Ihnen zunächst schwerfallen mag, die beiden Fingerpaare dabei gekreuzt zu halten.

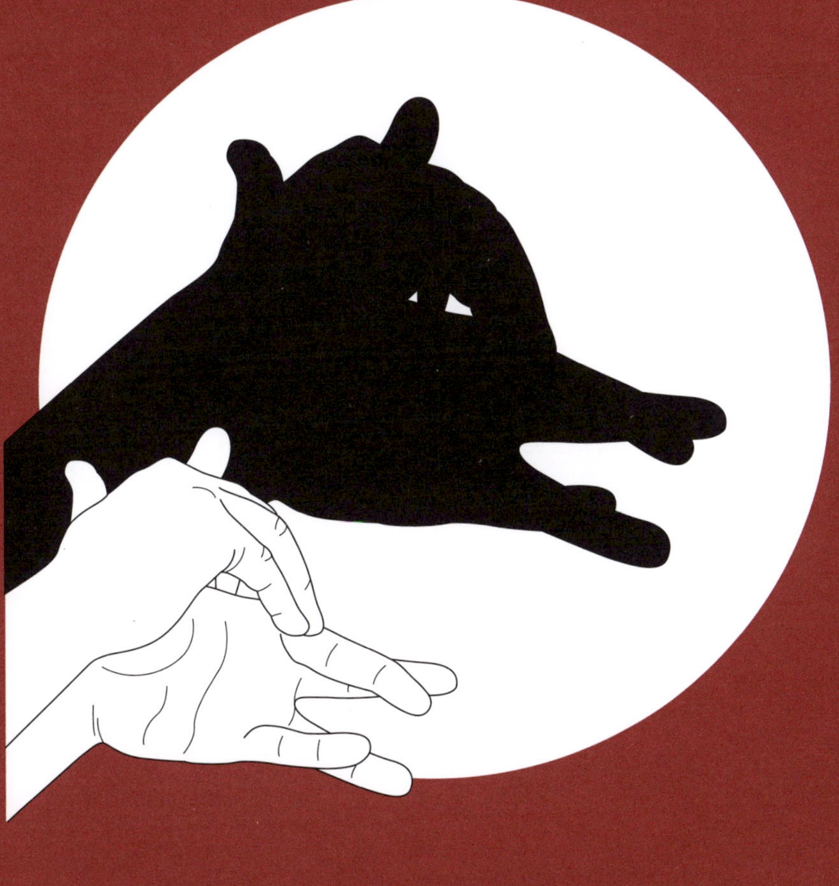

Kojote

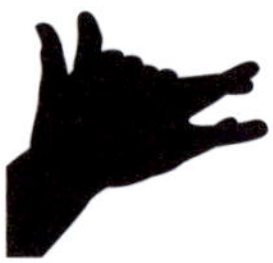

Das Maul des Kojoten wird wie das Maul des Wolfs gebildet (*siehe Seite 196–197*); der Kojote besitzt jedoch einen knochigeren, mehr gestreckten Kopf, der mit den Fingerknöcheln der rechten Hand geformt wird. Die Ohren sind lang und nach vorn gerichtet. Lassen Sie die Silhouette des Kojoten heulen, indem Sie seinen ganzen Kopf nach oben werfen und das Maul geöffnet (besser als geschlossen) vibrieren lassen. Mit den paarweise gekreuzten Fingern ist der Kopf zunächst nur schwer zu bewegen, doch nach einiger Übung gelingt es Ihnen dann sicher leicht.

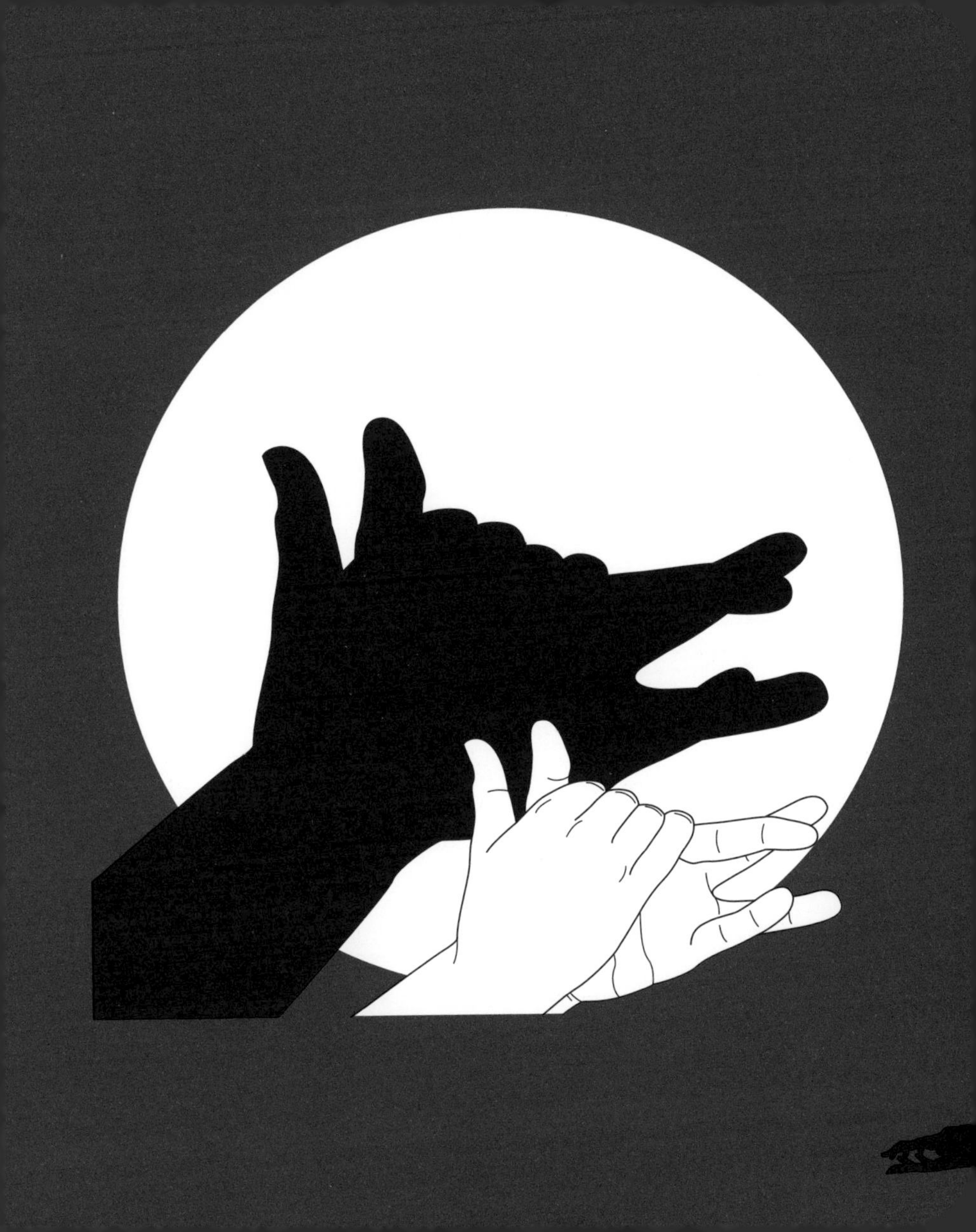

Maus

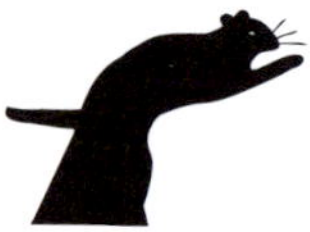

Es ist zwar schwierig, die Finger für die Maus korrekt anzuordnen, doch diese Schattenfigur ist es wert, da sie sich am ehesten lebensecht bewegen lässt. Ruckeln Sie dazu mit dem gestreckten Finger der linken Hand hin und her, um mit dem Schwanz zu wackeln, während Sie den kleinen Finger der rechten Hand krümmen, damit die Vorderpfoten vorwärts»gehen«. Sollte Ihnen diese Schattenfigur sehr schwerfallen, formen Sie die Maus zunächst ohne Auge, da Sie die Hand dann lockerer halten können. Wenn Sie sich die Mühe machen, dünne Stroh- oder Papierstreifen als Barthaare hinzuzufügen, wird die Maus noch lebendiger.

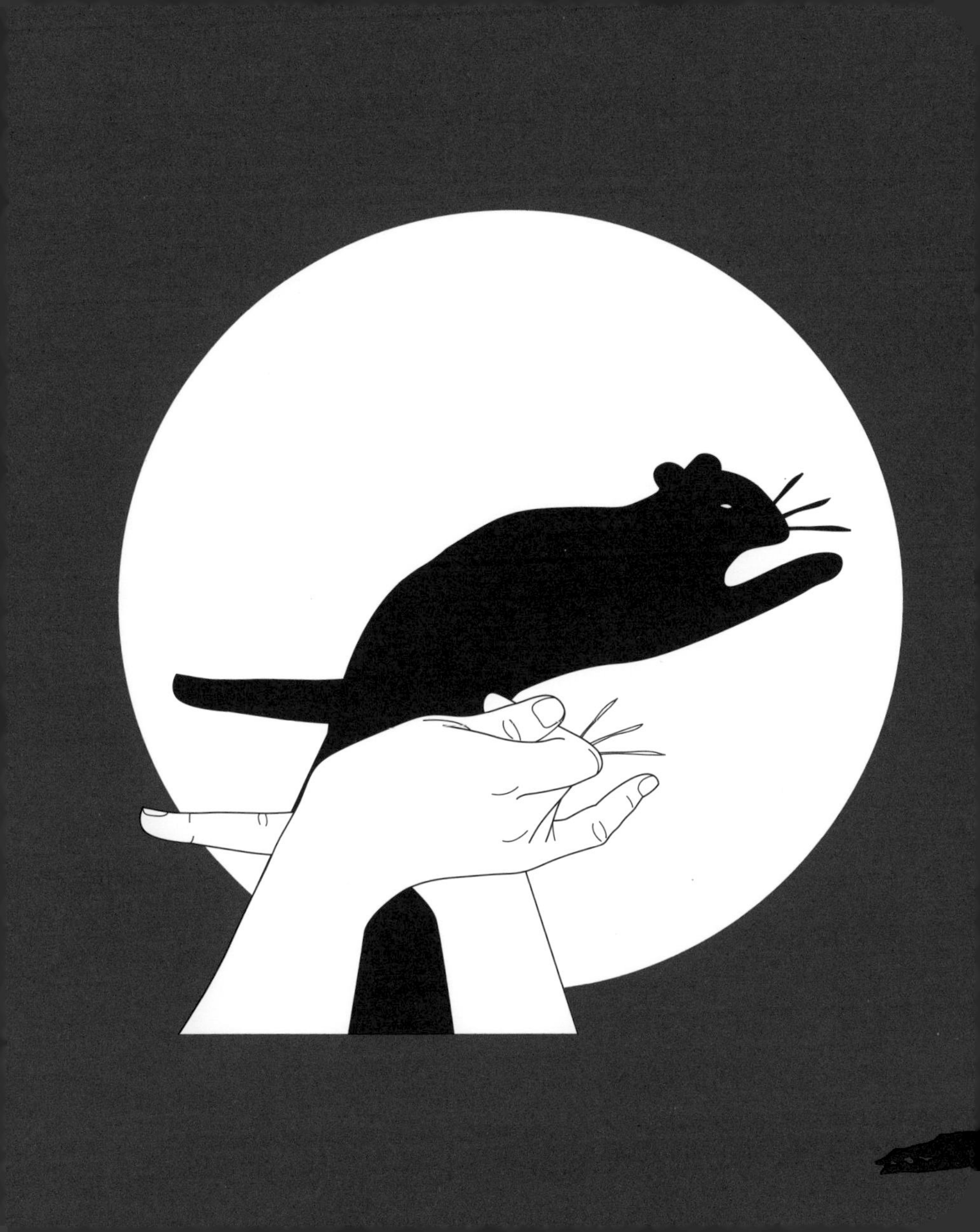

Nashorn

Ein wesentliches Merkmal der Nashörner ist das spitze Horn auf der langen stumpfen Nase. Hierfür legen Sie den gestreckten kleinen Finger der rechten Hand über die leicht gekrümmten Finger der linken. Der Trick dabei ist, den kleinen Finger so in den Lichtkegel zu halten, dass das Horn recht kräftig erscheint. Drehen Sie daher den Finger etwas vom Licht weg und hin zur Wand – mit diesem mächtigen Horn wird das furchterregende Tier seinem Namen gerecht.

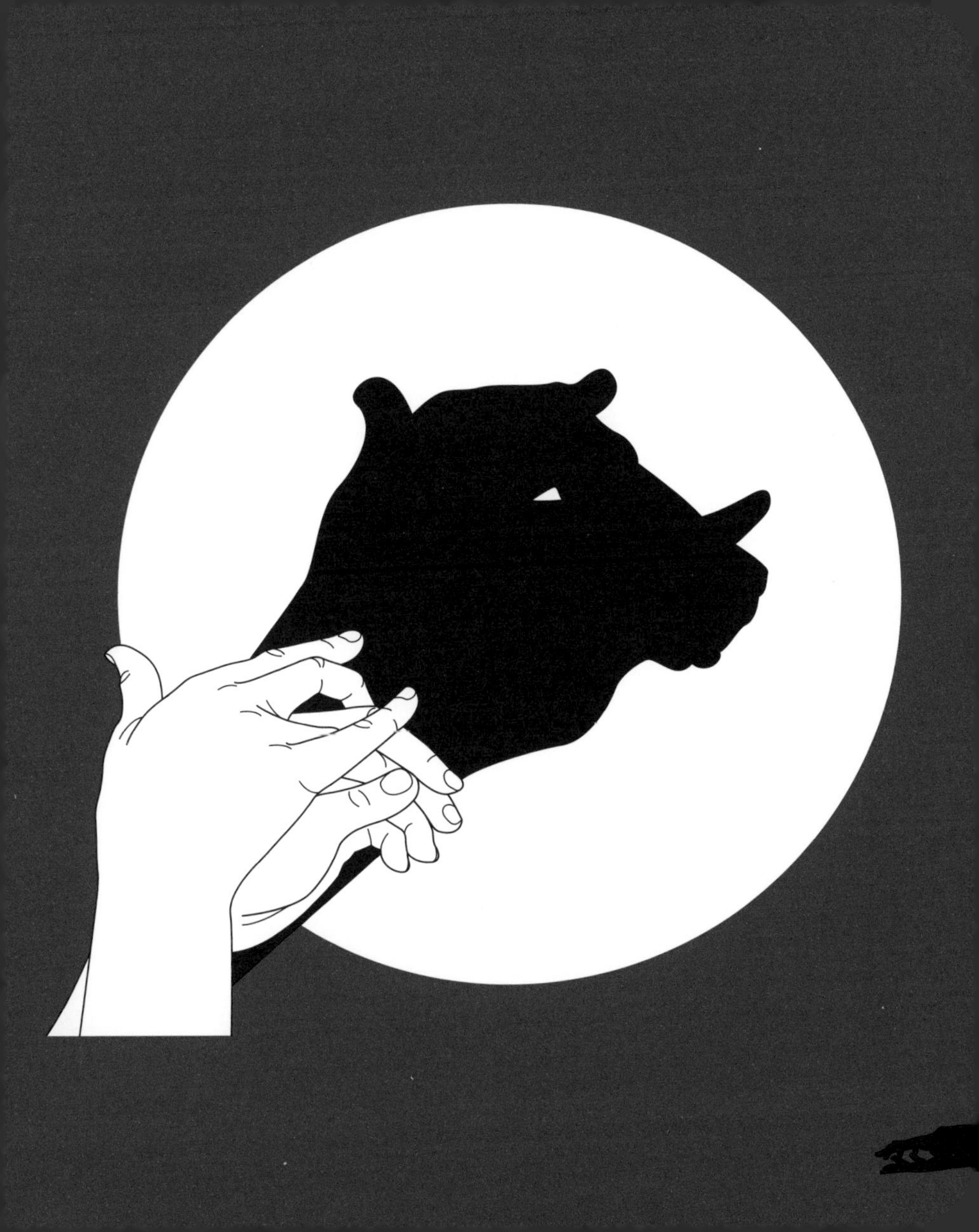

Tiger

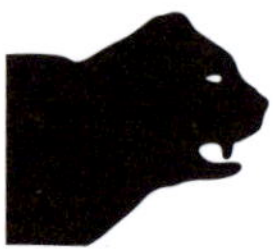

Um den Tiger zu imitieren, brauchen Sie ein Stück Stoff oder ein Handtuch, das Sie wie gezeigt für die Ohr- und Halspartie über beide Handgelenke drapieren. Nehmen Sie sich Zeit, den Stoff richtig zu legen. Erst dann bringen Sie behutsam die Hände in die erforderliche Haltung, um das authentisch zähnefletschende Profil des Tigers zu formen.

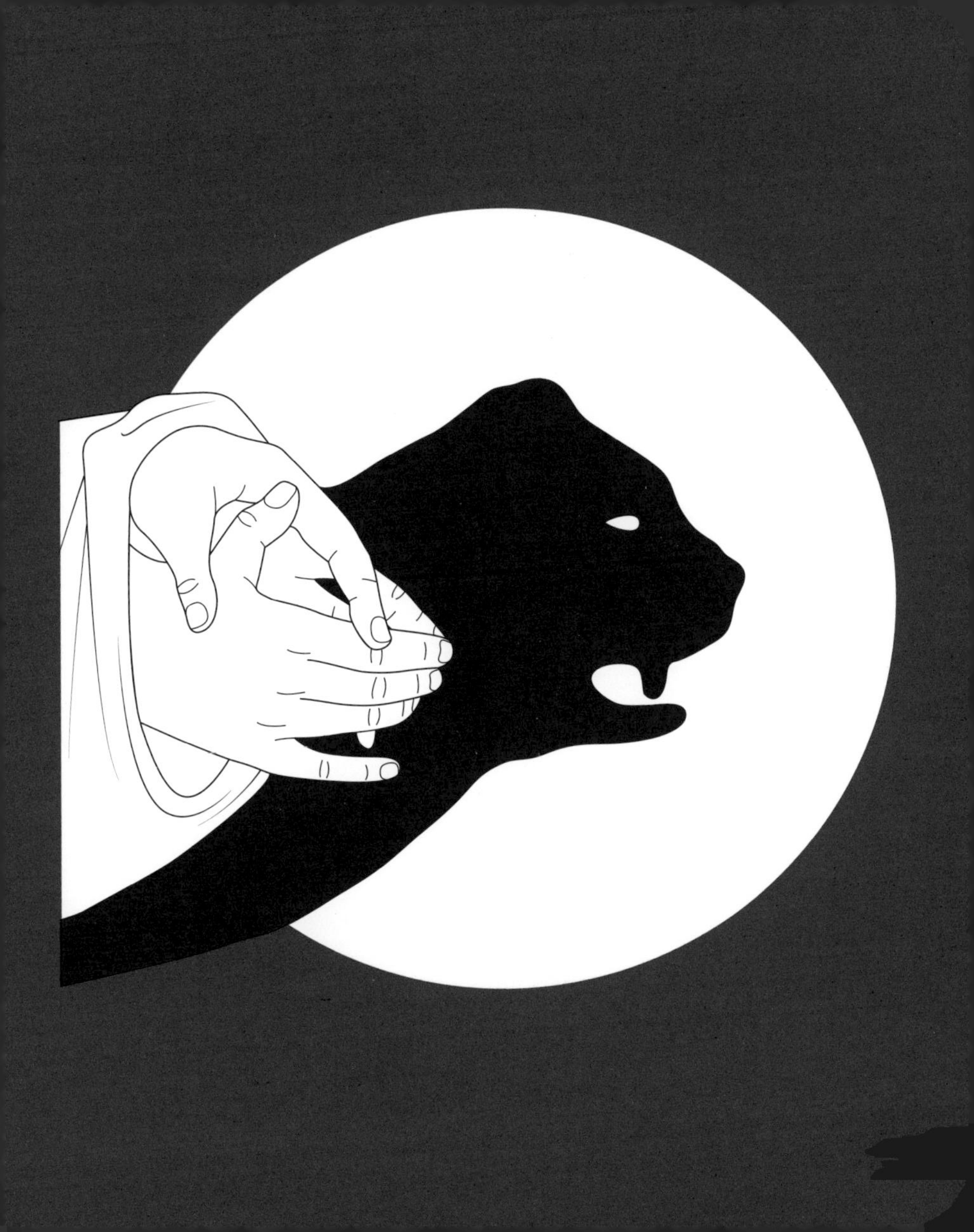

Löwe

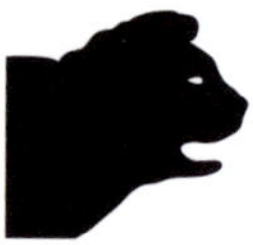

Das markante Profil der Löwensilhouette wird mit der gleichen Handhaltung wie beim Tiger gebildet (*siehe Seite 204–205*), natürlich ergänzt um eine wallende Löwenmähne. Diese formen Sie mit einem Handtuch, T-Shirt, zerknittertem Hemd oder einem anderen langen Stück Stoff, das sich locker und voluminös drapieren lässt. Umwickeln Sie damit die Handgelenke und die Oberseite der linken Hand und schieben Sie den Stoff wellig zusammen. Am besten lassen Sie ihn von einem Helfer drapieren, nachdem Sie die Hände in die richtige Haltung gebracht haben.

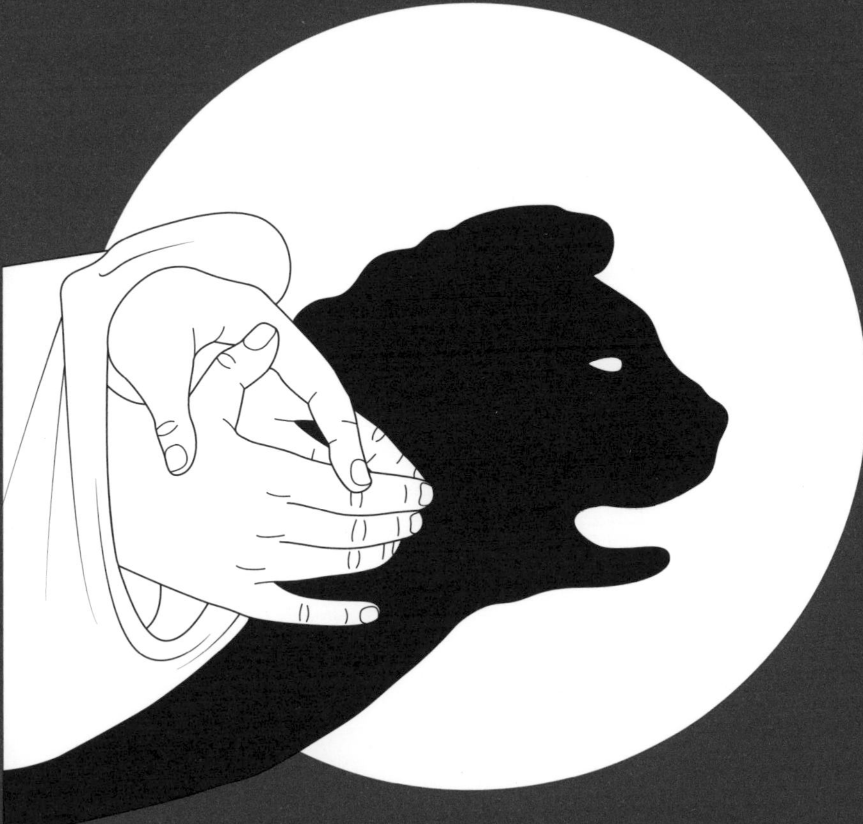
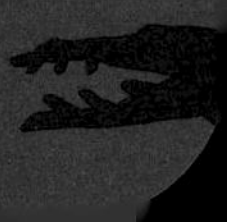

Jaguar

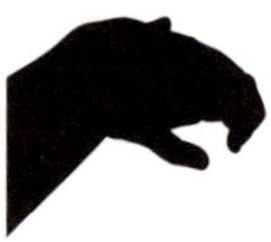

Der Jaguar wird als Schattenbild ähnlich wie der Panther gestaltet (*siehe Seite 220–221*), jedoch mit einer stumpferen, leicht faltig wirkenden Schnauze. Passend zu diesem Äußeren können Sie leise knurren, als ob das Tier vor dem Angriff auf eine unachtsame Beute die Zähne fletscht. Für eine realitätsnahe Schnauzenkontur legen Sie die Finger der rechten Hand eng zusammen. Das kleine, nach vorn gedrehte Ohr zeigt die Konzentration des Tieres.

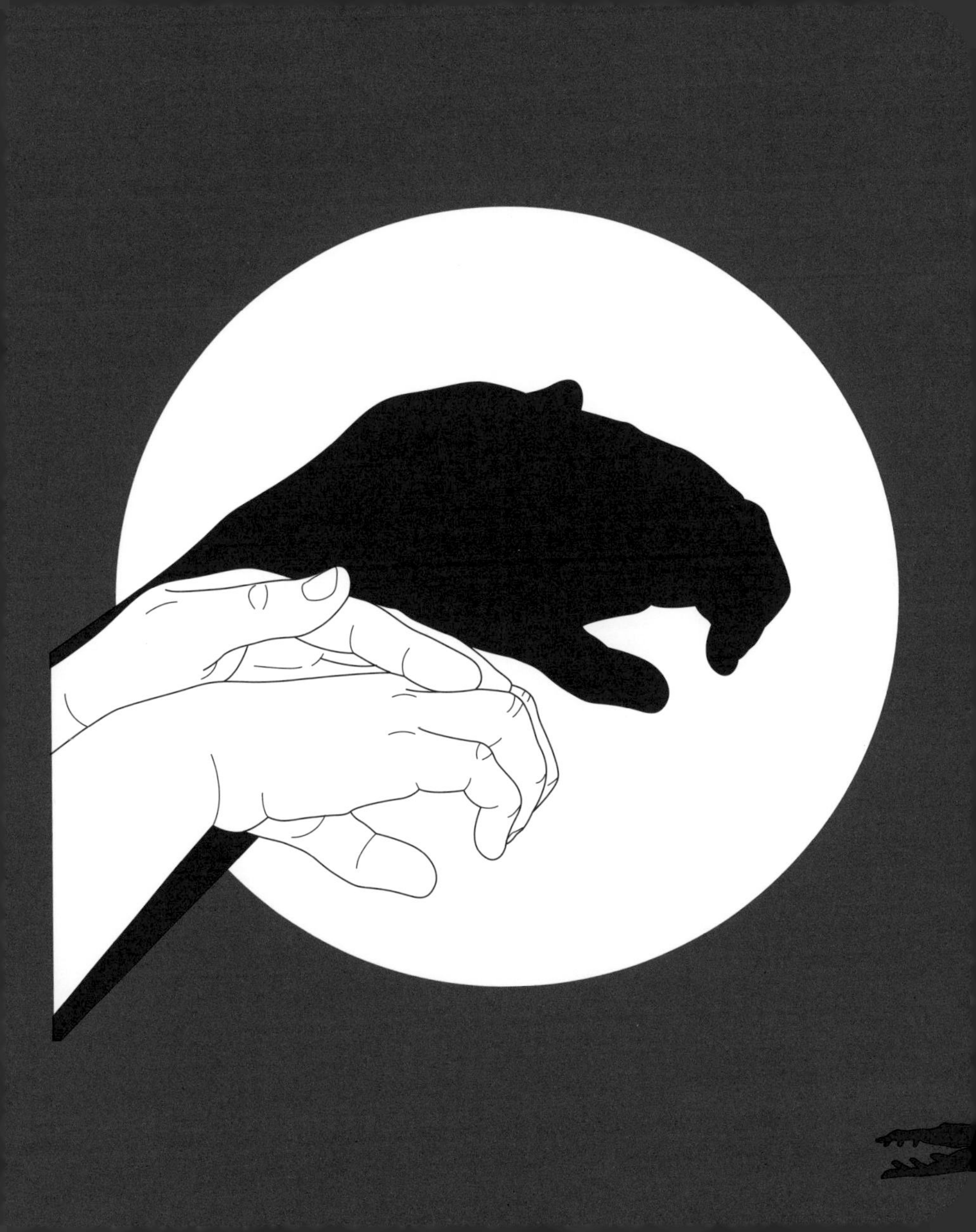

Eichhörnchen

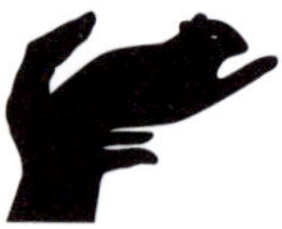

Ist Ihnen die Silhouette des Eichhörnchens erst einmal gelungen, können Sie das Tier einen schrägen Ast entlangspringen lassen, sofern sich einer in Ihrem Requisitenfundus befindet. Imitieren Sie diese natürlichen Hüpfbewegungen mit dem kleinen Finger und dem Daumen der linken Hand, während Sie den kleinen Finger der rechten Hand ein- und wieder ausrollen. Die rechte Hand und das Handgelenk müssen sehr beweglich sein, um diesen Schatten zu formen. Sollte Ihnen das schwerfallen, beugen und kreisen Sie das Handgelenk einige Male, bevor Sie die Hand wieder in Position bringen.

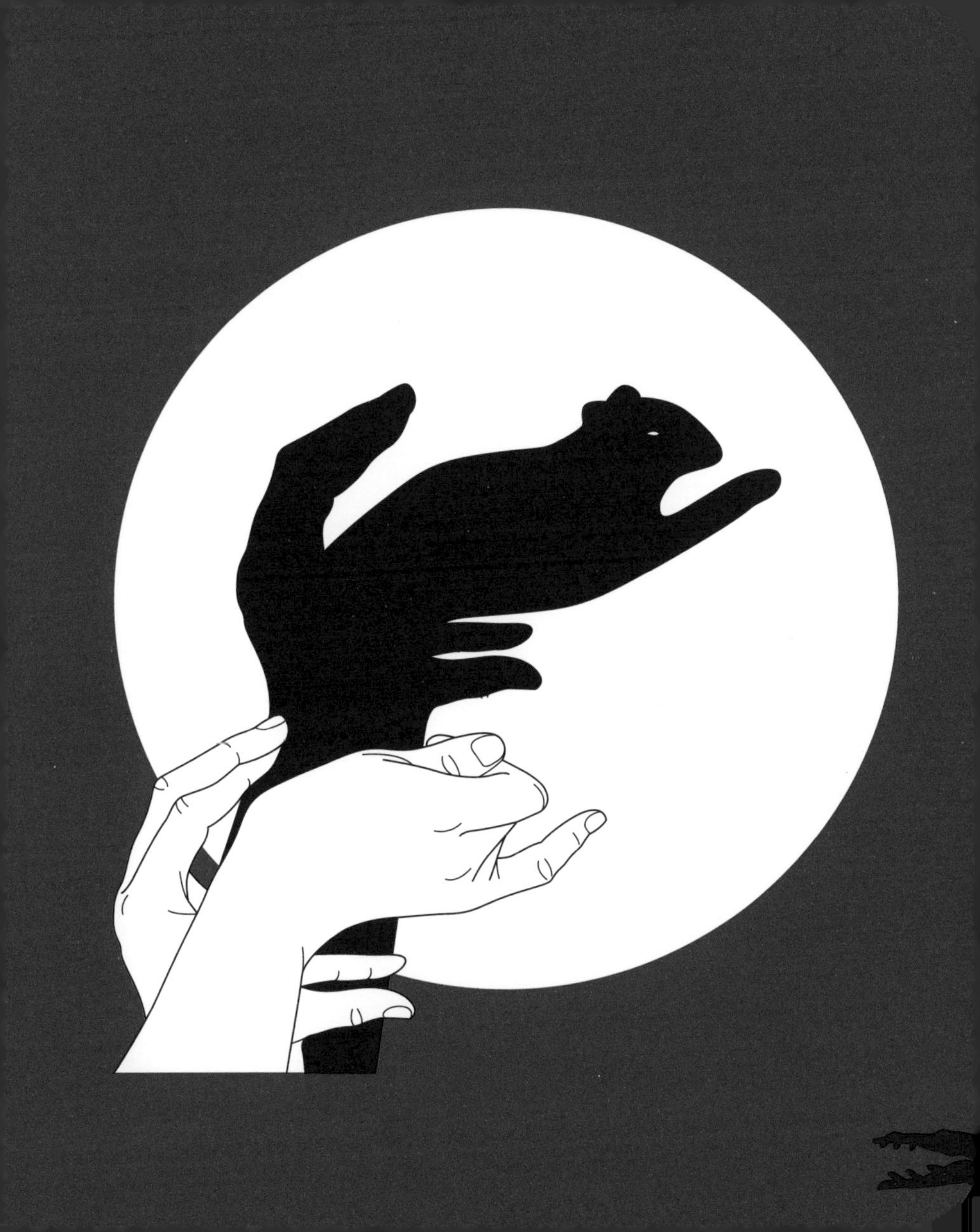

Seeanemone

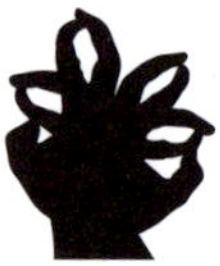

Hat die Seeanemone als Schattenbild Gestalt angenommen, muss sie nur noch sanft die Tentakel bewegen, wofür Ihre Finger äußerst flexibel sein müssen. Versuchen Sie zuerst, die Fingerpaare einzeln vor- und zurückzubewegen, bevor Sie alle vier Tentakelpaare, die dieser Seeanemone ihre typische Silhouette verleihen, gleichzeitig in Aktion bringen.

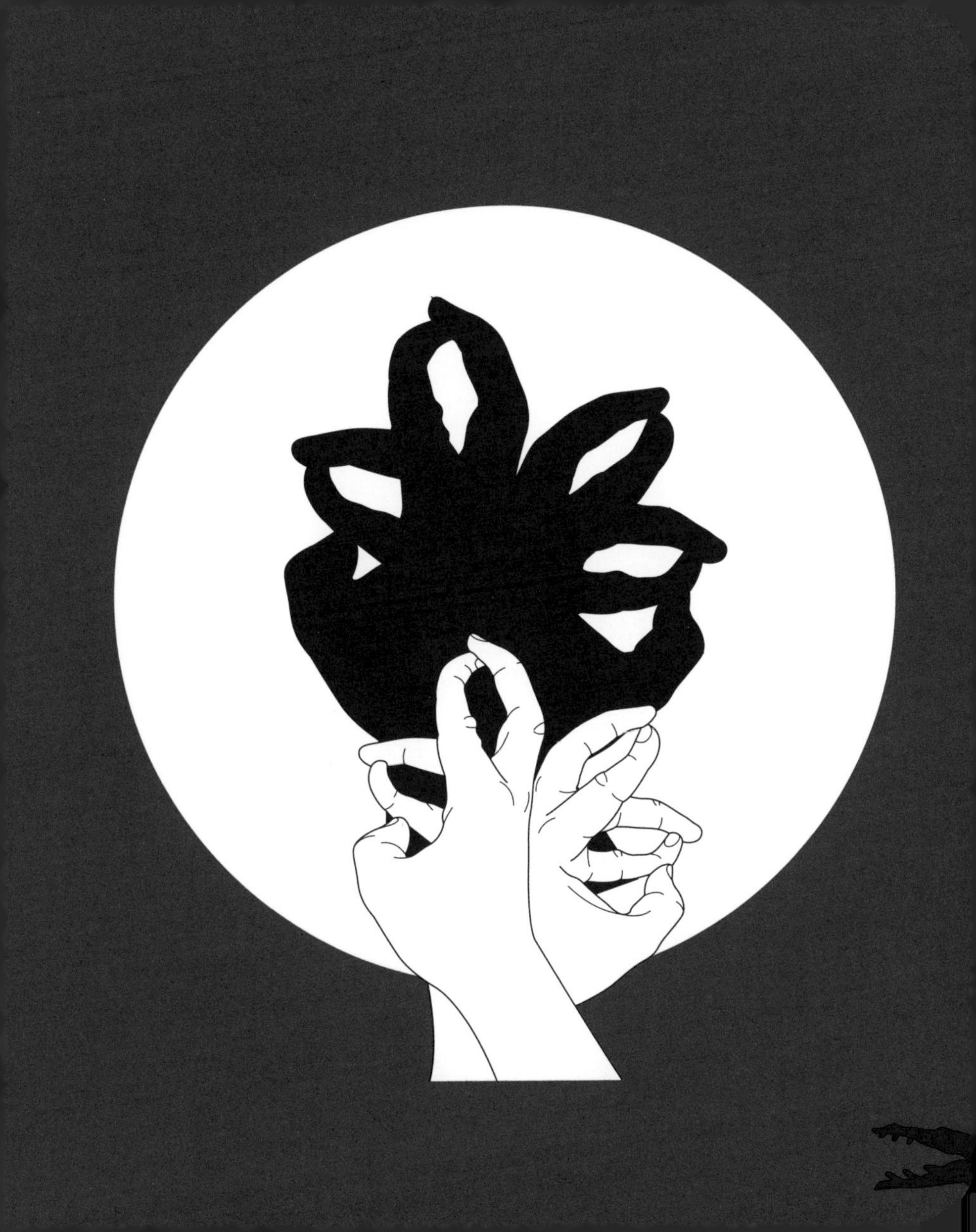

Mops

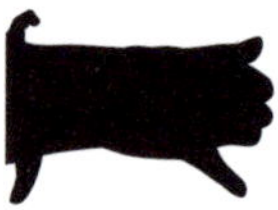

Auf den ersten Blick wirkt diese Schattenfigur einfach, doch ihre spezielle Kombination aus gebeugten und gestreckten Fingern ist weitaus schwieriger, als zunächst angenommen. Üben Sie die Handhaltung zuerst mit jeder Hand einzeln, bevor Sie beide zusammenfügen. Der kecke Schwanz des Mopses in Kombination mit dem stumpfen Gesicht an seinem vorderen Ende sorgen gemeinsam dafür, dass diese Tiersilhouette überzeugend wirkt.

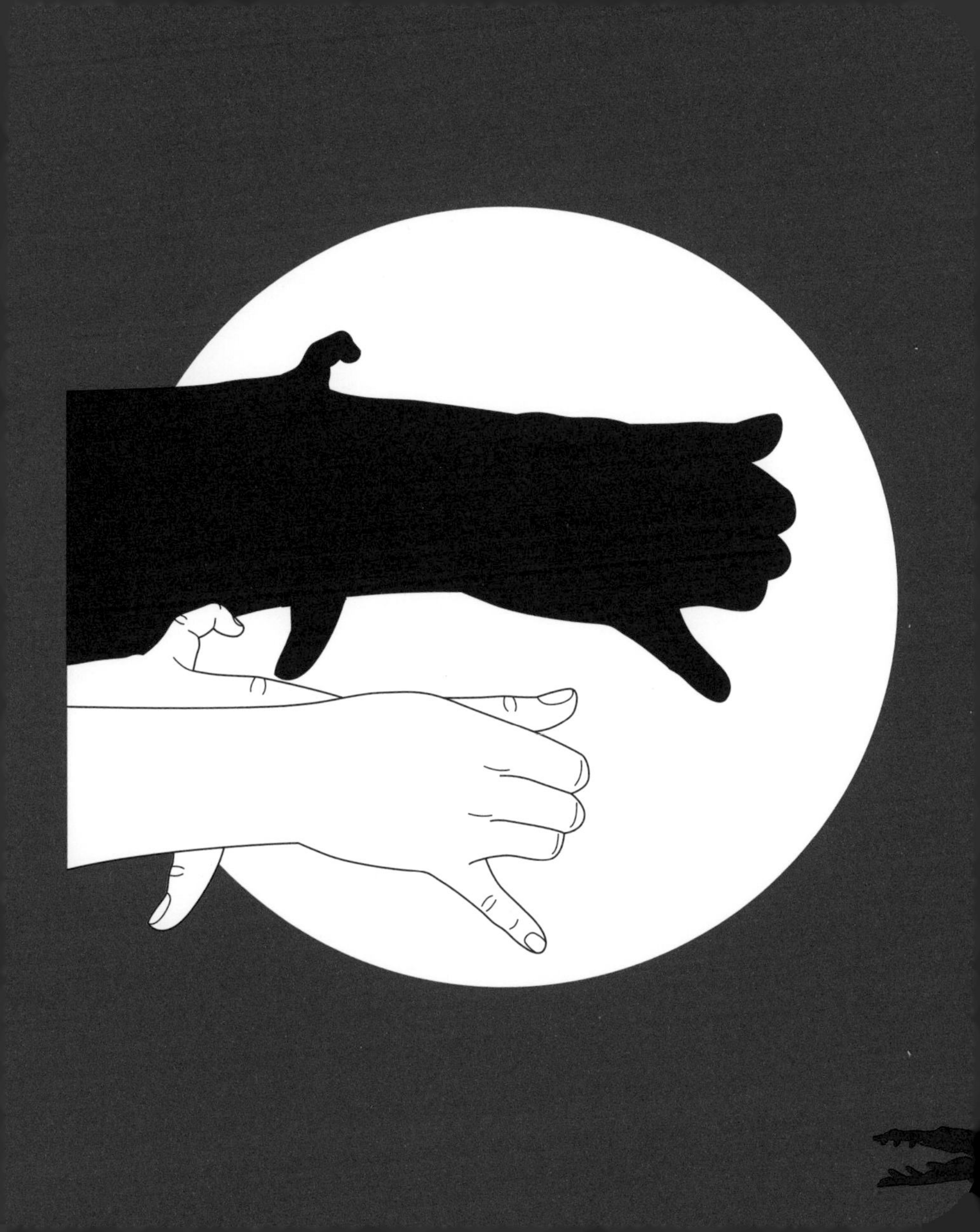

Kamel

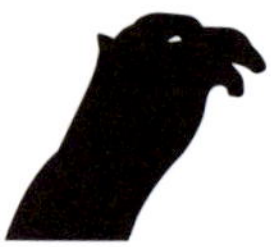

Das wesentliche Merkmal des Kamelkopfes ist die »flatterig« wirkende, gespaltene Oberlippe. Um ihre Beweglichkeit bei der Schattenfigur nachzuahmen, wackeln Sie ein wenig mit dem Zeigefinger der linken Hand. Führen Sie die zusammengelegten Hände ruckartig auf und ab, um den typisch schaukelnden Kamelgang beim Vorwärtsschreiten zu imitieren.

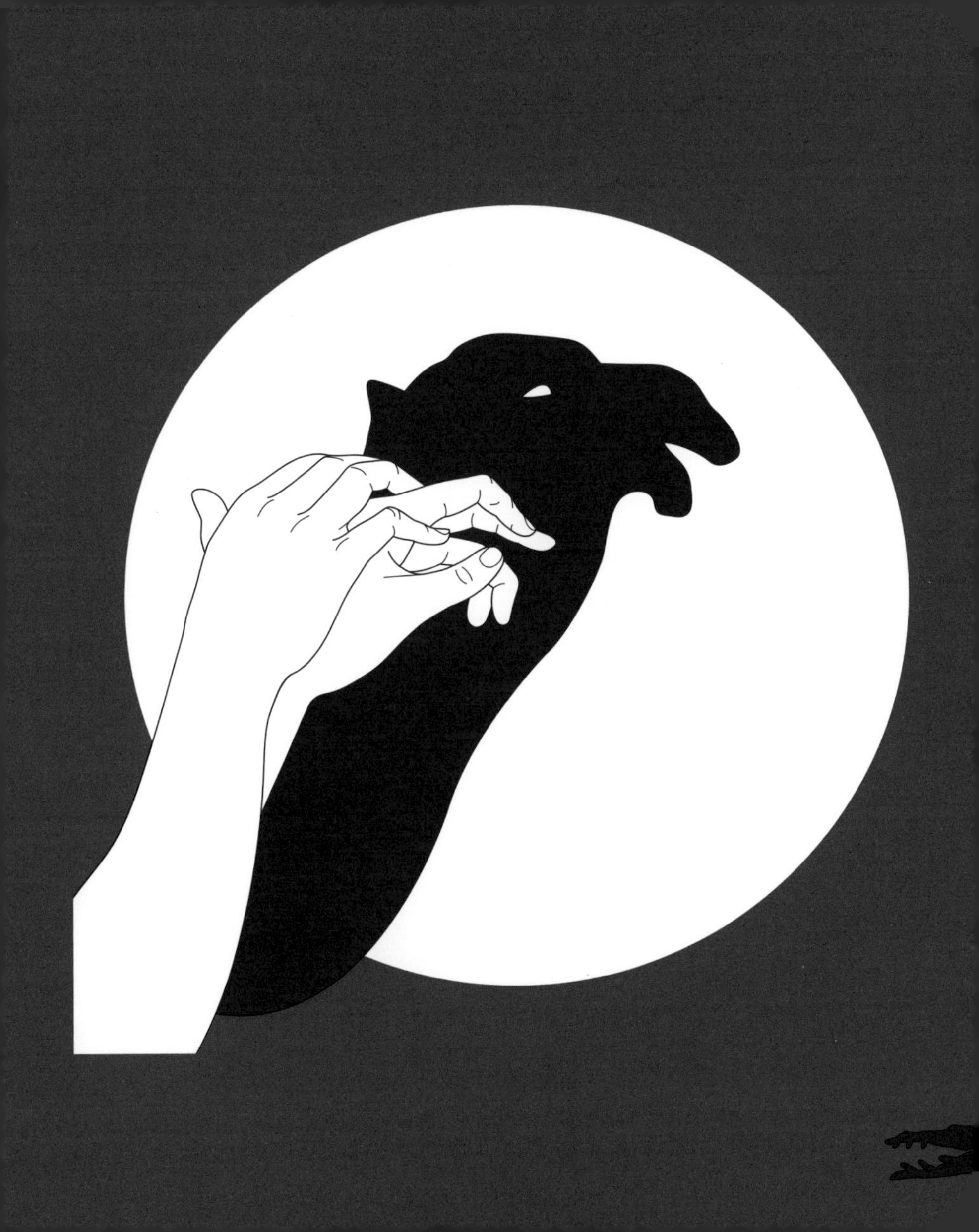

Terrier

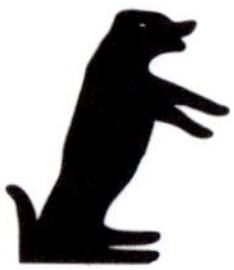

Der Terrier ist eines der wenigen Schattentiere, die in voller Größe darstellbar sind: mit einem langen Rücken und einem keck nach oben ragenden Schwanz. Zwar ist es nicht übermäßig schwierig, aufgerichtete Schattentiere in ihrer Gesamtform nachzuahmen. Doch braucht man schon einige Übung, bis man Maul, Augen und Beine am richtigen Platz und aufeinander abgestimmt hat. Auch das Vorwärtsbewegen der Terriersilhouette ist eine Herausforderung: Neigen Sie die Hände etwas und lassen Sie das Tier ruckartig nach vorn gehen – wobei die Bewegung dennoch nie richtig natürlich wirken wird.

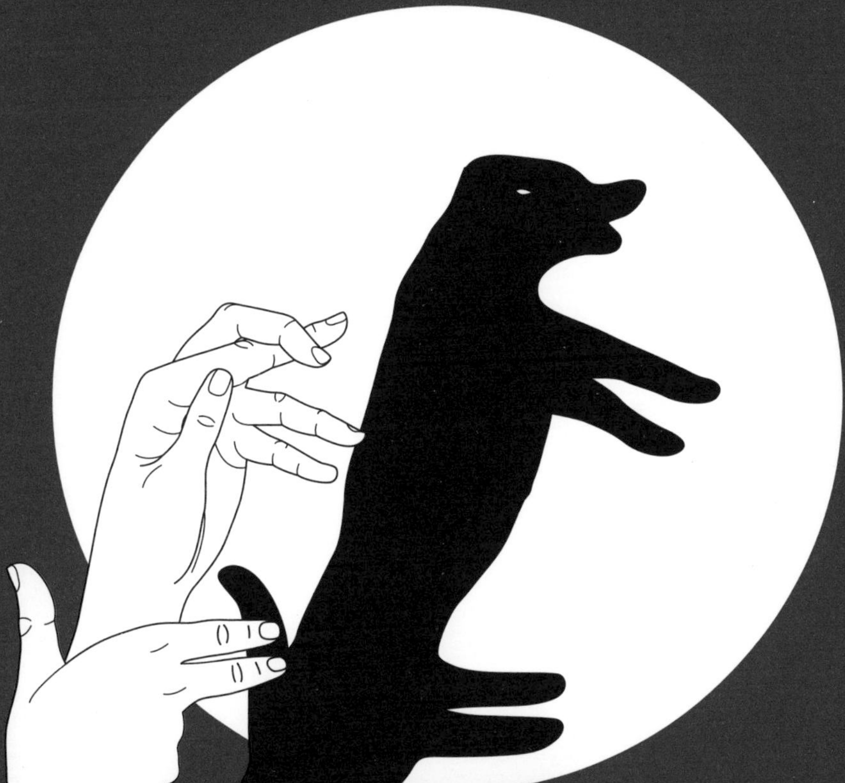

Panther

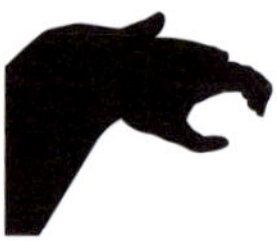

Mit aggressiv geöffnetem Maul lauert er auf ein ahnungsloses Beutetier: So lassen sich Raubtiere am einfachsten darstellen. Beugen Sie die Finger der rechten Hand etwas nach innen und unten; dabei lassen Sie den Panther knurren. Den besten Effekt erzielen Sie mit einer sehr leisen Tonlage, da die meisten Raubtiere gleichförmig und ruhig grollen.

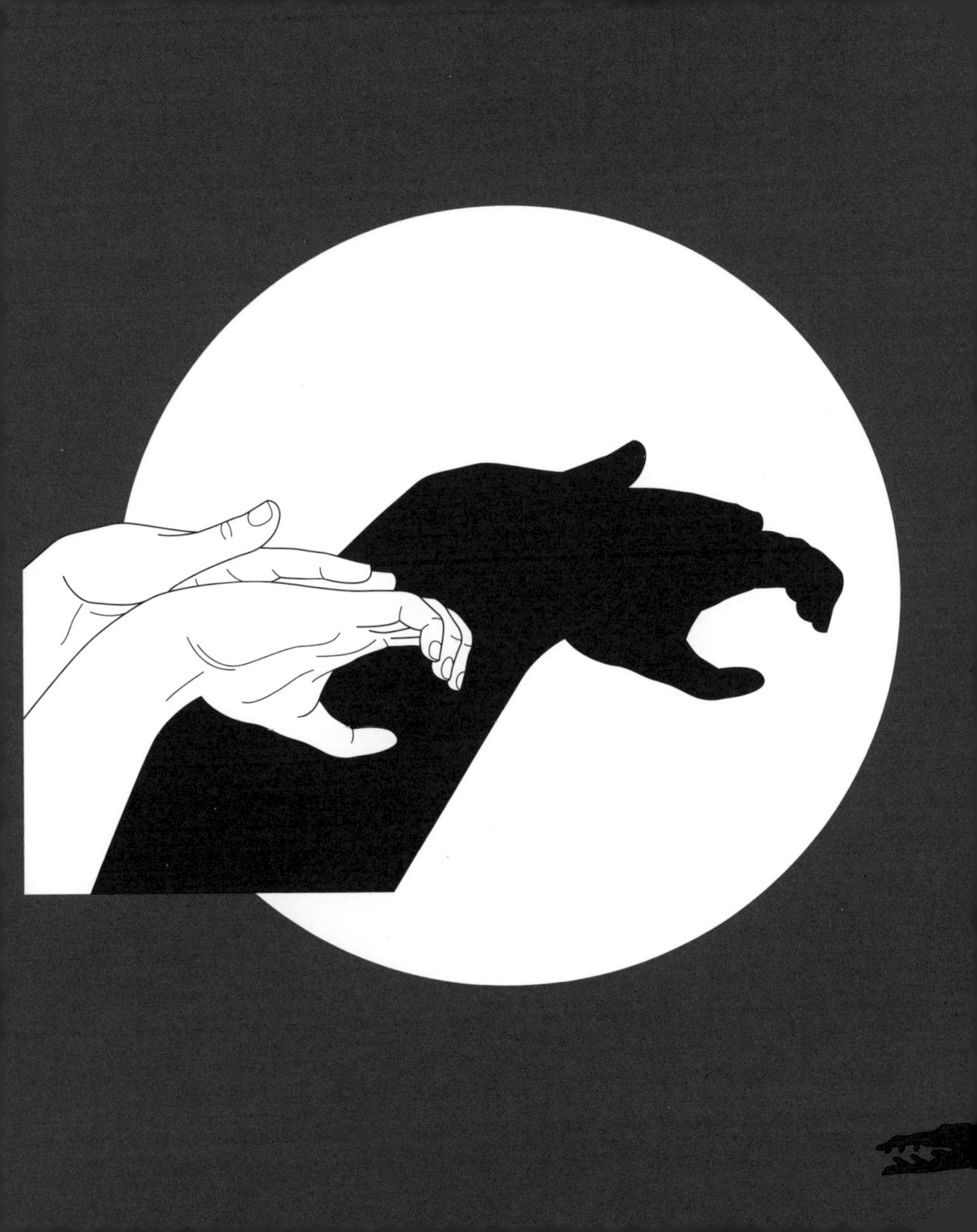

Einhorn

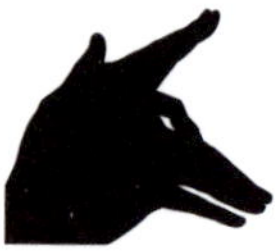

Das Einhorn, ein Fabeltier, ist die letzte Tiersilhouette in unserer Menagerie, mit der sich die Bandbreite Ihrer Schattenspiele ins Sagenhafte erweitern lässt. Der Kopf des Einhorns gleicht eher dem der Hirschfamilie als dem Kopf eines Pferdes, wobei seine Nase etwas stumpfer ist, beispielsweise wie bei der Antilope. Bilden Sie das Horn mit dem gestreckten Mittel- und Zeigefinger der linken Hand, das Auge wird vom Ringfinger geformt.

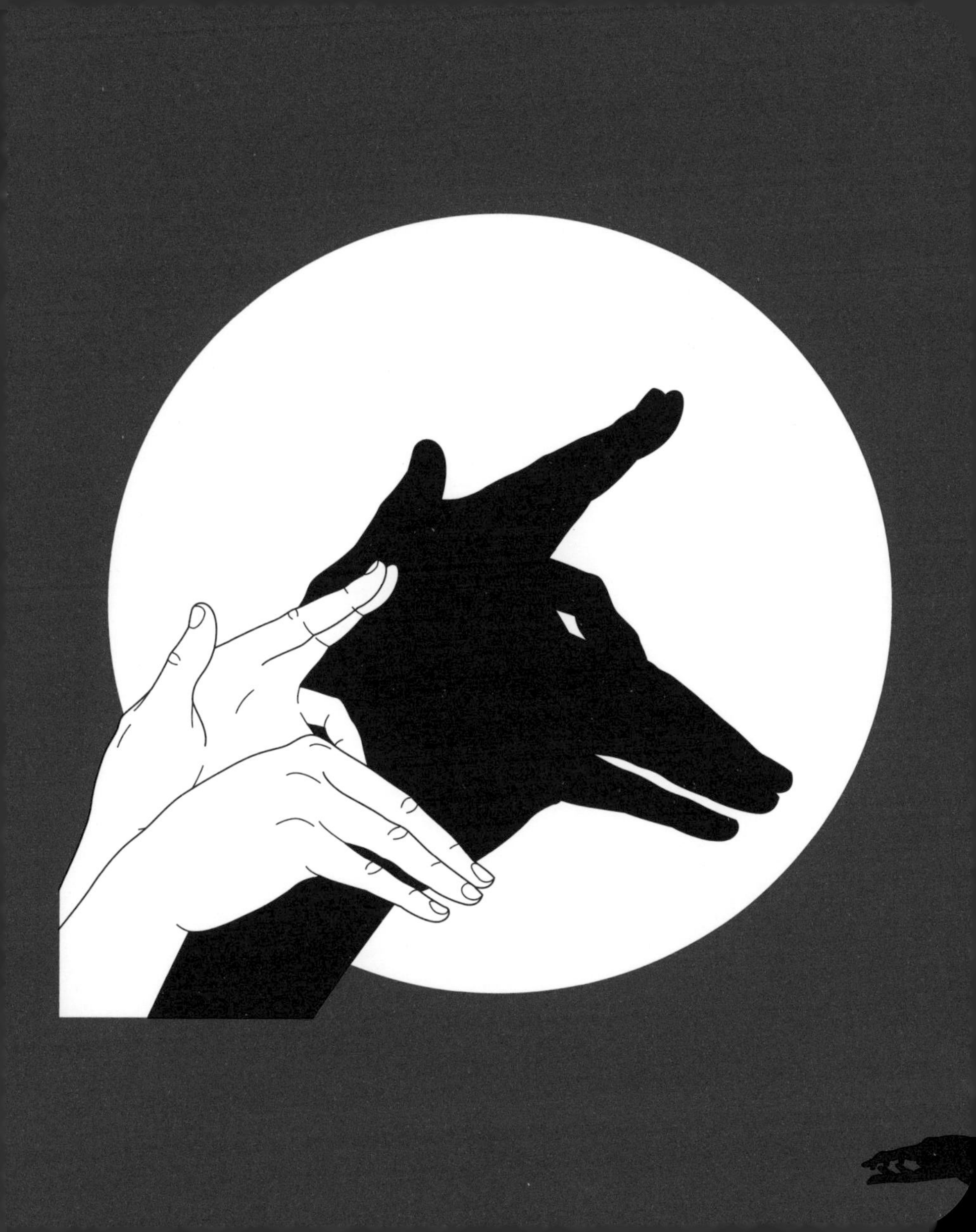

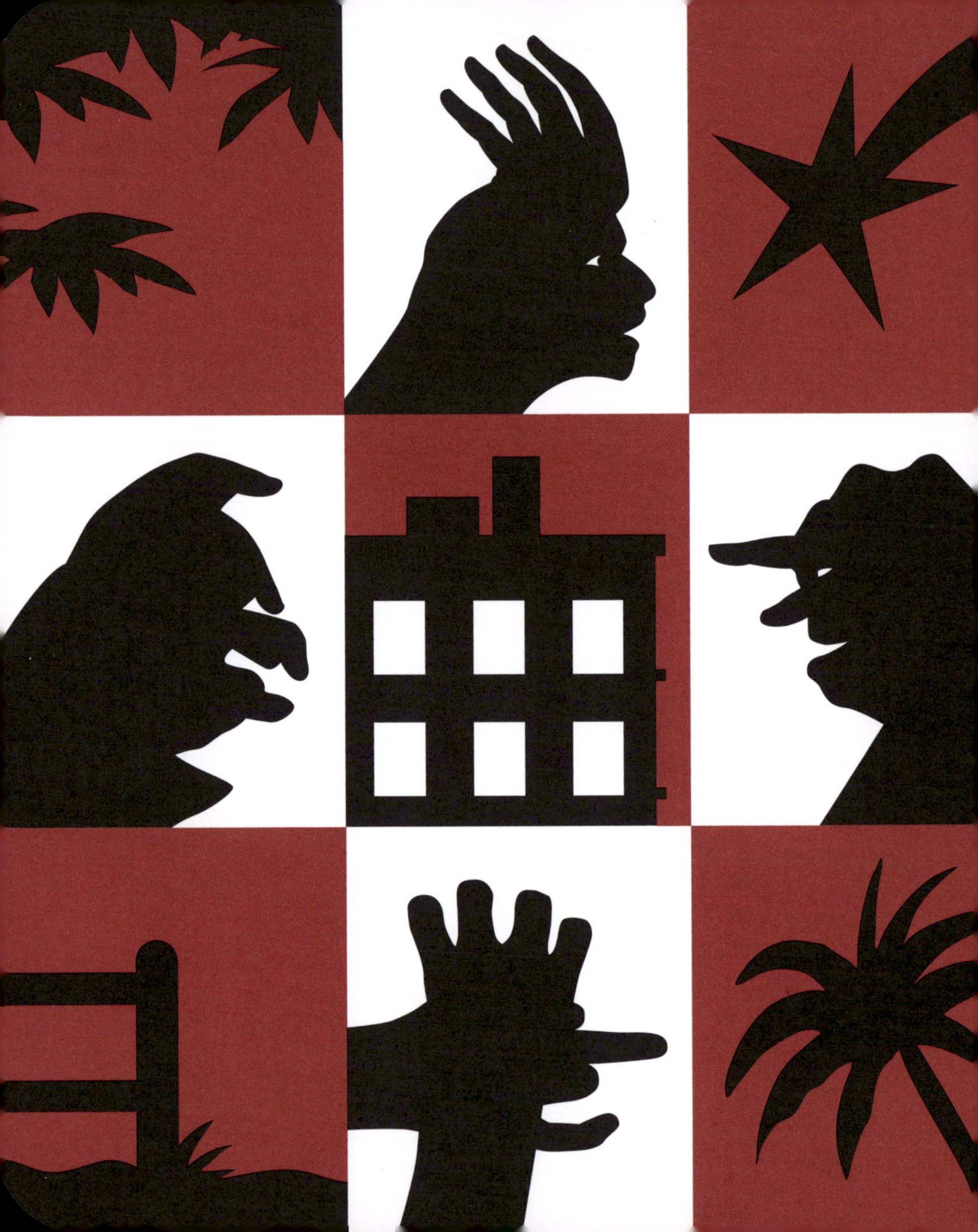

Das Repertoire erweitern

Beherrschen Sie die meisten Schattenbilder der im Buch gezeigten Tiere, dann können Sie diese noch lebensechter porträtieren: mit Rahmen für eine Szenerie und mit Geräuscheffekten. Auch Wechselspiele zwischen Tieren und Menschen können entstehen – sie machen die Aufführungen sogleich facettenreicher. Daher enthält dieses Kapitel auch eine Auswahl an menschlichen Schattenfiguren.

Geräuscheffekte und Szenerien

Wenn Ihnen einige Tiersilhouetten perfekt gelingen, möchten Sie wahrscheinlich Ihr Schattenspiel mit verschiedenen Geräuschen und austauschbaren »Kulissen« noch eindrucksvoller gestalten. Hier finden Sie einige Hinweise für atmosphärische Tiergeräusche sowie für Hintergrundrahmen und -requisiten: eine große Bandbreite an Geschichten lässt sich damit erzählen.

Geräuscheffekte erzeugen

Geräuscheffekte verleihen dem Schattenspiel nicht nur mehr Atmosphäre (selbst wenn die Aufführung nur aus einer Folge von zehn Tieren vor den Augen faszinierter Sechsjähriger besteht), sondern die akustische Begleitung erleichtert es auch, die Tiere lebensecht zu bewegen. Doch übertreiben Sie es nicht: Schon wenige Geräusche wie das Hufklappern und ein Wasserplätschern, sobald das Nilpferd ins Bild kommt, sind eindrucksvoll genug. Wollen Sie mit Requisiten arbeiten, brauchen Sie zwei weitere hilfreiche Hände. So wird selbst eine bescheidene Aufführung zu einem Familienereignis, denn Kinder sind gewöhnlich begeisterte Helfer. Geräusche können sie leichter machen als Schattenfiguren, von denen einige ohnehin für kleine Hände zu schwierig sind. Passen Sie die Art der Effekte dem Alter der kindlichen Helfer an.

Schrittgeräusche

Schrittgeräusche lassen sich schon mit Hilfe dreier Tabletts erzeugen (eins mit Kies, eins mit Katzenstreu und eins mit Cornflakes gefüllt), auf die im Gehrhythmus unterschiedliche Dinge aufgestupft werden. Das klassische Klappern von Pferdehufen entsteht mit zwei Kokosnussschalen auf Kies. Doch auch kleine und große Dosen (gefüllt und leer) sowie umgedrehte Becher oder Schälchen lassen Schritte erklingen. Je schwerer das Gefäß und je gröber das

Material, auf dem »gegangen« wird, umso schwerer wirkt das Tier, das diese Geräusche verursacht.

Daneben können Sie auch das Geräusch nachahmen, das beim Entlangstreifen an Gras oder Laubwerk entsteht. Vor allem mit heranschleichenden Tieren, wie Löwen und Tigern, lassen sich solche Geräusche äußerst effektvoll kombinieren – etwa wenn sich ein Jaguar auf eine Antilope stürzt. Wenn Sie mit den Händen in den Borsten eines Strohbesens rascheln, hört man ein Tier durch hohes Gras schreiten. Schritte im Herbstlaub können Sie gut mit einer Dose oder einem Becher auf dem Cornflakes-Tablett imitieren, wobei Sie mit der freien Hand zusätzlich darin rascheln.

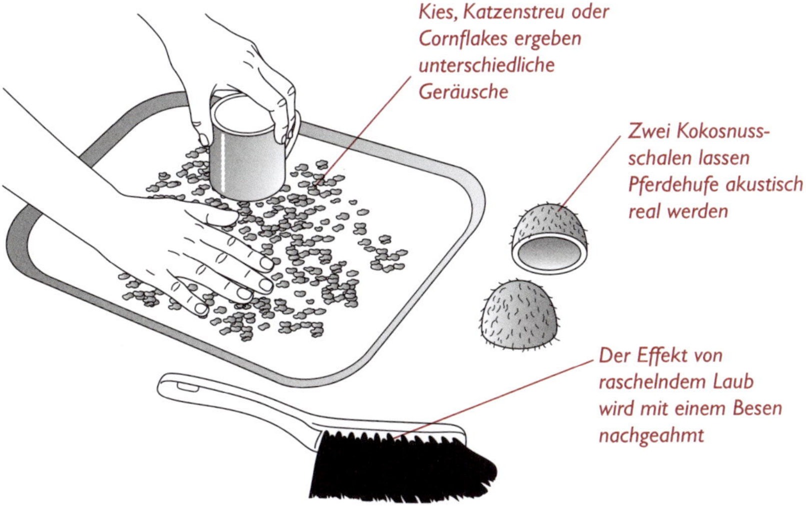

Geräuschtabelle

Nutzen Sie diese Tabelle, um den Tieren entsprechende Geräusche zuzuordnen. Experimentieren Sie und denken Sie sich die besten Kombinationen aus – wie wäre es mit folgender Idee? Ein Elefant schreitet durch die Savanne, hält inne und lässt seinen Rüssel sinken, saugt einen »Schluck« Wasser ein und hebt den Rüssel mit gurgelndem Geräusch an. Gleichzeitig kündigt ein leichter Schritt den Strauß an; und eine heftig in einen Eimer gestoßene Gummi-Saugglocke ahmt das plötzliche, furchterregende Hervorspringen eines Krokodils nach.

Geräuschtyp	Wie man es macht	Wofür es sich eignet
Schwerer Schritt	Schwere Dosen auf einem Tablett mit Kies oder kleinen Kieselsteinen aufstupfen	Elefanten, Wasserbüffel, Nashörner
Schritte über Waldboden, kleine Zweige knacken	Dosen, umgedrehte Becher oder kleine Schüsseln auf einem Tablett mit Cornflakes	Bär (leichtfüßiger oder kleiner Bär), Elch oder schwerer Hirsch
Schritte durch trockenes Gras in der Savanne	Die Borsten einer Bürste oder eines Besens heftig zwischen den Handflächen reiben	Alle Tiere des Dschungels und der Steppen, vom Elefanten bis zur Antilope
Schritte über Schnee oder sandigen Wüstenboden	Dosen, umgedrehte Becher oder kleine Schüsseln auf einem Tablett mit Katzenstreu	Kamel, Kojote. Zellophan über Katzenstreu »rascheln«: Klingt wie die Bewegungen einer Schlange

Geräuschtyp	Wie man es macht	Wofür es sich eignet
Wasser prusten	Einen halb mit Wasser gefüllten Luftballon kräftig mit den Händen in einen Eimer drücken	Nilpferd, Elefant, Antilope oder Büffel am Wasserloch
Heftige Bewegungen in Wasser	Gummi-Saugglocke für Abflüsse ein- oder zweimal in einen Eimer mit Wasser tauchen	Nilpferd, Anakonda oder Krokodil beim Sprung aus dem Wasser nach der Beute
Luftblasen in Wasser	Sachte durch einen Strohhalm in ein Glas mit Wasser pusten	Nilpferd oder Seekuh. Geeignet für Wasserbewohner, die kein spezifisches Geräusch verursachen, zum Beispiel Quallen
Flügel im Flug	Ein Paar Gummihandschuhe rhythmisch in die Luft schlagen	Schwan, Rabe. Mit kräftigem Schwung kann das Flügelschlagen eines Straußes, Truthahns oder einer Gans imitiert werden
Wetter – heftiger Regen	Reis auf ein dünnes Metallblech oder auf Acrylglas schütten	Gutes Hintergrundgeräusch für eine Waldtier-Parade vor den Szenerien mit Regen oder Unwetter
Wetter – Blitz	Dünnes Metallblech oder Acrylglas heftig von einer Seite schütteln	Für Szenen im Sturm, zwischen heftigen Regenausbrüchen

Szenerien gestalten

Wie auf den Seiten 8 und 9 bereits erwähnt, können Sie Ihre Tierfiguren auch vor einer Hintergrundszenerie auftreten lassen. Das ist im Prinzip einfach ein Schattenrahmen, der die Spielaktionen der Tiere unterstützt. Wollen mehrere Mitspieler gleichzeitig Schattentiere vorführen, lässt sich auch eine komplexere Szene schaffen – zum Beispiel ein Dschungelhintergrund, in dem ein Papagei auf einem hohen Ast pickt, während unten ein Elefant und ein Tiger einen Kampf austragen. Oder ein Affe ruht sich am Fuße eines Baumes aus, bereits fest im Blick eines hungrigen Löwen. Dieses Kapitel bietet 17 unterschiedliche Szenerien, die Sie mit Ihrer Fantasie vielfältig ausgestalten können.

Vergrößern Sie die Rahmen mit einem Fotokopierer. Das Format hängt letztlich vom Abstand der zweiten Lichtquelle zur Wand ab und davon, wie scharf der Schatten erscheinen soll. Halten Sie vor die Lichtquelle verschieden große Papierrechtecke, um zu sehen, in welcher Größe sie auf der Wand erscheinen. Bringen Sie das Motiv des gewünschten Szenerierahmens auf die entsprechende Größe, übertragen Sie es auf Tonkarton und schneiden Sie das Bild entlang den Umrissen aus. Achten Sie bei isolierten Elementen wie Mond und Sternen darauf, die Verbindungsstege zum Rahmen nicht durchzuschneiden.

Kombinierte Szenerien

Einige der hier gezeigten Rahmen können auch kombiniert werden: etwa der Rahmen mit der stürmischen See mit dem für Mond und Sterne. Die einfachste Szenerie ist der Grundrahmen mit Arkaden. Nutzen Sie dieses Motiv, um ein Gefühl dafür zu bekommen, wie scharf der Hintergrundschatten ausfallen muss, damit die Figuren mit dem Umfeld ein geschlossenes Gesamtbild ergeben und sich dennoch klar von ihm abzeichnen.

Wollen Sie eine ganze Szenenfolge zeigen – und vermutlich möchten Sie bald immer ausgefeiltere Schattenspiele aufführen –, schneiden Sie einen stabilen Karton in der Größe des Hintergrundrahmens zu. Halten Sie ihn beim Szenenwechsel so zwischen die Rahmen, dass die eine Szene komplett verschwindet, bevor die nächste erscheint. Das trennt die einzelnen Akte sauber voneinander.

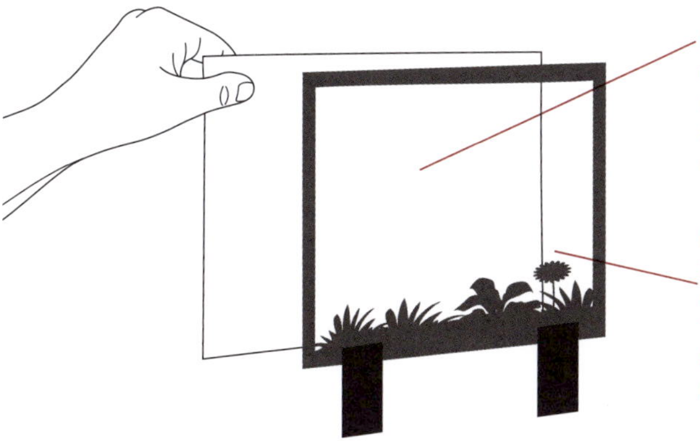

Ein stabiler, unbedruckter Karton erleichtert den Szenenwechsel – er übernimmt die Rolle eines Theatervorhangs

Nutzen Sie die Szenerierahmen für verschiedenartige Tiere, die in diesem Umfeld naturgemäß leben

Arkaden

Diese Szenerie ist einfach, wirkungsvoll und ideal zum Üben. Die Arkaden bestehen aus drei Bögen, in denen jeweils ein Tier erscheinen kann. Die Figuren können hindurchgehen oder sich mit anderen treffen. Mit diesem einfachen Kunstgriff lassen sich die unterschiedlichsten Tiere zusammenbringen. Die Arkaden bieten für fast alle Tiere einen effektvollen Rahmen.

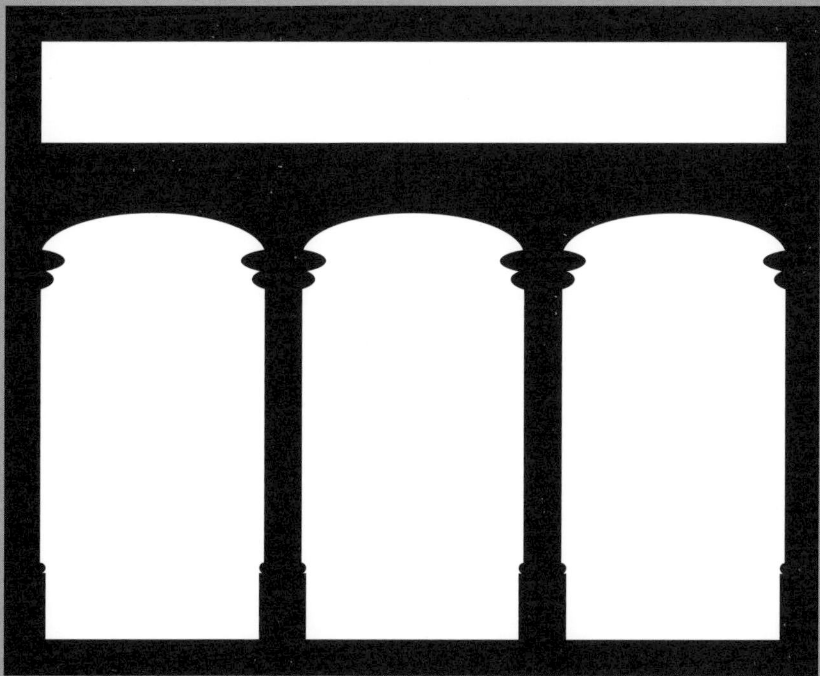

Bäume

Dieser Rahmen enthält zwei einfache Baumformen: eine davon mit einem Ast, auf dem Sie ein Schattentier präsentieren können, um eine lebendige Tierszene aufzuführen. Zum Beispiel hält das Eichhörnchen einen Moment auf dem Ast inne, bevor es auf den Boden springt. Oder die Taube hebt von hier aus in die Lüfte ab. Auch als Schlafplatz für den Specht eignet sich der Ast gut.

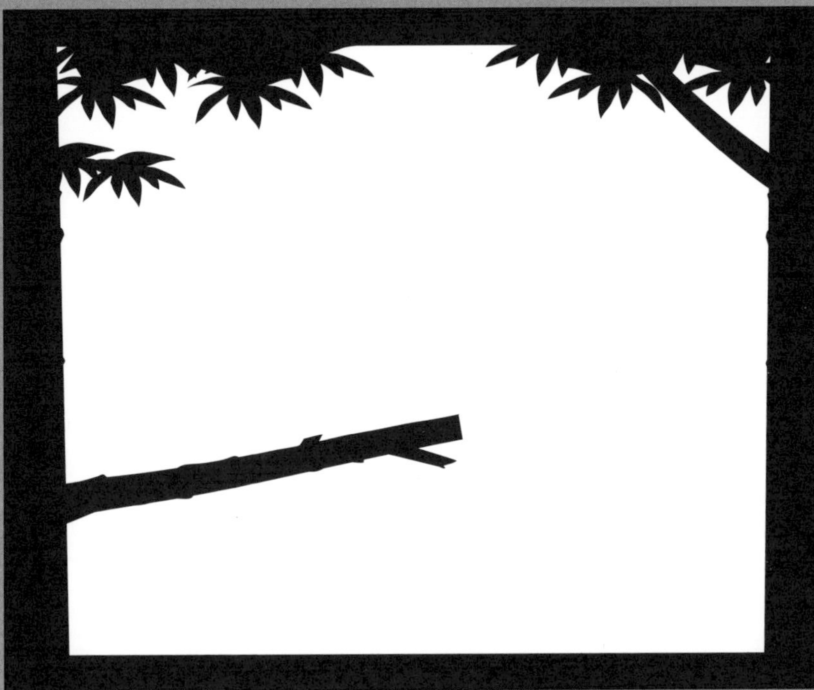

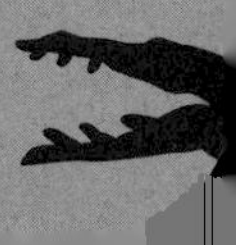

Hügel

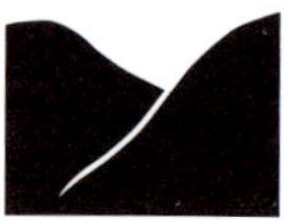

Eine wellige Hügellandschaft ist eine hervorragende Kulisse für grasende Tiere, vom Schaf bis zu Hirschen aller Art. Dennoch: Diese Szenerie ist nichts weiter als ein Hintergrund und bietet keine gute Möglichkeit, ihn aktiv ins Spiel zu integrieren. Hervorragend lässt sich aber mit diesem Rahmen erproben, ob beide Schattenebenen – der Hintergrund und die aktive Spielebene – gut miteinander harmonieren.

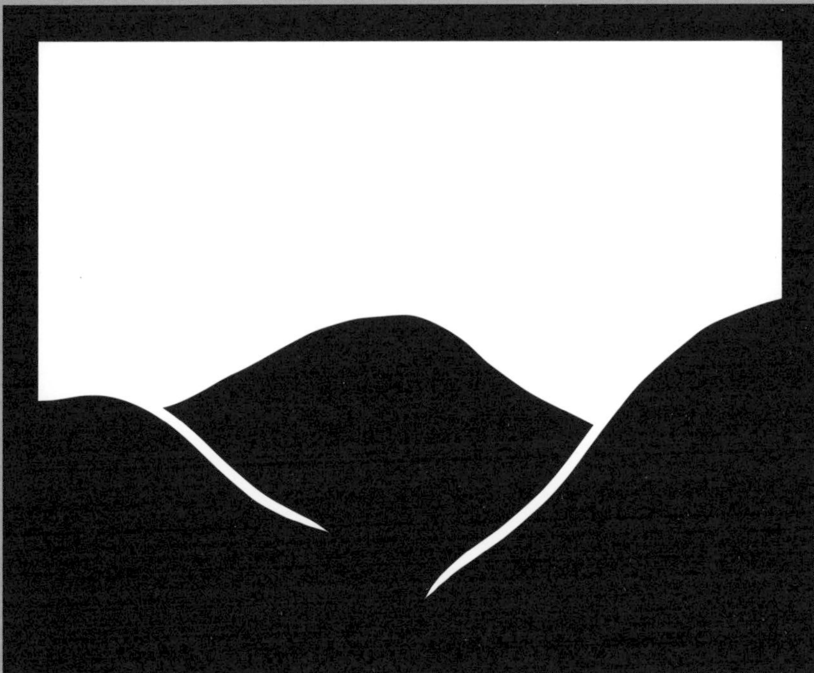

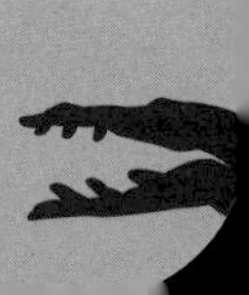

Wald

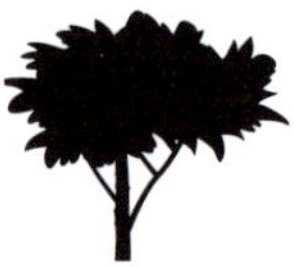

Dieser Hintergrundrahmen stellt einen Laubwald dar. Der Baumstumpf auf der linken Seite ist ein guter Ruheplatz für kleinere Tiere wie Maus oder Ratte. Und sogar eine Spinne könnte auf ihn hinauf- und über ihn hinwegkrabbeln. Diese Tiere sollten jedoch nicht gleichzeitig auftreten, da die nicht stimmigen Größenunterschiede dann zu stark ins Gewicht fallen würden.

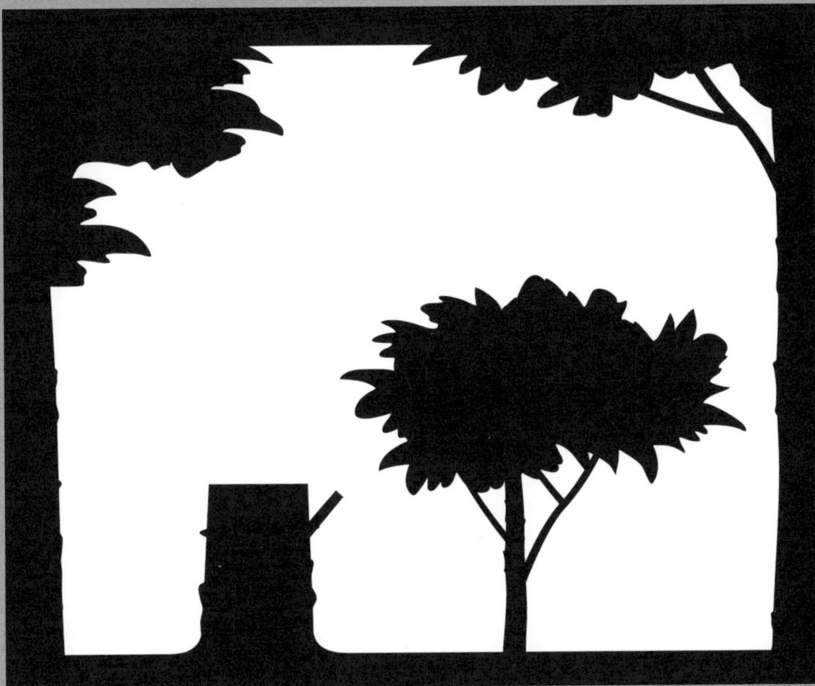

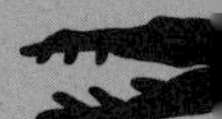

Tropischer Dschungel

In den Tropen gibt es wenig bodendeckende Pflanzen, dafür aber in den Bäumen einen dichten Baldachin aus herabhängenden Lianen und anderen Kletterpflanzen. Hier könnte sich ein Affe auf dem Boden ausruhen. Vielleicht wird er zuerst von einem Tiger oder Puma erspäht, dann durch den ruhigen, majestätischen Gang des Elefanten gestört. Nutzen Sie den Dschungel als Hintergrund für die exotischsten Tiere aus Ihrem Schattenfiguren-Repertoire.

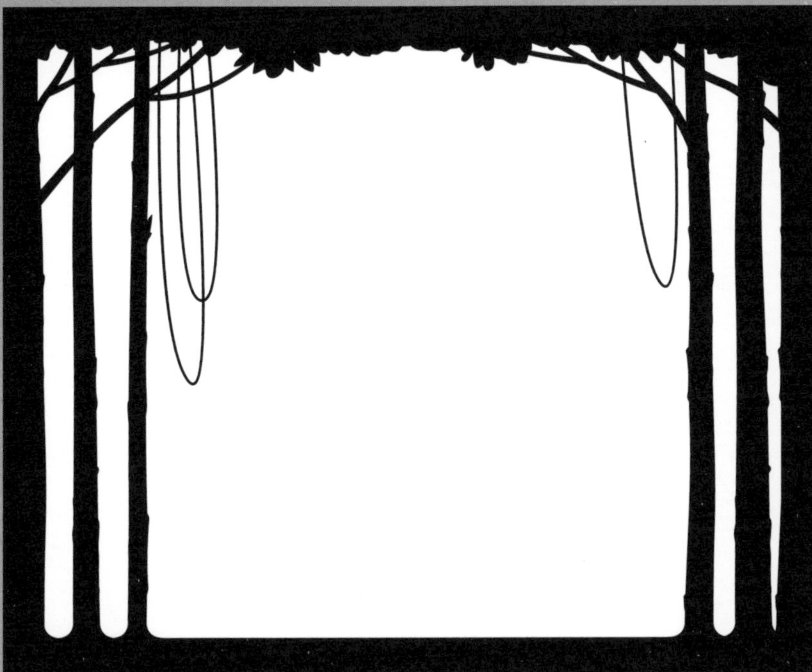

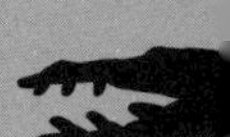

Wüste

Zwei Palmen neigen sich, von jeder Seite eine, über die welligen Sanddünen. Lassen Sie in dieser Szenerie gemeinsam mit Freunden eine Kamelkarawane durch die Wüste ziehen. Sie können sich auch auf nur ein Kamel konzentrieren, das die Landschaft von einer Seite zur anderen in seinem typisch wiegenden Gang durchschreitet. Um die Stimmung zu verändern, können Sie einen weiteren Rahmen darüberlegen. Wie wäre es mit einer Mondscheinnacht in der Wüste?

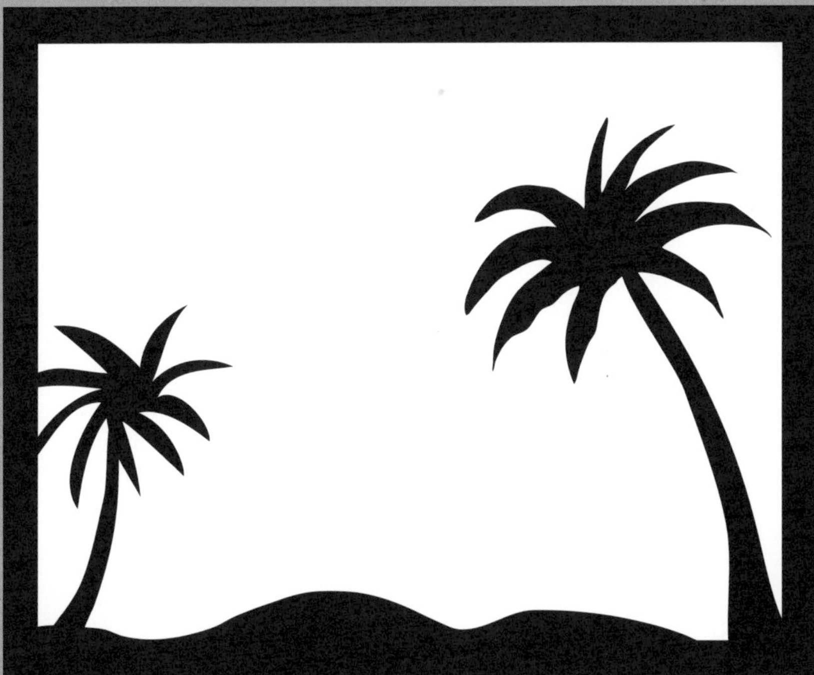

Meeresküste

Das ruhige Meer wird von einer steilen Klippe mit einem Leuchtturm begrenzt. Der Kopf einer Seekuh könnte sich am Horizont abzeichnen; oder die Rückenflosse eines Hais ragt aus dem Wasser. Einen Sturm am Meer inszenieren Sie mit einem darübergelegten Rahmen, mit dem schwere Wolken und feurige Blitze erscheinen. Nachdem sich das Unwetter gelegt hat, krabbelt eine Krabbe am Ufer entlang – auf der Suche nach Nahrung, die das Meer angespült hat.

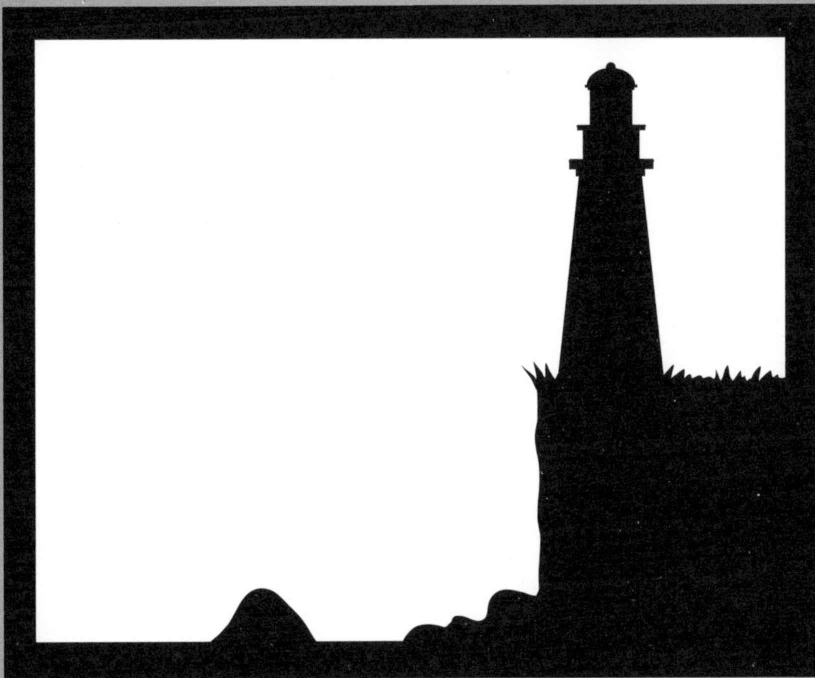

Zirkus

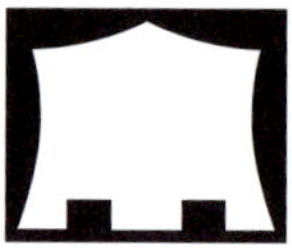

Ein großes Zirkuszelt bildet den Rahmen für einen Schattenzirkus. Zwei einfache Tonnen dienen als Podest für die Kunststücke der Silhouettentiere. Es können eine Giraffe und ihr Kalb durch die Manege laufen, gefolgt von Pferden und einem oder zwei Elefanten. Einige Tiere tragen einen Kopfschmuck; klemmen Sie dafür eine oder zwei geschwungene Federn zwischen Ihre Fingerknöchel.

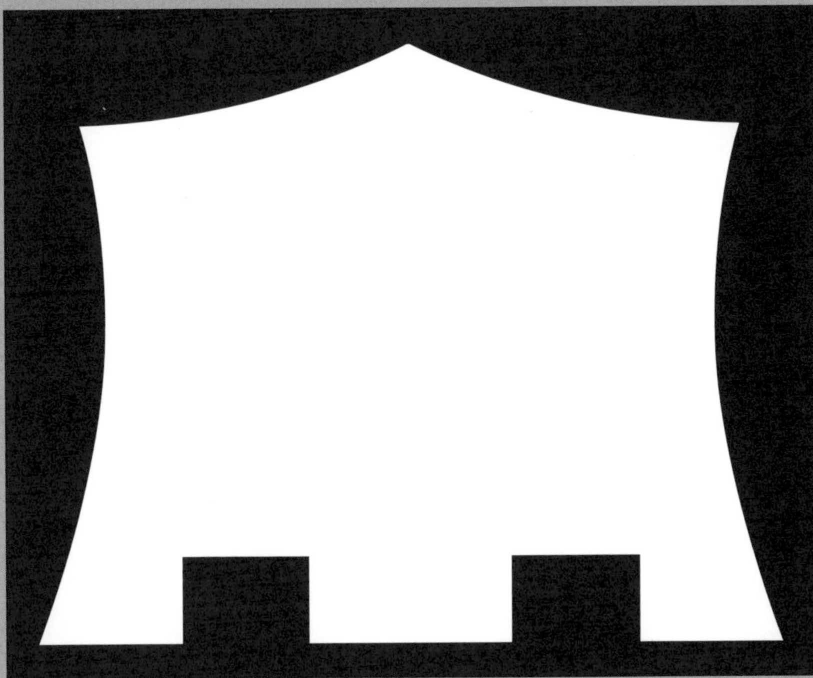

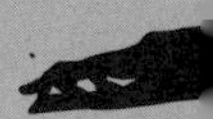

Bauernhof

Der Bauerhof bietet all den ländlichen Tieren einen Lebensraum, die Sie inzwischen als Schattenfigur gelernt haben: Henne, Ziege, Schaf, Truthahn, Kuh, Gans und Bulle fühlen sich hier heimisch. Lassen Sie zum Beispiel ein oder zwei Tiere über den Hof streunen, während die anderen sie vom geöffneten Stalltor aus beobachten.

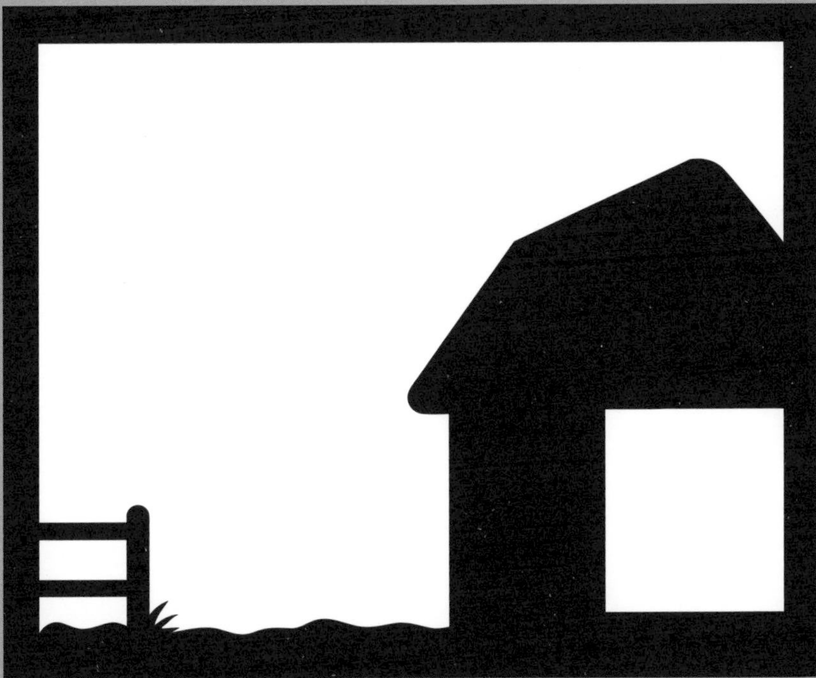

Stürmische Wellen

Diese Wellen müssen nicht statisch wirken! Bewegen Sie den Rahmen langsam von einer Seite zur anderen, bis sich Ihr Publikum beinahe seekrank fühlt. Tiersilhouetten wie die Seekuh, der Hai und der Einsiedlerkrebs können sich kurz an der windzersausten Meeresoberfläche zeigen.

Strahlende Sonne

Nach jedem Sturm scheint wieder die Sonne ... Nutzen Sie diese Szenerie, um gleißende Sonnenstrahlen in die Wüste oder um ein paar zarte wärmende Strahlen auf den Bauernhof oder die Wiese zu schicken.

Mond und Sterne

Mond und Sterne verleihen jeder Szene sofort eine nächtlich anmutende Atmosphäre. Schneiden Sie dieses Motiv behutsam aus, damit die Gestirne, die hier an schmalen, empfindlichen Stegen sitzen, mit dem Rahmen verbunden bleiben.

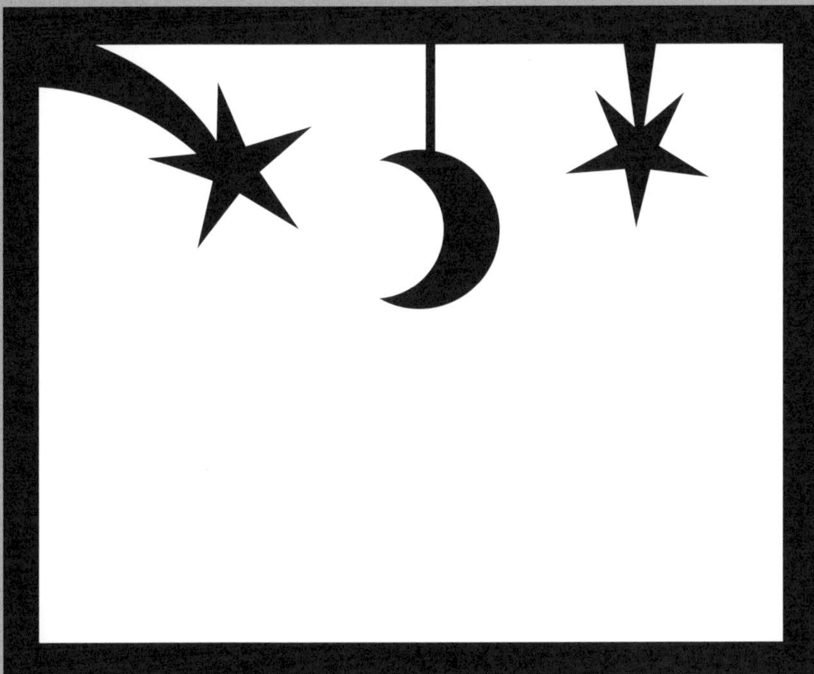

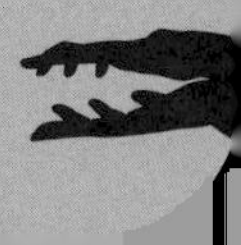

Unwetter

Dunkle Wolken, heftige Blitze und wilder Sturm ziehen durch manch eine Landschaft. Wenn Sie ein dünnes Metallblech kräftig schwingen, erzeugt dies ein donnerndes Getöse zum feurigen Blitz. Schütteln Sie etwas Kies mit Wasser in einem Glas, klingt das wie prasselnde Hagelkörner. Ihre Schattentiere könnten sich vor dem Sturm verstecken oder ganz die Szene verlassen, um nach dem Sturm, wenn die Sonne wieder scheint, scheu zurückzukehren.

Regen

Diese ungewöhnliche Szenerie ist zwar äußerst schwierig, exakt auszuschneiden, dafür aber sehr überzeugend in der Wirkung. Vom Karton wird der größte Flächenanteil entfernt, es bleiben nur dünne, am Ende abgerundete Streifen stehen, die den Rahmen schräg von oben nach unten, ganz oder teilweise, durchziehen. Dieser Hintergrund muss so weit von der zweiten Lichtquelle entfernt sein, dass die Linien nur undeutlich an der Wand sichtbar werden. Schütteln Sie den Rahmen leicht auf und ab – und es erscheint ein überzeugender Regenguss.

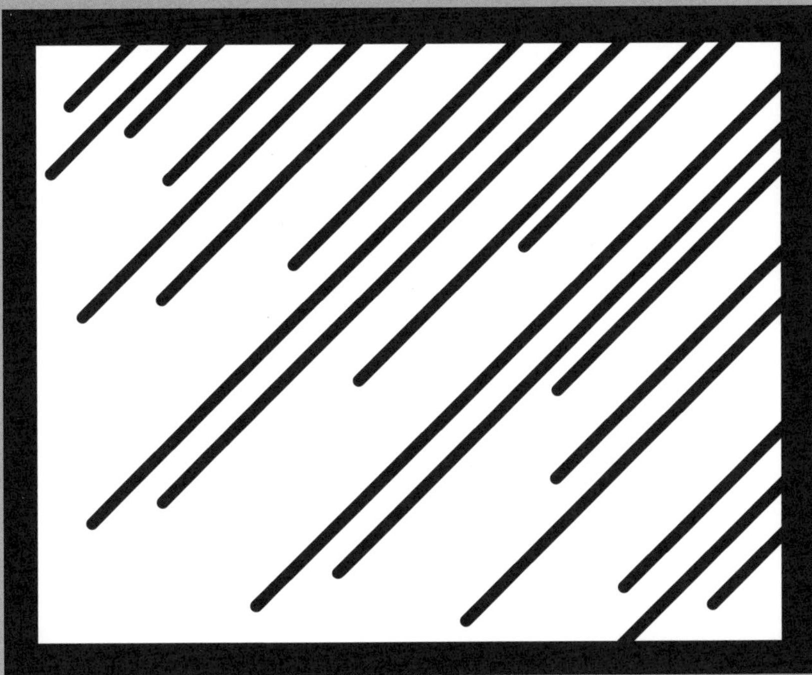

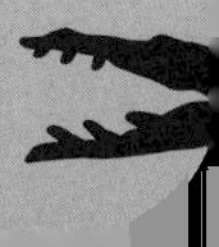

Stadtsilhouette

Die Katze ist König auf den Dächern der Stadt, von hier aus kann sie alles überblicken. Während sie die Umgebung beobachtet, wird ihre Aufmerksamkeit nur von einigen Vögeln abgelenkt: ein Star, ein Papagei und eine Taube fliegen vorbei. Haben die Vögel die Szene verlassen, können Mond und Sterne das städtische Ambiente in eine nächtliche Stimmung tauchen.

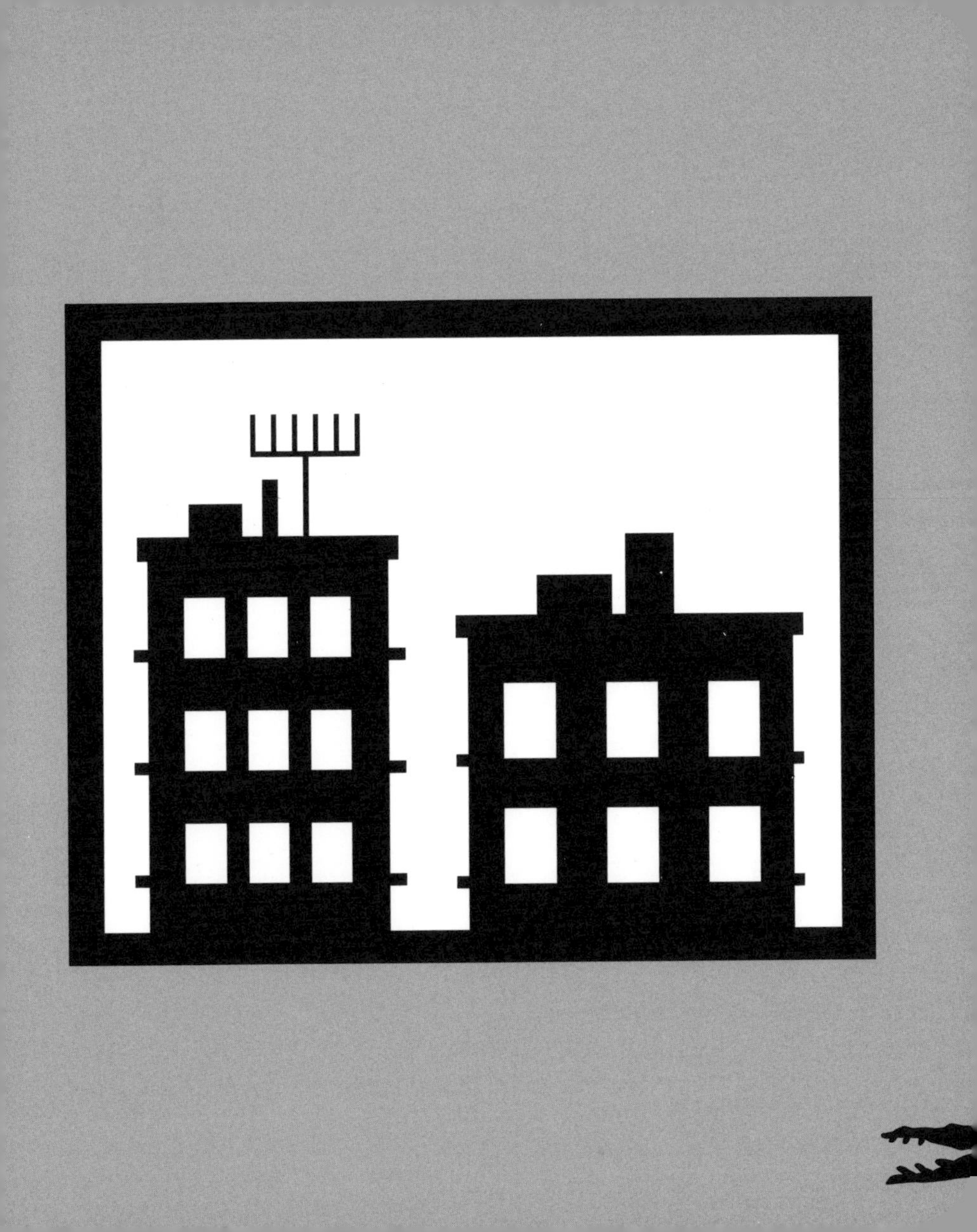

Wiese

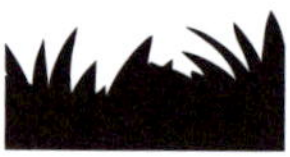

Dieser Landschaftsrahmen mit niedrigem Bewuchs ist für die bescheideneren Lebewesen Ihrer Menagerie gedacht – den größeren, majestätischen Silhouettentieren dienten bereits exotische Dschungel und heimische Wälder als Bühne. Gestalten Sie eine ruhige, idyllische ländliche Szene, in der vielleicht eine Schnecke über das Gras kriecht und ein Schmetterling über die Wiese schwebt. Vögel fliegen durchs Bild, während Kaninchen und Hase die Sonne genießen.

Boot am Fluss

Eine ruhige Flussbiegung, flankiert von Schilfrohr und einem Segelboot: Diese Szenerie ist ein ideales Umfeld für die unterschiedlichsten Silhouettenvögel. Probieren Sie es aus – mit einem ruhig dahingleitenden Schwan, einer quakenden Ente oder einer herabschießenden Schwalbe. Und vielleicht entdeckt man rechts in der Vegetation einen Hasen oder eine Maus.

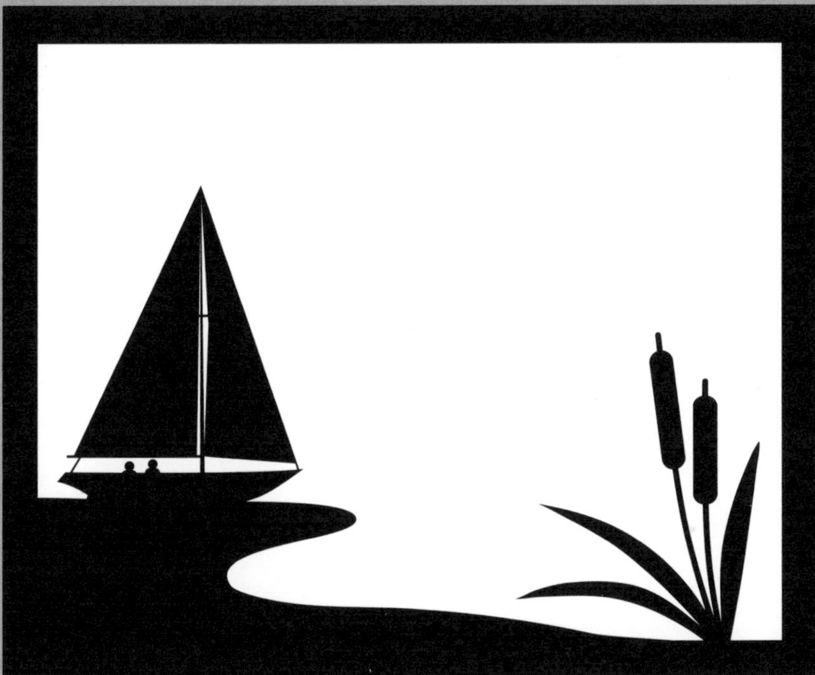

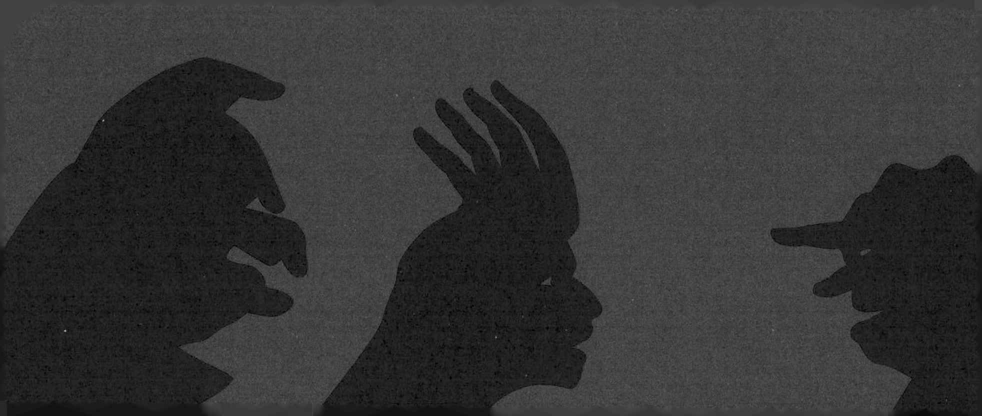

Menschen-figuren

Die Silhouettengestalten auf den folgenden Seiten erweitern das Repertoire für Ihr eigenes Schattenspiel. Der ältere Mann und die Frau mit Haube lassen sich am leichtesten darstellen. Darüber hinaus können fast alle vorgeschlagenen Schattencharaktere in eine Vielzahl weiterer Rollen schlüpfen.

Älterer Mann

Diese freundliche Silhouette kann immer dann eingesetzt werden, wenn ein weiser älterer Charakter gebraucht wird. Der Bart lässt den Mann würdevoll wirken. So könnte er einen weisen Eremiten im Wald, einen Hochseekapitän mit Blick aufs raue Meer oder eine Vielzahl anderer Rollen spielen. Für einen gefühlsbetonten Ausdruck bewegen Sie die aneinandergelegten Finger der linken Hand, um so den Bart vor Erregung erzittern zu lassen.

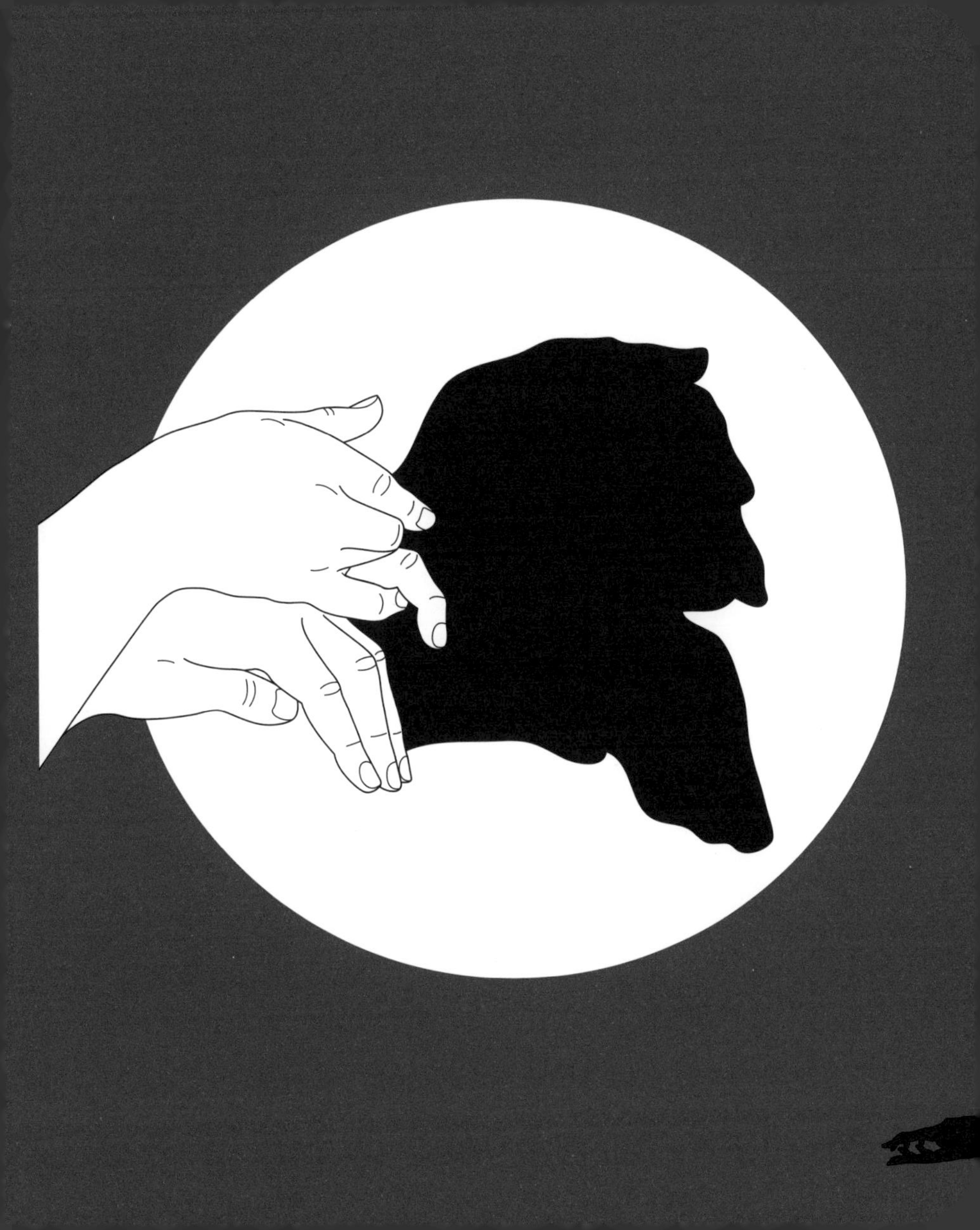

Dame mit Haube

Das Profil der Dame, wie es hier gezeigt ist, wirkt leicht betagt und kann auch für weitere ältere Typen genutzt werden. Wenn Sie jedoch den Ringfinger der rechten Hand weiter nach innen stecken und den linken Daumen etwas stärker beugen, bekommt die Frau eine Stupsnase und ein weniger prominentes Kinn. Das macht sie doch gleich jünger! Dieses Basisprofil kann also für verschiedene Charaktere abgewandelt werden: zum Beispiel für das Rotkäppchen und für seine Großmutter. Dann fehlt nur noch der Wolf (*siehe Seite 196–197*).

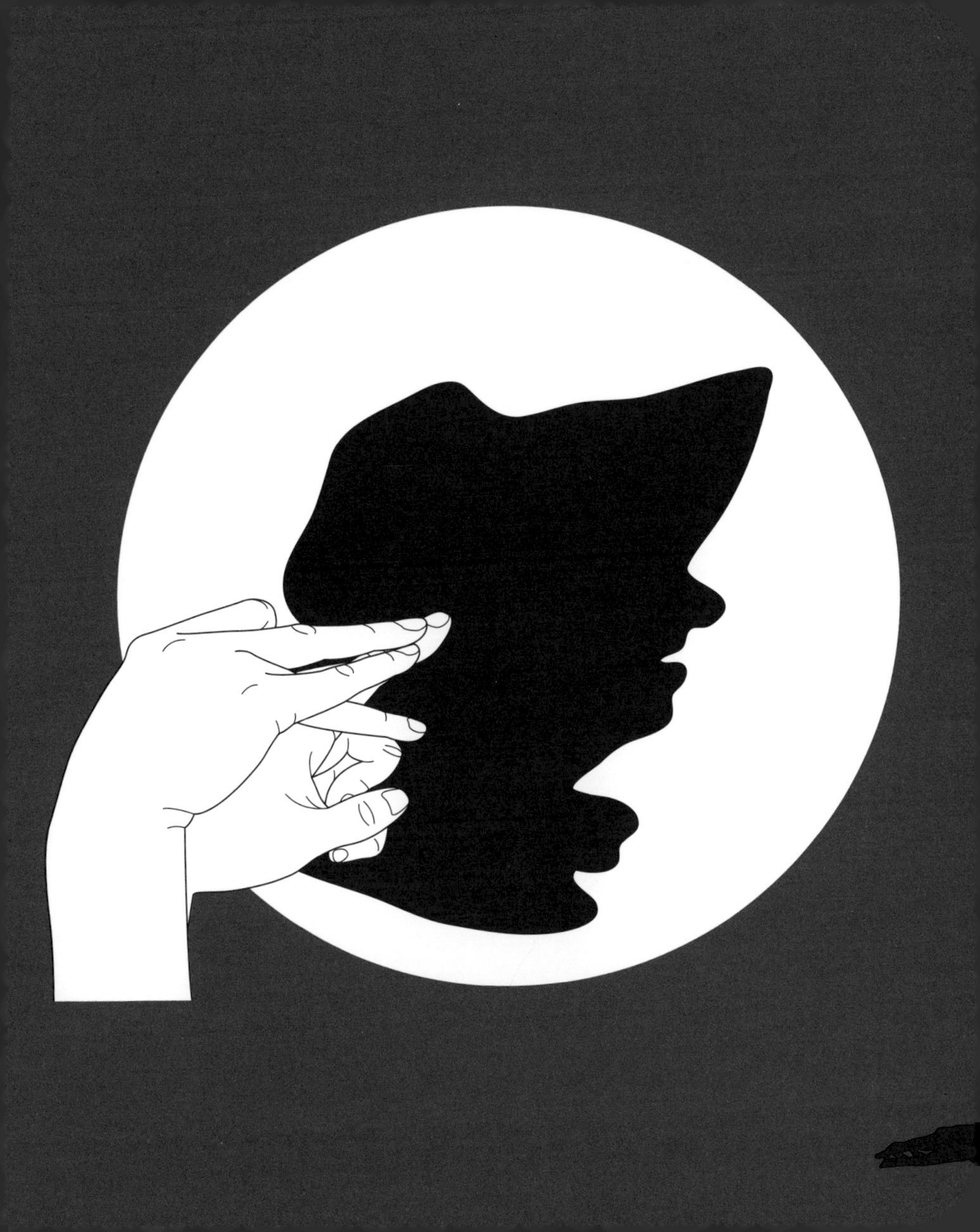

Erstauntes Gesicht

Dieses Gesicht kann einer Frau oder einem Mann gehören – denn der überraschte Ausdruck mit geöffnetem Mund und heruntergefallenem Kinn ist letztlich das Wesentliche. Das Schattenbild ist zwar einfach zu machen, weitaus schwerer ist es jedoch, das Profil überzeugend zu bewegen. Daher sollte diese Silhouette vorwiegend nur für »Reaktionen« auf das Spielgeschehen eingesetzt werden – zum Beispiel für den Ausdruck des Erstaunens über einen trompetenden Elefanten oder ein zuschnappendes Krokodil.

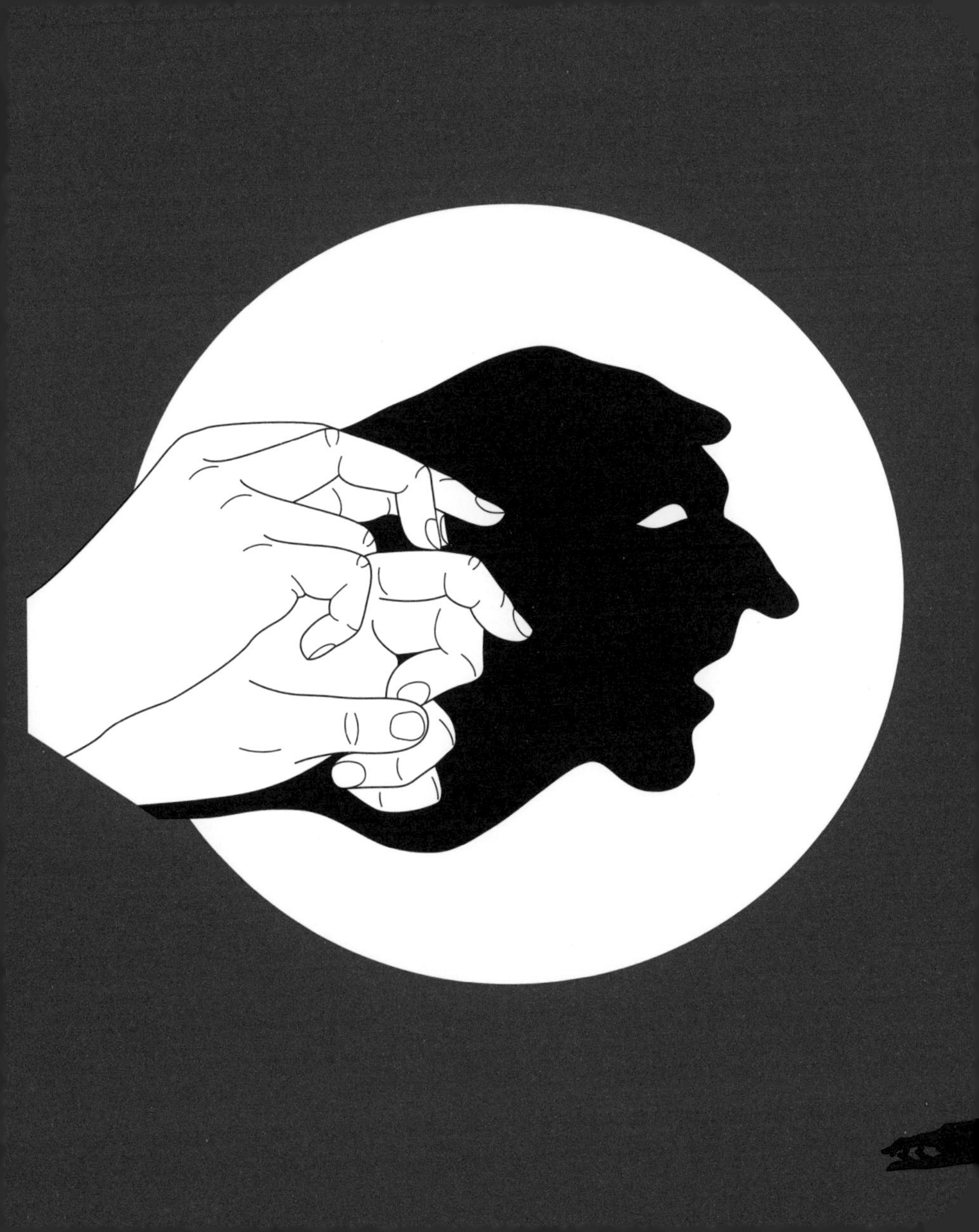

König

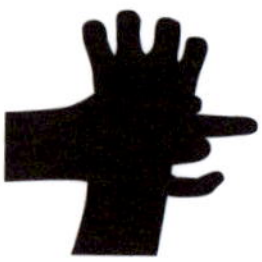

Mit einem König lassen sich viele Geschichten erzählen; sein Profil ist an der markanten Krone schnell erkennbar. Dieser Schattenkopf ist einfach nachzuahmen. Eine karikaturartige Anmutung erreichen Sie, indem Sie einige Merkmale im Ausdruck übertreiben. Strecken Sie hierfür den kleinen und den Mittelfinger der rechten Hand sehr weit nach vorn; oder Sie beugen – für ein natürlicheres Profil – diese beiden Finger an den Knöcheln stärker nach innen. Verkündet der König eine Bekanntmachung, öffnen und schließen Sie dafür die Lücke zwischen dem kleinen und dem Ringfinger der rechten Hand.

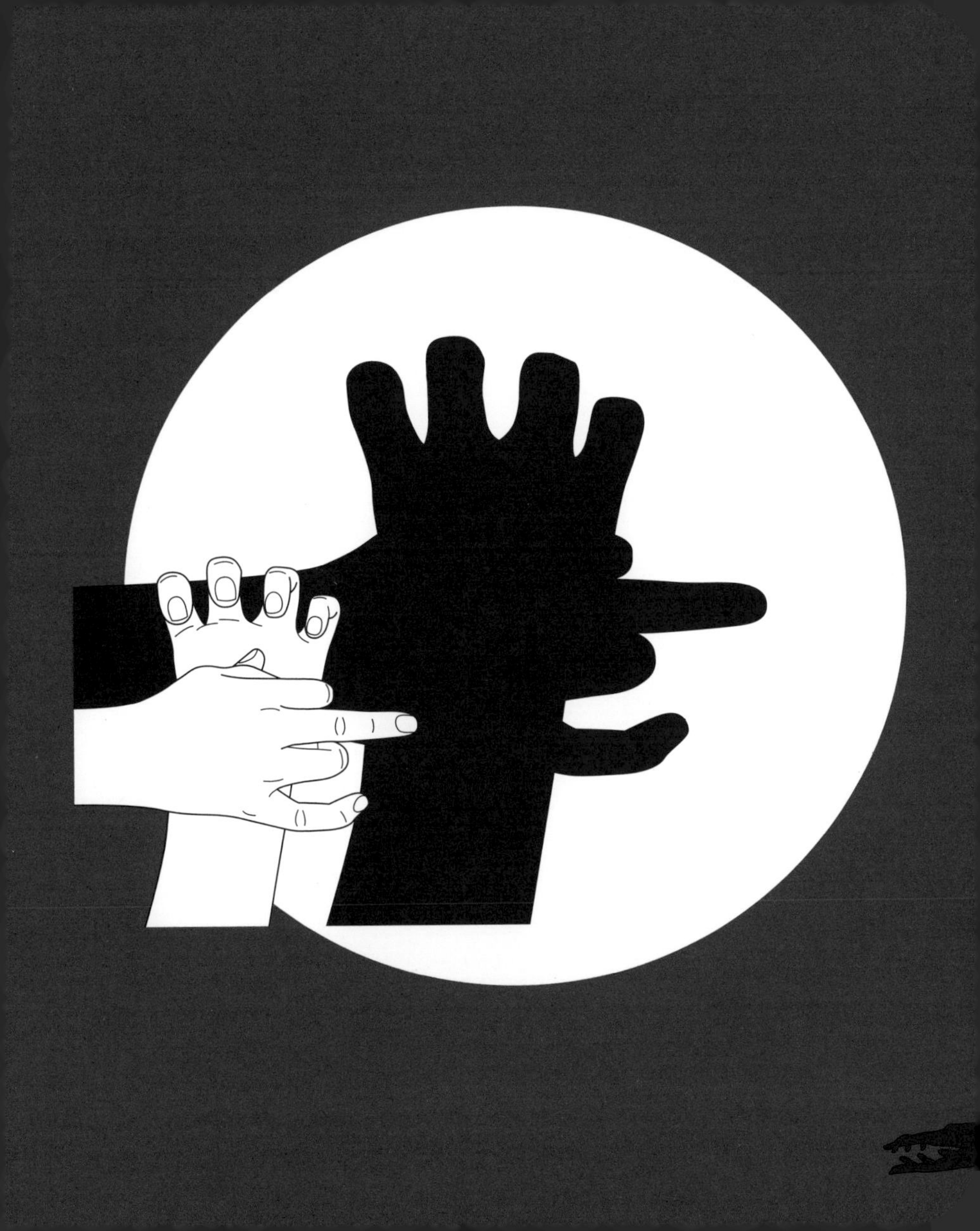

Bauer

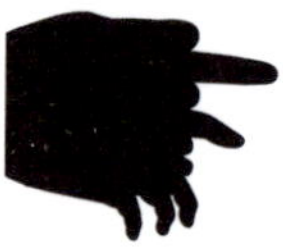

Das Repertoire der Silhouettenfiguren weist eine stolze Zahl an Bauernhoftieren auf, sodass Sie sicher einen Bauern brauchen, der sich um alle kümmert. Dieser Charakterkopf trägt eine Tellermütze mit langem Schirm sowie einen zerzausten Backenbart (der durch das Zusammenlegen der drei gekrümmten Finger der linken Hand sogleich gepflegter wirkt). Die Nase fällt weniger übertrieben aus, wenn Sie den Zeigefinger der linken Hand leicht nach innen beugen.

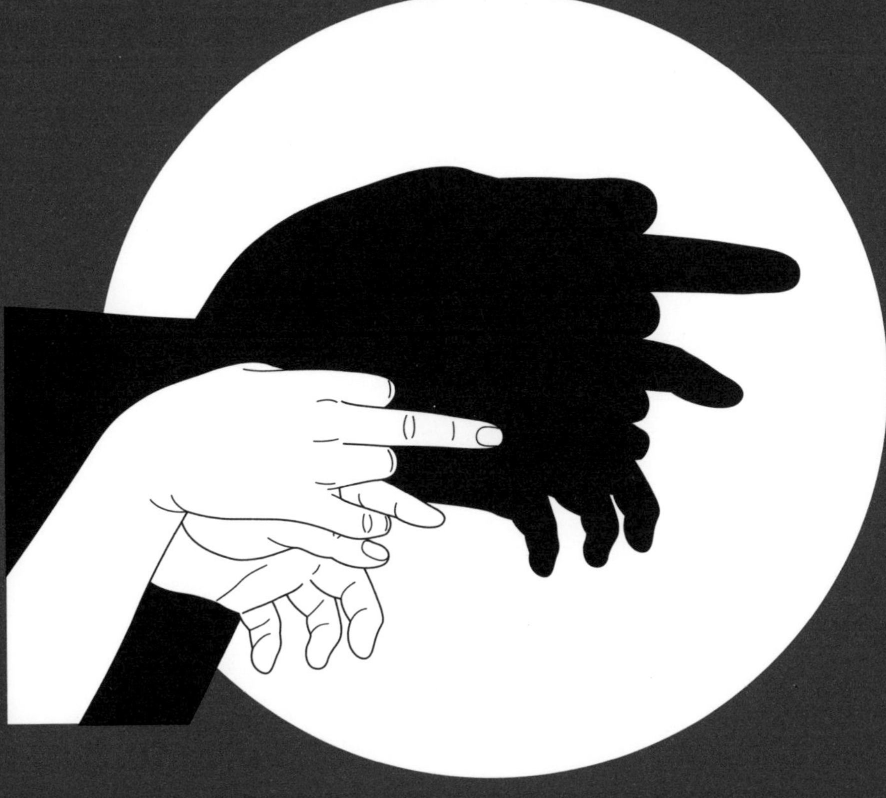

Indianer

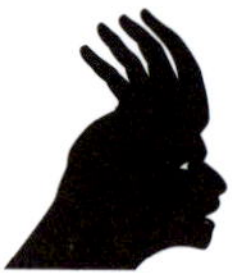

Der Indianerhäuptling trägt einen eindrucksvollen Kopfschmuck, der an die Schattenfigur des Kakadus erinnert (*siehe Seite 142–143*). Wollen Sie den Häuptling auf der Jagd im Wald darstellen, wo er sich wachsam umsieht, bewegen Sie den Zeigefinger der linken Hand in der Lücke für das Auge behutsam vor und zurück. Sobald Sie den Schatten zusätzlich langsam und achtsam vorwärtsschieben, wirkt es so, als würde der Indianer heimlich durch den Wald schleichen.

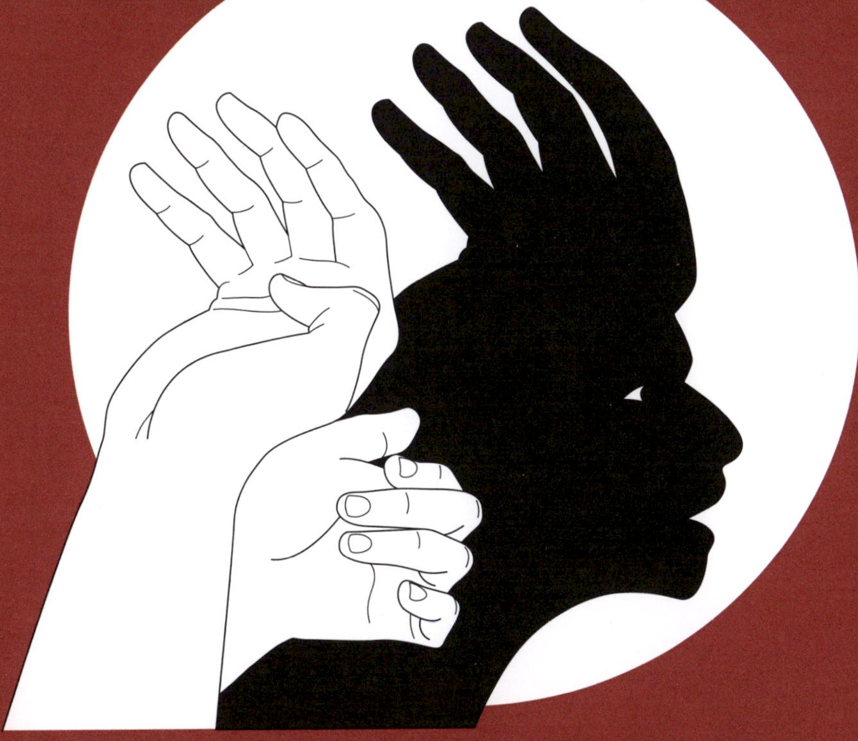

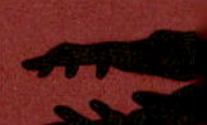

Kasper

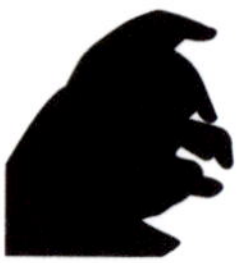

Die typische krumplige Kasperlemütze kann man einfach mit dem Zeigefinger und Daumen der linken Hand formen. Doch das komisch vorspringende Kinn und die Nase lassen sich nur mit etwas Mühe so exakt umsetzen. Diese Kontur erfordert eine bewegliche rechte Hand, damit die kompliziert zu haltenden Fingerverknüpfungen gelingen. Ist der Schatten fertig geformt, bringen Sie den Kasper jedoch relativ leicht zum Sprechen: Öffnen und schließen Sie hierfür einfach die paarweise zusammengelegten Finger.

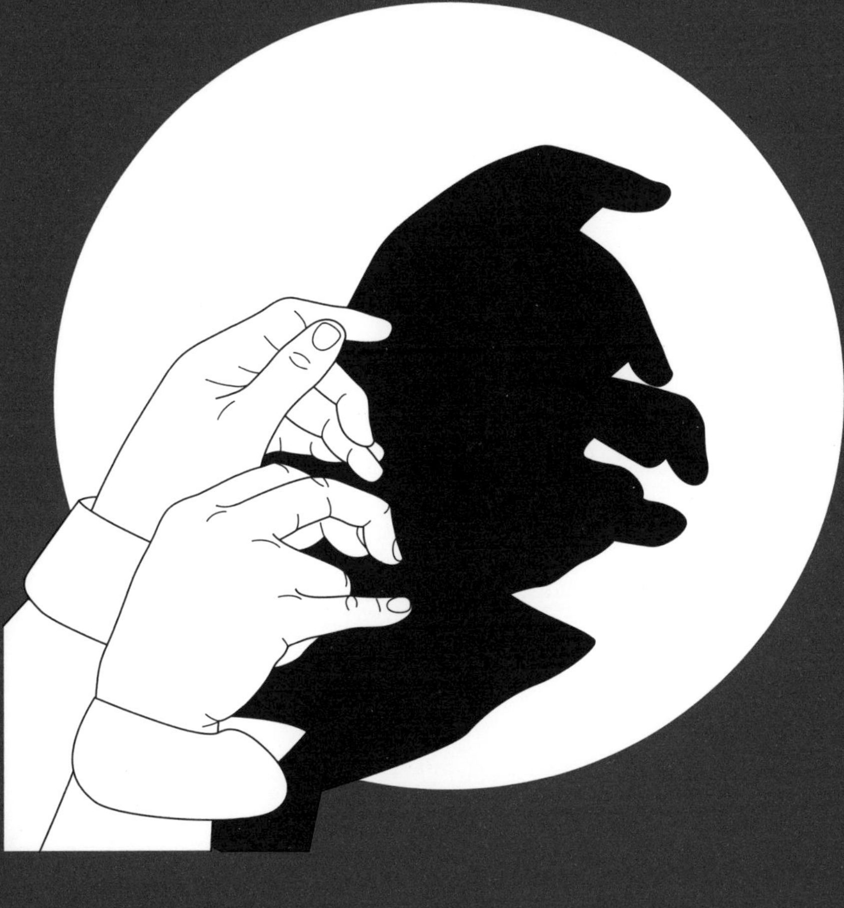

Lachendes Gesicht

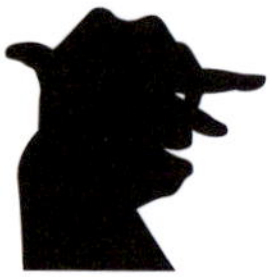

Dieses lachende Gesicht ist ebenso wie das erstaunte Gesicht (*siehe Seite 274–275*) eine nützliche Silhouette, die lebendig auf die gespielten Aktionen reagieren kann. Als fröhlicher Charakter mit Hut könnte er ein Zuschauer im Zirkus sein oder auch nur über die Possen einer Tierparade lachen – über das grunzende Schwein, das hüpfende Eichhörnchen oder den bellenden Terrier. Ebenso wie das erstaunte Gesicht lässt sich auch dieses lachende Profil kaum beleben. Daher sollte es, einmal in Form gebracht, möglichst unverändert bleiben.

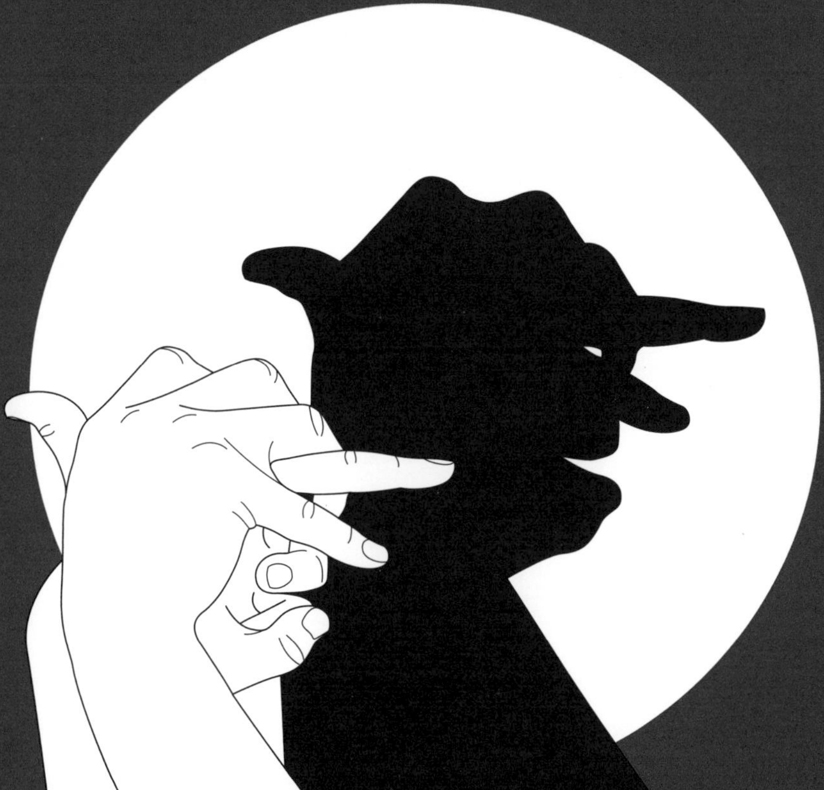

Register

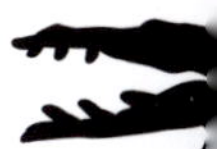